KB073434

매니페스토

신뢰가
권력이다

매니페스토, 신뢰가 권력이다

초판 1쇄 인쇄일 2020년 3월 24일
초판 1쇄 발행일 2020년 4월 2일

지은이 서인덕
펴낸이 양옥매
디자인 임흥순 송다희

펴낸곳 도서출판 책과나무
출판등록 제2012-000376
주소 서울특별시 마포구 방울내로 79 이노빌딩 302호
대표전화 02.372.1537 **팩스** 02.372.1538
이메일 booknamu2007@naver.com
홈페이지 www.booknamu.com
ISBN 979-11-5776-862-2 (03340)

이 도서의 국립중앙도서관 출판예정도서목록(CIP)은
서지정보유통지원시스템 홈페이지(http://seoji.nl.go.kr)와
국가자료종합목록시스템(http://www.nl.go.kr/kolisnet)에서
이용하실 수 있습니다. (CIP제어번호: CIP2020009671)

매니페스토

신뢰가 권력이다

서인덕 지음

책과나무

나는 신뢰한다, 고로 존재한다

대의민주주의는 정치 불신 팽배와 무관심의 증폭으로 중대한 위기를 맞고 있다. 그 중심은 실현가능성 없는 사탕발림 말 정치에서 비롯된 책임정치의 실종에 있다. 그러기에 현대 사회는 실질적 가치를 지향하고 현대 정치는 다산 정약용 선생의 경세치용(經世致用)과 실사구시(實事求是)와 같은 정신과 실천을 갈망한다.

경세치용의 정치는 국민이 원하는 요구를 충족시키는 약속의 실천성과 결과의 효과성에 중점을 두는 국민을 위한 실천의 실용적 정치이다. 이러한 정치는 현재의 이념적 진영논리 속 기득권 유지, 부패구조의 지속, 선거병폐의 잔존 등 불건전한 환경에서는 제대로 싹을 틔울 수 없다. 그 변화의 출발은 정치개혁이자, 국가혁신의 주춧돌인 선거개혁에 방점이 있다.

그렇다면, 선거개혁을 어떻게 할 것인가? 그 선거개혁의 해답은 매니페스토(Manifesto) 정책선거 운동에 있다. 이 운동은 실천 가능한 공약 제시와 책임정치 구현을 핵심 목표로 하기에 선거개혁의 중심에 위치한다. 따라서 매니페스토 정책선거 운동을 어떻게 확산 · 정착시키느냐에 정치 발전의 성패가 달려 있다고 본다. 매니페스토(Manifesto)는 정당과 후보자가 선거에 당선된 후 반드시 지키겠다고 공식적으로 문서화하여 선거 기간 중에 공표하는 국민에 대한 정책서약서이다. 한마디로 선거 공약의 목표, 우선순위, 이행기간, 이행 절차, 재원 조달 방안 등이 담겨 있는 구체적이고 실현가능한 공약을 말한다.

되돌아보면, 매니페스토(Manifesto: 참공약 선택하기)는 지난 2006년도 지방선거에서 선관위와 시민사회가 중심이 되어 시작됐다. 이때부터 정책대결이라는 새로운 선거문화의 패러다임을 형성하기 시작했다. 이러한 패러다임의 흐름을 타고 2007년 제17대 대선과 2008년 제18대 국선을 비롯해 크고 작은 선거를 거쳐 바야흐로 정책 중심의 매니페스토 시대를 맞이한 것이다. 이어서 선거별 매니페스토 순환주기가 완성되는 제5 · 6 · 7회 지방선거와 제19 · 20대 국회의원선거와 제18 · 19대 대통령선거를 치름으로써 매니페스토의 이해와 실천은 급속히 확산되었다. 현재도 매니페스토 확산은 진행형이다.

2009년 1월 말에 필자가 한일교류국제학술회의에 참석하여 "매니페스토선거에 있어서의 선거관리위원회의 역할"에 관한 주제를 발표하고 토론하면서 느낀 점은 일본에서 우리보다 일찍이 매니페스토를 도입했지만, 현재 한국사회에서 진행되고 있는 매니페스토 발전 속도와 수준은 일본을 놀라게 하고 위기감마저 들게 할 정도로 빠르게 전 사회 영역으로 확산되고 있다는 것이었다. 또한, 이를 다름 아닌 일본 매니페스토 전문가들의 코멘트를 통해 확인했다는 것은 시사하는 바가 크다.

선거를 거치면서 매니페스토에 대한 인지도나 실천력은 조금씩 높아지고 제도를 통해 정당과 후보자의 자율적인 노력을 이끌어 내면서 "매니페스토는 좋은(Fine) 것이고 매니페스토는 생산적인(Productive)인 것이다."라는 긍정적인 인식을 갖게 됐지만, 아직도 후보자 선택의 기준으로까지 이어지는 매니페스토 성숙화는 기대치에 못 미치고 있다.

그 이유는 어디에 있을까? 여전한 네거티브 선거문화의 잔존과 더불어 매니페스토 관련 제도의 미비 속에 정당 · 후보자의 소극적인 실천 노력, 매니페스토 관련 예산의 뒷받침 부족 등에서 그 원인을 찾을 수 있겠으나 「매니페스토」 그 자체에서 찾는다면 가장 중요한 원인은 「원형 매니페스토」와 「한국형 매니페스토」에 대한 깊은 이해 부족에 기인한다고 필자는 보고 있다.

각종 선거를 치르면서 필자는 정책선거를 추진하는 선관위와 시민단체와는 달리 유권자에게는 아직까지 매니페스토는 현실적으로 체감하기에는 멀리 있는 '공허한 외침'일 뿐이라는 사실을 절감했다. 우리나라에서 처음으로 매니페스토(Manifesto)를 우리 선거사에 도입하고 유권자 중심의 한국형 매니페스토를 창조적으로 접목했던 실무책임자로서 그 공과를 떠나 또 하나의 통절한 책임과 시대적 의무를 느낀다.

21대 총선을 앞두고 있는 지금이야말로 매니페스토 정책선거 운동의 최대 고비이자 매니페스토 운동을 확산해야 할 골든타임이다. 한국의 매니페스토 정책선거에 대한 깊은 성찰과 이해, 그리고 실천이 없다면 매니페스토 정책선거 운동은 더 이상 진전은 없을 것이다. 따라서 한국적 매니페스토 정책선거에 대한 이해 확산을 위한 노력이 시급하고, 이를 위해 매니페스토 전문가와 실천가들이 적극 나서야 한다는 것이 필자의 생각이다.

시중에 나와 있는 매니페스토 관련 서적 대부분은 영국과 일본의 매니페스토에 대한 원론적인 해설에 중점을 둔 이론서에 가깝다. 정치인이나 국민이 쉽게 이해하고 실제 직접 적용할 수 있는 이론과 실무를 겸한 매뉴얼적 서적은 많지 않다. 더욱이 한국적 현실에 적합한 매니페스토에 대한 이론과 실무서는 매우 척박하다.

이에 현장에서 실무책임자로서 우리나라에서 최초로 매니페스토 정책선거를 도입 · 관장하면서 느꼈던 점이나 매니페스토 정책선거에 대한 이론과 실무, 사견 등을 정리하여 책으로 발간한다면, 선거문화의 진전과 정치 발전에 조금이나마 도움이 될 수 있을까 하여 깊은 고민 끝에 매니페스토를 초석으로 소통 프레임을 제시하는 한편, 소통시대를 넘어 책임정치이자 신뢰정치로 대한민국을 바꿔보자는 뜻에서 「매니페스토, 신뢰가 권력이다」라는 제하로 이 책을 발간하게 된 것이다.

현장에서 업무를 관장하면서 몸소 느꼈던 소회와 함께 학계 전문가와 교류하면서 수집한 정보와 자료들을 수요자의 입장에서 필자의 생각과 이론으로 재구성 · 정리했다. 집필하면서 여러 부분에서 중앙선관위나 전문가, 현업의 연구 성과를 인용했다. 지면을 빌려서 중앙선관위와 여러 전문가 · 연구자들에게 감사의 말씀을 드린다.

이 책이 선거에서 선거공약과 정책으로 승리를 쟁취하고자 하는 정당과 기성 정치인, 정치지망생은 물론, 매니페스토 운동의 이해 · 실천으로 신뢰사회를 만드는 일에 관심이 있거나, 우리나라 선거문화 개선과 정치 발전에 조금이라도 관심이 있는 사람들에게 도움이 되길 기대한다.

매니페스토 운동에 힘입어 비방 · 흑색선전 등 네거티브 캠페인과 연고주의 중심의 비합리적인 선거 행태를 퇴출시키고 빠른 시일 내에 정책 중심의 경쟁, 약속 중심의 선거, 실천과 책임 중심의 신뢰정치로 귀착될 때 국가혁신과 정치개혁은 완성될 것이며, 이 땅의 주인은 권력을 빌미로 헛약속을 하는 자가 아닌 약속과 책임을 지렛대로 권력을 견제하는 국민이 될 것이다. 또 그렇게 되기를 간절히 기원한다.

마지막으로 이 책이 세상에 나올 수 있도록 다듬어 주시고 도와주신 도서출판 책과나무 대표을 비롯해 여러분들에게 진심으로 깊이 감사드린다.

2020년 3월

지리산 자락에서 서인덕

이 책의 구성

이 책은 총 4장으로 구성되었다. 제1장부터 2장까지는 한국 매니페스토 도입과 확산 과정에 대한 추진 과정을 필자의 시각에서 과정적 사실을 기술한 것인데, 2장은 매니페스토 도입과 확산 과정의 일환이지만, 선거협약은 매니페스토가 제도화되지 아니한 상태에서 견인차적인 매개로 시작됐다는 점을 고려하여 따로 구성하였다. 그리고 제3장과 4장은 한국 매니페스토의 이해와 실천에 실질적인 도움을 주고자 한국 매니페스토 실천 이론과 국내외 실천(성공) 사례를 엮은 것이다.

제1장에서는 한국형 매니페스토가 어떻게 탄생해서 출발하였는지, 어떤 과정을 거쳐 가시화되었는지를 충분히 알 수 있도록 실무책임자였던 필자의 경험을 중심으로 서술하였다. 우리나라보다 앞서 매니페스토를 도입했던 나라들과 다르게 적용했던 한국형 매니페스토를 추진주체의 실천적 무게중심에 따라 정당과 후보자 중심, 시민단체 중심(상호파트너십 관점), 선거관리위원회 중심(거버넌스 관점), 유권자 중심의 유형으로 모델화하여 설명하고, 한국적 매니

페스토의 특질과 다른 나라와의 차별적 특성을 다뤘다. 또한 필자가 우리에게 생소한 매니페스토를 국민들에게 널리 알리기 위해 언론에 기고하거나 실무자로서 추진 과정에서 작성한 글의 편린(片鱗)들을 엮어서 매니페스토의 확산 과정과 그 발자취를 느낄 수 있도록 하였다.

제2장에서는 초기 매니페스토 운동의 가장 대표적인 견인기제로서의 정책선거 실천협약을 살펴보았다. 제17대 대통령선거의 매니페스토 실천 협약식 추진 과정을 필자의 시각에서 살펴, 선거주체의 협약식에 대한 인식과 대처에 대한 일화를 소회 형식으로 서술 · 제시하였다. 또한 5 · 31지방선거, 즉 최초 매니페스토 실천 협약문 분석을 통해 선거협약과 정책선거의 상관관계를 모색해 보고 협약의 향후 나갈 길도 제시했다. 이어서 실제 선거에서 사용할 수 있도록 선거별, 주체별 구체적인 매니페스토 실천 협약예문도 함께 제시하였다.

3장에서는 정당과 후보자, 그리고 유권자들이 한국형 매니페스토를 실천하는 데 도움이 되도록 매니페스토 기초이론인 공약의 의의와 정책공약 작성 과정, 정당과 후보자의 정책공약 평가 · 검증, 시민단체의 사업지원 필요성 및 절차, 시민단체의 매니페스토 운동 기준 등 실천적 가이드를 실었다.

제4장에서는 영국 노동당(토니블레어수상)과 일본(마쯔자와지사)의 구체적인 성공 사례와 제18대 국회의원선거 뉴타운 공약 사례, 기초의원선거 사례를 대표적인 실천 사례로 다뤘다. 이와 더불어 일

상생활에서 매니페스토를 적용한 사례도 발췌 · 제시했다. 즉 여기서는 인물 중심으로 공직선거에서 매니페스토를 어떻게 성공적으로 추진했는지, 왜 공약이 논란이 되고 쟁점화 되었으며, 일상생활에서 매니페스토가 어떻게 접목되고 있는지를 구체적인 사례 소개로 설명해 매니페스토에 대한 이해의 폭과 효용성을 더 넓히도록 하였다.

흔히 선거를 민주주의 꽃(The Flower of Democracy), 정책을 선거의 꽃(The Flower of Election)이라고 하는데, 이 꽃을 아름답게 가꾸기 위한 가장 유효한 촉매제가 있다면 그것은 「매니페스토 운동」이라고 생각한다. 매니페스토 운동은 과거 혼탁한 정치문화를 투명하고 명확하게 바꿔 주고 진실과 신뢰가 넘치는 선진국가로 가기 위한 시대적인 노력인 것이다.

이러한 매니페스토 정책선거의 정착은 성숙된 시민의식과 선진화된 정치구조에서 더욱 성공적으로 실현될 것이다. 지금까지 우리가 혈연 · 지연 · 학연 등 연고주의, 네거티브 캠페인을 근절시키고 정책선거를 통해 선진 민주주의를 달성하고자 하는 노력이 어디까지 왔을까에 대한 해답은 희망적 진행형에 있다고 볼 수 있는데, 이를 비유하자면 2008년 미국 대선 민주당 경선에서 힐러리 후보가 오바마 후보를 지지하는 연설문의 일부에서 찾을 수 있다.

"우리가 비록 가장 높고, 가장 단단한 유리 천장(여성에 대한 보이지 않는 차별)을 깨지는 못했으나 그 천장엔 1,800만 개의 틈(경선에서 힐러리를 찍은 표)이 생겼다. 그걸 통해 들어온 빛이 반짝반짝 빛나고 있다. 나는 여자이고, 여성에겐 아직도 사회적 장벽과 편견이 남아 있다. 나는 우리 모두를 존중하는 미국을 만들길 원한다."

이제, 정책선거라는 희망의 불빛이 깨진 유리창 틈으로 서서히 비치고 있다. 여기서 조금만 더 유권자 중심으로 실천이 더해진다면 불빛을 넘어 찬란한 태양을 보게 될 것이다.

차 례

MANIFESTO

PART

1

매니페스토 도입

: 정치개혁의 메스다

한국 최초, 매니페스토운동 탄생하다

한국형 매니페스토 설계하다

매니페스토, 선거별 맞춤형으로 적용하다

공직선거에서 일상생활까지, 매니페스토 확산되다

한국 매니페스토, 일본으로 역수출하다

한국 최초,
매니페스토운동 탄생하다

선거관리위원회, 매니페스토를 만나다

우리나라에서 매니페스토는 어떻게 시작되었을까? 그 시작은 2006년도로 거슬러 올라간다. 2006년은 17대 국선을 치르고 2년이 흘렀던 시기로, 8개 동시지방선거가 5월에 예정되어 있었다. 95년도 제1회 전국동시지방선거를 시작으로 네 번째로 맞이하는 동시지방선거였다. 선거관리위원회는 이 선거에 매니페스토(Manifesto)를 도입했다. 도입 당시 매니페스토(Manifesto)는 우리에게 무척이나 낯설고 생소하였다. 그러나, 매니페스토는 우리나라 선거사에 빠른 시간 안에 확산되면서 새로운 역사를 쓰게 됐다. 5 · 31지방선거 당시에 매니페스토는 가장 큰 화두였으며 우리나라 선거사의 새로운 물줄기를 형성하면서 선거문화개선 운동으로 자리매김되어 갔다.

그렇다면, 이처럼 지방선거에서 첫발을 내디딘 매니페스토는 어디서부터 촉발되었을까? 어느 세력이 주도했을까? 정당일까, 후보자일까, 아니면 시민단체일까? 원래 영국이나 일본처럼 매니페스토를 실천하는 주체는 정당이나 후보자이고 이들이 주도적으로 추진하는 것이 맞다. 그런데 5 · 31지방선거 당시 의아스럽게도 매니페스토는 선거관리위원회가 주도적으로 도입 · 추진했다. 선거관리위원회의 역할을 배제하고서는 매니페스토의 도입을 논할 수 없다는 말이 있듯이, 매니페스토를 어떻게 도입 · 추진했는지 그 배경과 과정을 살펴보면 그 이유를 능히 짐작할 수 있다.

주지하듯이, 선거관리위원회는 1963년 창설 이래 선거를 통할 · 관리하는 헌법기관으로서 지연 · 혈연 · 학연과 금품선거를 근절시키기 위하여 선거 때마다 꾸준히 노력해 옴으로써 선거가 거듭될수록 한 단계씩 선거문화를 진전 · 진화[1]시켜 나갔다. 이런 가운데 우리나라 선거문화를 일대 변혁시킨 전환점은 2004년 제17대 국회의원선거였다. 그 당시 정치관계법을 대폭 손질하여 돈 안 드는 선거문화를 일구어 냈다. 그 변화의 주역은 과태료와 포상금[2]이었다.

1 2008년 4월 23일(수) 국회도서관 강당에서 중앙선거관리위원회와 한국매니페스토 실천본부 공동으로 선거문화 선진화와 한국형 매니페스토운동의 성과와 과제모색을 위한 『매니페스토 정책선거 평가토론회』에서 발표된 자료 인용(김미경, 「국회의원선거 매니페스토 정책선거 평가와 의의」, 7-8쪽)

2 2004. 3. 12 선거법 개정으로 선거부정을 방지하기 위하여 선거법위반행위 신고자

그러나, 제17대 국선을 가장 깨끗하고 공명정대하게 치러 냈다는 평가도 있었으나 일부에서는 정책경쟁 중심의 정책선거를 이루는 데는 아직 미흡하다는 지적이 제기됐다.

중앙선거관리위원회는 더 나은 선거문화를 위해 이런 지적을 외면할 수도, 여기서 더 이상 멈출 수도 없었다. 국민의 욕구와 희망에 터 잡아 선거문화의 내실화와 선진화를 역점 추진해야 하는 데 해결책이 바로 매니페스토였던 것이다. 이런 이유로 선거관리위원회는 5 · 31 지방선거를 정책선거로 이끌기 위한 발판을 만들기 위하여 정당과 후보자가 선거공약을 구체적으로 제시하고 당선 후에도 공약을 실천해 나가는 일련의 과정을 확인 · 평가하는 매니페스토를 도입한 것이다.

도입 당시 선거관리위원회는 유권자가 정책으로 선택하는 정책 중심의 새로운 선거문화를 확산시키고자 매니페스토 사업을 추진하였으며, 공약 검증이나 평가는 언론과 시민단체에서 추진하는 것으로 그 영역을 황금 분할하였다. 선거관리위원회는 선거사상 처음 시도한 매니페스토(Manifesto) 운동을 추진하면서 각계의 의견을 충분히 수렴하여 추진에 시비 · 논란 등 잡음이 없도록 대책

포상금제도와 금품향응을 받은 유권자에 대한 과태료 부과제도가 신설됐다. 즉 신고 내용이 사실로 확인되어 수사기관에 고발·수사의뢰한 경우 최고 5,000만 원(현재는 5억 원)까지 포상금을 지급하고 있고, 후보자(후보예정자 포함)와 그 가족 등으로부터 음식물·금품·찬조금·선물 및 축·부의금 등을 받은 사람에게는 그 가액의 10배 이상 50배 이하의 과태료(최고 3,000만 원)가 부과된다.

을 강구해 나갔던 것이다. 그런데 실제 매니페스토(Manifesto)를 기획하고 입안·추진했던 실무책임자로서 이러한 과정을 되돌아보면 실타래와 같은 우여곡절이 있었다. 그 내용을 들여다보면 이렇다.

2005년 12월에 "2006년도 주요업무계획서를 확정하여 중앙선관위 기획실로 넘겨라."라는 지시가 떨어졌다. 연말은 내년도 주요업무계획을 수립해야 하는 시기이다. 통상 다음 연도의 주요업무계획은 12월에 기초안을 수립하여 수정·보완을 거친 후 1월 중순이나 늦으면 2월 초에 확정하여 지방위원회에 시달된다. 그 과정에서 중앙 실·국마다 고민해서 지혜를 짜내야 했다. 무엇을 넣고 무엇을 살리고 무엇을 뺄 것인가. 정당국(관리국에 과단위로 축소·흡수, 관리국이 선거국으로 명칭 변경, 선거국 내 정당과로 존치) 소속 초대 정책정당지원팀장을 맡은 필자는 깊은 고민에 빠졌다.

정당과 후보자를 정책선거로 끌어내야 하는데 그 해결책은 무얼까. 고민하고 또 고민하다가 "정책선거 실천 협약식"이라는 참신한 사업을 떠올렸다. 떠올린 순간 희망의 불빛이 보였다. 중앙선관위 공보담당관실에서 언론과 씨름했던 경력, 정당과에서 정당·정치인들과 부딪히며 교류·협력했던 경험이 자연스럽게 빛을 발했다. 여러 번의 수정과 보완을 거쳐 "정책선거 실천협약식" 개최라는 제목의 단위업무가 2006년도 주요업무계획으로 확정됐고 이 사업을 포함해서 2006년도 사업을 구체화해 나갔다.

그러던 중 시민운동가인 유문종(前 지방의제21사무총장, 前 한국매니페스토 실천본부 사무총장) 씨로부터 전화가 왔다. 매니페스토 운동 사업을 구상 중인데, 선거관리위원회도 참여했으면 좋겠다는 제안을 했다. 그는, 구체적인 사업 구상안을 필자의 메일로 보내왔다. 메일 내용을 살펴보니 정말 신선한 사업들이었다. 그 내용은 필자가 생각했던 사업과 매우 유사했다. 필자는 유문종 씨의 요청에 대해 위원회 내부 검토가 필요했기에 즉답은 주지 않았다. 실무자로서 그 사안에 대한 검토 자료를 만들어 상층부에 여러 차례 보고했다. 그리고 간부와 직원들을 꾸준히 설득했다. 이러한 노력의 결과에 힘입어 매니페스토 추진사업 계획을 종합적인 측면에서 수립하라는 지시가 떨어졌고, 그 사업에 수반되는 예산을 예비비로 요청하기로 했다.[3]

서둘러 이미 작성된 매니페스토 정책선거 추진 종합계획을 다듬어 중앙선관위의 예산 담당 부서인 기획실에 보내 줬고 중앙선관위에서 공식적으로 정부 예산부처에 2월 13일 '매니페스토 정책선거 추진 사업비'로 예비비 16억 원을 요청하였다. 예산부처로부터 소정의 절차를 거쳐 3월 말에 예비비 11억 원을 배정받았다. 예비비 11억 원 예산 확보는 선관위가 매니페스토 정책선거추진 종합계획을 수립하고 시행하는 데 크나큰 동력(動力)을 제공했다. 예비비가

3 중앙선관위 A 국장이 투명사회실천협의회에서 개최한 '투명사회실천협약식'에 초청되어 다녀왔는데, 그곳에서 정부부처 관계자들을 만나 예산에 관해 의견을 나누는 과정에서 시민단체 지원예산이 있는데 선거주무기관인 선관위가 요청하면 긍정적으로 검토해 보겠다는 의견이 있었고, 이를 매니페스토 주관 부서에 알려 줘서 예산 확보에 이 정보를 최대한 활용했다.

없었다면, Manifesto(참공약 선택하기)도 지금과 같은 빛을 보기란 힘들었을 것이다.

매니페스토! 일본을 거쳐 유입되다

우리는 약속(約束)과 평생을 함께한다. 그 약속으로부터 자유로울 수 없다. 그 약속이 지켜지기도 하고 때로는 지켜지지도 않는 경우도 있다. 이러한 약속은 그야말로 수없이 많다. 친구들 간에 하는 약속, 부모와 자식 간에 하는 약속, 연인 사이에 하는 약속, 정치인과 정치인 간에 하는 약속, 정치인과 유권자가 하는 약속 등 우리는 수많은 약속 속에 살고 있다. 약속을 이행하면 신뢰(信賴)를 얻고 어기면 그것을 잃는다. 그래서 옛 선인들은 무신불립(無信不立)을 강조했다. 이 말은 믿음이 없으면 살아 갈수 없다. 즉 사람이 세상을 살아가는데 신뢰가 아주 중요하다는 뜻이다. 그런 점에서 우리는 약속을 매우 중요시 여긴다. 여기서 우리가 조금더 관심을 가져야 할 약속이 있다면 정치인과 유권자와의 약속이다. 유권자는 선거 때 후보자가 내건 약속, 즉 공약을 믿고 투표를 하기 때문이다. 하지만, 당선자가 선거 때와 다르게 태도를 바꾸어 "언제 내가 그 약속을 했느냐"는 식의 모습을 보이는 게 우리의 주요 현주소다. 그래서 국민에게 한 약속을 잘 이행하고 책임을 져야 한다는 뜻에서 '매니페스토(Manifesto) 운동'이 등장하게 됐다.

이 운동은 영국에서부터 시작되었다. 영국은 의원내각제이기에 수상의 권한은 절대적이다. 영국 보수당이나 노동당에서 내놓은 집권을 위한 공약은 곧바로 선택의 기준이 된다. 집권당(당선자)의 선거공약은 대부분 정책으로 전환되기 때문이다. 영국에서는 매니페스토가 집권전략으로서 활용됐다. 그동안 선거 때마다 선거 공약을 내놓았지만 대부분 실현 가능성이 떨어진 헛공약 수준이었다. 이와 다르게 구체적으로 실현 가능한 공약을 제시하고 이를 놓고 유권자의 선택을 받았던 것이다. 이것이 바로 매니페스토(Manifesto)이다. 1997년 노동당 토니블레어 수상이 매니페스토를 제시하고 재집권에 성공함으로써 세계적인 이목을 받기에 이르렀다.

다른 나라에서도 '매니페스토(Manifesto)'라는 명칭을 거의 쓰지 않았지만 매니페스토형 선거공약을 제시하고 선택받는 선거문화는 이미 존재했다. 영국이 매니페스토의 모국이 됐던 이유는 가장 먼저 시작했다는 이유도 있지만 1997년 선거에서 당선전략으로서 매니페스토를 활용한 사례가 성공하면서 세계의 이목을 받고 각 나라로 전파됐기 때문이다. 각 나라에 전파된 매니페스토를 나라별로 간단히 요약하면 아래 〈표 1〉과 같다.

〈표 1〉 외국의 매니페스토(Manifesto)

국가명	주요내용
영국	▸ 매니페스토 공약집을 발간 · 판매하며, 구체적인 목표와 정책우선순위가 명확히 나타남 ▸ 정책 중심의 TV 토론이 활성화되고, 통상 70%의 공약이 시행된 것으로 평가됨
미국	▸ 후보자 개개인의 매니페스토는 존재하지 않으며 각 정당의 매니페스토만 있음 ▸ 정당의 매니페스토는 관련 연구기관의 보고서에 기반하고 있음(공화당-헤리티지 재단)
독일	▸ 각 정당의 정관에 매니페스토의 내용, 작성 방법 및 절차가 규정되어 있음 ▸ 평가결과는 공개되어 인터넷에서도 열람 가능
호주	▸ 후보자 개개인의 매니페스토는 존재하지 않으며 각 정당의 매니페스토만 있음 ▸ 정확한 수치와 소요되는 기간이 명확하게 제시되어 있음 ▸ 매니페스토를 바탕으로 예산안을 마련함
네덜란드	▸ 각 정당별 공약등의 경제 · 재정에 미치는 영향을 분석 · 발표 (CPB)등 재정추계 발달됨 ▸ 정당별 공약 이행에 따른 재정수지, 재원배분 변화 등 전망
뉴질랜드	▸ 네덜란드와 유사하게 선거일전에 정부의 정책에 대한 소요예산을 추계하여 발표함(재무성) ▸ 정당별 공약에 대한 구체적인 재정평가는 담지 않음
일본	▸ 2003년도 통일 지방선거에서 처음으로 도입됨 ▸ 매니페스토 작성자들이 당선율이 높아 이를 채택하는 후보들이 많아지고 있음

출처: 중앙선관위자료, 필자 보완 · 정리

일반적으로 매니페스토 운동은 2006년 5·31지방선거 때 우리나라 선거사상 최초로 도입됐다고 한다. 그렇다면 2006년도 이전에는 우리나라에 매니페스토가 없었을까. 그렇지 않다. 그 이전에는 학계나 정치권에서 매니페스토를 주장하기도 했다. 하지만, 언론과 국민적 관심과 조명을 받지 못했다. 우리는 왜 2006년을 매니페스토 도입 시기로 보는가. 그 해답은 간단하다. 2006년 5·31지방선거에서 매니페스토를 '본격적'으로 도입했기 때문이다. 즉, 2006년도 이전에도 매니페스토는 회자되는 수준으로 존재했지만 본격 도입단계 이전이었기 때문에 2006년 지방선거를 도입 시기로 보는 것이 공론이다.

그렇다면, 도입된 매니페스토가 다른 나라의 것을 차용한 것인가, 아니면 독자적인 것인가 하는 의문이 제기된다. 단적으로 말하면, 후자보다는 전자 쪽이다. 아주대학교 김영래 교수(일본 게이오대학 방문교수)가 일본에서 매니페스토를 경험하고 이를 우리나라 선거에 접목하면 도움이 될 것 같다는 판단하에 매니페스토를 소개한 것이다.

그는 소개에 그친 것이 아니라 531스마트매니페스토정책선거추진본부[4](이하 '531추진본부', 지방선거 후 '한국매니페스토실천본부'로 재편)

4 매니페스토 운동이 한국사회에 도입되기 시작한 것은 불과 얼마 되지 않았다. 현실 운동으로서 본격적으로 검토된 것은 2006년 1월부터이다. 2005년 5월부터 지방의제21전국협의회가 준비해 온 '지속 가능한 지역발전을 위한 2006정책 어젠다 개발사업'이 계기가 되면서 그동안 풀뿌리시민운동을 전개해 온 몇몇 단체가 중심이 되어

매니페스토 확산 공로로 감사패 전달

왼쪽부터 문택규 중앙선관위 정당국장, 김영래 아주대 교수, 유문종 한국 매니페스토추진본부 사무총장

대표로 참여하여 몸소 실천에 옮겼다. 이런 이유로 우리나라에 소개된 매니페스토는 '일본식 매니페스토'에 가깝지만 일본 매니페스토와는 또 다르다. 즉, 일본 매니페스토를 베끼거나 답습한 것이 아니라 우리나라 선거와 정치 상황에 맞게 개선해서 매니페스토를 창조적으로 도입·적용한 것이다.

지방선거에 대한 대응을 논의하여 왔었다. 지방선거 관련한 네트워크 구성을 위한 전국 연석회의에서 매니페스토 운동의 현실적 적용 가능성이 검토되었고 몇 차례의 숙의를 거쳐 531지방선거에 대응한 시민운동의 주요 운동 방식으로 채택되었다.

그 이유는 어디서 찾을 수 있을까? 다음과 같은 몇 가지 점에서 그 해답을 제시하고자 한다. 일본의 경우는 2003년도 지방의원선거에 본격적으로 도입됐는데, 영국이 정당 중심으로 추진된 것과는 달리 일본은 후보자 중심으로 추진됐다. 예컨대, 도지사 선거 후보자 중 14명(〈표 2〉 참조)이 매니페스토를 제시했고, 그중 50.0%인 7명이 당선됐다.

〈표 2〉 2003년 통일 지방선거 지사 선거

도도부현	후보자명	현직/신인	당파	당락
홋카이도	다카하시 하루미	신인	무소속	○
홋카이도	이토 히데코	신인	무소속	×
이와테	마스다 히로야	현직	무소속	○
이와테	스가와라 리카츠	신인	공산	×
가나가와	마츠자와 시게후미	신인	무소속	○
가나가와	아스가나 이치로	신인	무소속	×
가나가와	요시무라 세이코	신인	무소속	×
호쿠이	니시카와 잇세	신인	무소속	○
미에	무라오 노부타카	신인	무소속	×
미에	미즈타니 토시오	신인	무소속	×
돗토리	카타야마 요시히로	현직(무투표)	무소속	○
후쿠오카	아소 와타루	현직	무소속	○

후쿠오카	이마사토 시게루	신인	무소속	×
사가	후루가와 야스시	신인	무소속	○

_____ 출처: 이현출, 매니페스토와 한국정치 개혁(2006)

하지만, 우리는 후보자가 아닌 선관위 중심이 되어 추진됐다. 그러다 보니 매니페스토의 본래 의미인 「정권공약」에 충실하기보다는 선거 의식과 문화 개선, 정치 개혁 등 거시적인 목적을 달성하자는 '운동(運動, Campaign)'의 성격으로 시작됐다. 즉, 정당과 후보자, 유권자 모두에게 초점을 맞춰 그동안 선거 과정에서 사라지지 않는 고질적인 선거병폐인 혈연 · 지연 · 학연 등 연고주의와 비방 · 흑색 선전 등 네거티브 선거문화를 타파하고 정책 중심의 포지티브 선거문화를 조성하기 위한 차원에서 출발됐다.

결국 영국은 〈후보자 매니페스토〉는 없고 〈정당 매니페스토〉만 존재하고, 일본은 〈정당 매니페스토〉와 〈후보자 매니페스토〉가 존재한다. 우리나라는 〈정당 매니페스토〉와 〈후보자 매니페스토〉 외에도 〈유권자 매니페스토〉가 존재한다. 이런 차이는 그 나라의 정치제도와 선거문화의 차이에서 비롯된 것[5]이다. 이는 매니페스토 운동의 주체 세력과 매니페스토의 유형을 결정짓는 요인이기도 하

5 주요국의 매니페스토 도입 배경을 보면, 영국은 1935년 정당이, 일본은 2003년 지사후보자가, 한국은 2006년 중앙선관위와 시민단체가 주도적으로 도입했다.

다. 그런데 우리나라의 매니페스토 도입은 다른 나라와 다르게 몇 가지 차별화된 점이 보인다.

첫 번째, 매니페스토(Manifesto) 운동의 주체이다. 매니페스토 운동을 주도한 세력은 중앙선거관리위원회와 시민단체다. 시민단체는 2월 1일 창립된 531추진본부가 유일한 주도세력이다. 이 단체는 오로지 매니페스토 운동을 추진하기 위하여 결성된 단체다. 이 단체(유문종 사무총장)와 중앙선관위(정책정당지원팀장)의 첫 접촉은 앞서 언급했듯이 2005년 12월 전화 한 통화에서 출발했다. 즉, 매니페스토를 매개로 한 관민(官民: 선관위와 시민단체)의 만남이있다. 당시는 서로 정책선거를 준비하고 있는 상황이었기에 정책선거라는 큰 틀에서 매니페스토를 공동으로 가져가기로 공유했다.

그리고 매니페스토(Manifesto) 촉진사업을 발굴하여 공동 또는 독자적으로 추진했다. 이 과정에 실무자로서 필자가 조선, 중앙, 동아 등 메이저 언론이 매니페스토 보도에 적극 나서도록 매니페스토 아이템 제공, 보도 경쟁 촉발 등 매니페스토 확산을 위한 전략적 유도 활동을 하였다. 이러한 노력이 지렛대가 되어 언론이 적극적으로 나섬으로써 매니페스토 보급 운동이 탄력을 받기 시작했다. 중앙일보는 실천본부 창립대회와 함께 매니페스토를 소개했다. 이어서 동아일보, 조선일보가 파인(fine) 지표[6], 스마트(smart)

6 파인(FINE)지표는 531 지방선거 시 동아일보가 의회정치발전연구회와 공동으로 개발한 정책공약 지표이며, 내용 중심의 가치 지향적인 성격을 갖는다.

일본 국제학술회의 때 필자와 소네야스노리 위원장(학술회의장 만찬장)

지표[7]를 중심으로 후보자의 정책공약 분석 상황을 보도해 나갔다.

두 번째, 우리나라 매니페스토는 정책선거를 실현하기 위한 도구적 대안기제로 출발한다. 영국이나 일본 등은 매니페스토를 '집권전략'이나 '당선전략' 차원에서 시작했다. 그렇기에 매니페스토는 집권과 당선이라는 목표를 위한 수단이다. 그렇지만, 우리나라는 매니페스토 도입을 통해 선거병폐를 근절하고 정책 중심의 선거

7 스마트(SMART)지표는 영국과 일본에서 적용된 평가지표인데 구체적이고 실현 가능한 정책공약을 매니페스토로 볼 때, 이 매니페스토 정의에 가장 가까운 내용으로 만든 지표로서 가치중립적인 성격을 갖는다.

문화를 창달함이 그 목적이다.

이런 뜻에서, 선거관리위원회는 〈매니페스토(Manifesto)〉라는 용어를 독자적으로 쓰기보다는 〈매니페스토 정책선거〉로 사용한다. 이렇게 용어를 쓰기까지 과정을 보면 이렇다. 2006년 지방선거 시 매니페스토가 우리말이 아니어서 어렵고 생소하다는 지적이 있어 적합한 우리말을 찾아보고 홍보도 할 겸 국민공모를 통해 '참공약 선택하기'로 결정하여 사용하였다.

하지만, 매니페스토는 〈참공약 선택하기〉라는 선택적 일면이 아닌 실현 가능한 공약을 제시하고 경쟁하며 선택하고 선거 후에는 이를 평가하여 지지 여부를 반영하는 하나의 과정적 사이클인 만큼 〈참공약 선택하기〉는 이러한 매니페스토의 함축된 의미를 다 담을 수 없기 때문에 그 의미를 훼손할 수 있다는 지적에 따라 2007년부터는 사실상 사용하지 않았다. 그래서 수단인 매니페스토와 목적인 정책선거를 결합하여 병기한 〈매니페스토 정책선거〉가 탄생한 것이다. 이러한 용어의 정립 과정에서도 매니페스토의 도구적 측면을 도출해 낼 수 있다.

세 번째, 우리나라는 선거관리위원회가 언론과 시민단체와 함께 공동으로 매니페스토를 추진했다는 점이다. 이 부분은 세계적으로 유례를 찾아볼 수 없는 이례적인 현상이다. 선거관리위원회가 정책선거 실현을 위해 매니페스토를 적극적으로 도입한 것이다. 선거관리위원회는 주요업무계획에 매니페스토 사업을 반영하고, 정당과 후보자가 참여하는 협약식 개최를 주관하며, 언론과 시민단체가 매니페스토를 추진할 수 있도록 그 기반 조성을 위한 재정적 · 행정적 지원을 하는 등 매니페스토 운동의 연출자 및 지원자로서 역할을 깊숙이 수행했다.

이런 역할 때문에 선거관리위원회는 정치권으로부터 왜 매니페스토를 주도적으로 추진하느냐하는 비판을 받기도 하였다.[8] 이 부분에 대해서 한국에서 개최된 국제학술회의에 참석한 일본의 기타가와 마사야스는 2007년 초 한국을 방문했을 때 선관위가 주도적으로 매니페스토를 추진한 것에 의아스럽게 생각하면서 한국의 매니페스토가 이렇게 짧은 기간 동안에 확산된 성과에 대해 감탄했다.

생소한 매니페스토가 우리나라에 도입되어 쉽게 안착(安着)된 것은 선관위와 시민단체가 적극적으로 매니페스토를 추진하고 이에 언론이 가세하여 매니페스토 소개 및 정책공약 비교분석을 대대적으로 보도했기에 가능했다. 물론 여기에는 중앙선거관리위원회가 선거관리를 총괄하는 헌법상 기관으로서 헌법적 위치에서 정책선거 실현과 공정한 선거관리 측면에서 선거를 주도할 수밖에 없는 한국적 특수 상황이 존재했다. 결국 매니페스토는 언론과 시민단

8 선거관리위원회는 국회행정자치위원회(지금은 행정안전위원회)의 위원들의 이 같은 질의에 대해서 "선관위는 창설 이래 그동안 정책경쟁 중심의 선거문화 조성을 위해 꾸준히 추진해 왔고, 앞으로도 추진해야 할 과제이다. 이런 맥락 속에서 매니페스토 도입 초창기인 점을 감안하여 어느 정도 기반이 조성될 때까지는 적극적인 역할이 필요하다."는 답변을 통해 일관된 입장을 견지하였다.

체, 선관위가 공익적 결합을 통해 주체로 나서 추진함으로써 정작 매니페스토 추진 주체여야 할 정당과 후보자가 객체로 전락한 셈이 됐다.

네 번째는 「매니페스토 정책선거 실천 협약식」을 통해 정당과 후보자의 참여를 이끌어 냈다는 점이다. 협약식은 영국이나 일본에서 찾아볼 수 없는 우리나라만의 독자적인 고유 행사이다. 매니페스토 도입 초창기에 매니페스토가 선거법에 제도화되지 않았기 때문에 정당과 후보자가 스스로 참여할 수 있는 여건이 마련되지 않았다. 이러한 열악한 여건을 극복하고 무리 없이 정당과 후보자 참여를 견인(牽引)할 수 있는 기제는 바로 선거 참여 주체 간의 서면과 정신의 약속인 〈협약(協約)〉이었다. 이러한 협약은 법적 구속력은 없지만 정치적 구속력을 갖고 있기 때문에 이를 통해서 정당과 후보자들의 참여를 유도했던 것이다.

5 · 31지방선거 시 국고보조금 배분대상 정당인 5개 정당[9]과 중앙선거관리위원회 위원장, 한국매니페스토실천본부 대표가 참여한 「매니페스토 정책선거 실천 협약식」이 그 시초였으며, 2007년 대통령선거와 2008년 국회의원선거, 2010 동시지방선거, 2012 양대선거, 2014년 지방선거 시에도 이러한 협약식은 정당과 후보자의 참여를 이끌어 내는 좋은 기제로 연이어 지속 작동했다.

9 열린우리당(당의장 정동영), 한나라당(대표최고위원 박근혜), 민주당(대표 한화갑), 민주노동당(대표 문성현), 국민중심당(공동대표 신국환)

기타가와 마사야스는 누구인가?

한일국제학술회의 시 필자와 함께한 기타가와 마사야스

기타가와 마사야스는 일본에서 매니페스토 제도의 도입과 확산에 기여한 사람이다. 매니페스토 연구소 소장 겸 와세다 대학 공공경영연구과 교수이다. 그는 1972년부터 미에현 의원을 세 번 연임했고, 네 번의 중의원 의원, 문부성 정무장관, 두 번의 미에현 지사로 재임했다. 지사 시절 그는 유권자 중심의 정치와 정보 공개를 키워드로 삼아 강력한 현정 개혁을 추진했다. 주요사업 평가 시스템을 도입하고 공무원의 행정 평가 시스템을 추진했다. 민간기업에서 이루어지는 평가 시스템이 관료세계에도 필요하다고 주장하고 몸소 실천했다. 일본에서 처음 매니페스토를 제창한 사람으로서 당선이 확실한 지사직을 포기하고 이 운동에만 주력했다.

한국형 매니페스토로 설계하다

한국 매니페스토 운동의 설계

첫걸음, 국민대토론회와 정책선거 실천 협약식 개최

2006년 초에는 이미 매니페스토 운동이 진행되고 있었다. 매니페스토 운동의 가시화를 위한 첫 번째 시도는 중앙선관위가 기획 ·

주관하여 2월 23일 개최한 한국형 매니페스토 확산 방안 모색을 위한 국민대토론회였다. 이 토론회는 예산이 확정되지 아니한 상태에서 매니페스토 도입을 위한 첫걸음이었다. 중앙선거관리위원회가 주관하고 4당 정책위의장이 모두 참여하는 토론회는 선거사상 처음 있는 일이었다.

이 토론회에는 보기 드물게 많은 청중이 참석했고, 거기에다 공영방송사인 KBS에서 녹화방송을 약속했다. 당초에는 3개 방송사로부터 협찬을 받으려 했으나, MBC의 협조를 얻어 내지 못해 KBS와 SBS 두 곳과 조 · 중 · 동 3개 메이저 언론사를 후원사로 섭외 · 추진했다.

이 토론회에 참석했던 4당 정책위의장[1]들 모두 매니페스토 운동에 동참하겠다고 약속했다. 거대 정당인 여야는 서로 매니페스토 운동에 참여하겠다고 적극 나섰고, 군소정당은 매니페스토 운동에 참여는 하겠으나 자당의 여건이 너무 열악해서 큰 정당과 같은 수준으로 추진하는 것은 어렵지 않겠느냐는 반응이었다. 이러한 긍정적 답변이 나오게 된 것도 사실은 조 · 중 · 동 정치부장들을 토론회에 패널로 참석시켰고, 이들이 언론의 입장에서 매니페스토 동참을 요청했기 때문에 가능했다.

2월 23일 국민대토론회는 당초 목적을 넘어 성대하게 끝났다. 그

1 열린우리당 강봉균 의원, 한나라당 이방호 의원, 민주당 김효석 의원, 민주노동당 이용대 정책위의장

날 토론회에 참석한 많은 사람들이 토론회가 참신한 행사로 유의미하게 잘 끝났다고 찬사를 아끼지 않았다. 지방에서도 선거관리위원회와 시민단체 간부와 직원들이 많이 참석했는데, 이들 또한 같은 평가를 했다.

두 번째 시도는 매니페스토 실천 협약식이다. 이 협약식의 최대 관건은 중앙당 대표들을 어떻게 이끌어 낼 수 있는가였다. 이미 토론회에서 개략적인 일정은 안내했지만, 정말 중앙당 대표들이 참석할 수 있을지, 우리가 마련한 협약문에 동의하고 서명할 수 있을지, 531추진본부와 조율은 원만히 이루어질지 등 많은 변수들이 남아 있었다. 협약식 일정은 확정되지 않았다. 단지, 최종결재권자의 확정적 결재를 얻지 아니하고 필자(정책정당지원팀장)의 결정으로 공표한 잠정 일정밖에 없었다.

상급자로부터 질책을 받더라도 중요한 프로젝트를 만들어 가는 과정에서 실무팀장의 전문적이고 감각적인 판단을 믿고 토론회장에서 3월 16일로 고지했다. 3월 16일이라는 날짜의 의미는 3 · 15 부정선거에서부터 출발했다. 이번 협약식은 부정선거를 종식하고 이를 뛰어넘어 새로운 선거문화를 일궈 내야 한다는 의미에서 3월 15일을 넘어(+1) 새로운 의미의 날로 가자는 뜻에서 3월 16일로 정한 것이다.

'3 · 16 헌장'이 나오게 된 것도 이런 뜻이 함축되어 있었다.[2] 그

2 531지방선거 매니페스토 정책선거 실천협약식에 대한 자세한 내용은 제2장 "매니

러한 강단 있는 결정이, 결과적으로 누구도 반대할 수 없는 정책선거를 정당이 먼저 솔선하겠다고 서명하고 발표함으로써 후보자들도 이에 가세하게 되는 등 정당과 후보자의 참여를 이끌어 내는 결정적인 계기를 조성하였다. 또한 '사회적 협약'이라는 가치가 창출되는 역사적 행사로 기록되는 전기가 되었다.

성공적으로 협약식을 추진하기 위해서는 매니페스토 추진 시민단체와의 조율이 이루어져야 한다. 매니페스토 추진 시민단체는 자기들 나름대로 헤게모니를 쥐고 싶다는 강력한 의지를 피력해 왔다. 즉, 선거관리위원회가 주도하는 형국으로 가면 운동의 실패 우

페스토 협약 : 정책선거를 견인하다" 또는 「531지방선거 매니페스토 정책선거 실천 협약식 분석 및 과제」(중앙선관위 발행 「선거논단 제4호」) 논문을 참고.

려와 시민단체 영역의 축소를 초래한다는 이유가 그것이다. 하지만, 당시 필자의 생각은 달랐다. 협약식은 선거사상 처음으로 중앙당 대표를 참석시켜 진행하는 행사인데, 무엇보다 당사자들이 참석하는 것이 전제되어야 한다는 점에 유의했다.

그다음은 선거관리위원회가 주도하되, 시민단체와 언론들이 함께하는 조화된 모습을 원했기 때문에 시민단체가 너무 과도하게 나가는 것을 나름대로 실무팀장 선에서 막아 보고 싶었다. 그래서 주요 행사 기획부터 집행을 정책정당지원팀[3]에서 추진한 것이다. 여기에 매니페스토 운동 추진의 전략적 조정이 숨어 있었다. 만일 선거관리위원회가 시민단체에 이끌려 간다면, 우여곡절 끝에 위험부담을 안고 추진한 매니페스토 운동은 소기의 성과를 거둘 수 없을 것이라고 판단하였다. 시민단체에서도 자체적으로 정당에 접근해 추진한다는 것이 녹록지 않다는 경험을 바탕으로 우리의 권유를 적극 수용해 준 531추진본부 핵심 관계자(유문종 총장, 이광재 처장)가 있었기에 가능한 것이었다는 점도 밝혀 둔다.

여기서 간과할 수 없는 또 하나의 사실은 정당대표 참석 여부가 가장 중요한 문제였다는 점이다. 2월 23일 국민 대토론회를 마치

3 5 · 31지방선거시 정책정당지원팀의 티오는 3인인 데, 1인이 충원되지 않아 팀장인 필자와 K 주무관이 매니페스토 업무를 도맡았다. 지방선거 후에는 5인으로 티오가 늘어나 L 사무관, S 주무관, L 주임이 합류하여 17대 대선과 18대 국선의 매니페스토 업무를 효과적으로 추진, 선거문화를 대폭개선하는 데 일조했다. 이후 매니페스토를 도입·확산했다는 자긍심과 동지애로 팀원들은 현재까지 서로 '매니페스토 독수리 오형제'라 부른다.

자마자 즉시 중앙당대표실에 업무 연락을 넣어 3월 16일 중앙당대표가 참석하는 매니페스토 실천협약식 일정을 안내하고 그 일정에 차질이 없도록 협조를 당부했다. 이런 이후에도 당 대표비서실에 주기적으로 전화로 일정을 확인해 나갔다. 대표가 바뀌어 대표실 진영이 다 바뀌는 경우도 있었지만(한나라당), 전임자들에게 미리 예정되어 있는 협약행사 일정을 후임자들에게 반드시 인계하도록 계속 독려했다. 이런 작은 부분에서부터의 열정적 행동이 역사를 만들어 낸다는 사실을 새삼 다시 알았다.

중앙선거관리위원회에서 운영 중인 정당지원전담반도 가동했다. 한나라당은 K 전자선거추진단장이, 열린우리당은 M 정당국장이, 나머지 정당은 정책팀장인 필자가 담당하였다. 문제는 한나라당이 우리의 행사 취지에 동의하고 참석할 것인지가 제일 관심사였으나 참석 여부가 불투명했다. "정책위의장이 참석해야 한다. 대표 참석은 곤란하지 않는가. 선관위는 누가 참석하는가. 다른 정당은 대표가 참석하는가"라는 조심스러운 탐문과 내부 조율, 정책결정 과정을 거쳐 대표가 참석한다는 소식이 들려왔다.(협상 과정의 여러 모습은 여기서는 생략한다) 열린우리당의 경우 박 대표의 참석사실을 알리면서 협조 요청을 한 결과 우리당 의장도 참석하기로 했다. 그다음이 군소정당인데 이들 정당은 좋은 행사로 보고 있어 순조롭게 협조를 얻었다. 협약식 참석에 대한 동의는 모두 확보했다.

이제 그다음 해결 과제는 협약문이었다. 어떻게 조율할 것인가에 관한 두 관문이 있었다. 하나는 첩첩산중인 중앙선거관리위원회 결재라인이요, 또 하나는 정권획득을 목적으로 하는 각기 다른 컬러의 5개 정당이다. 우리 내부는 협약문 기초안을 확정 짓는 일인데 누구와 결정을 할 것인가 고민하던 중 최종결재라인인 위원장에게 문안을 보고하고 확정하는 것으로 했다. 그 이유는 협약식까지의 기간이 얼마 남지 않았고, 일차 문안 확정 후 정당과의 협의 절차가 있을 뿐만 아니라, 협약문에 서명하는 사람은 위원장이라는 이유에서였다.

협약문 초안은 531추진본부 측에서 보내온 협약문을 팀장인 필자가 수정했다. 초안은 매니페스토 운동 중심으로 너무 과격하고 세세하게 작성되어 있었다. 이와 같은 협약문을 들이대면 모든 정당이 기피할 것은 자명한 사실! 필자는 매니페스토보다는 정책선거 실현 쪽에 무게를 두고 초안을 작성하여 J일보 J부장(대우)과 D일보 K부장(대우)에게 메일로 보내 살펴 달라고 했다. 이는 협약문의 보도 효과를 극대화하기 위한 필자의 조치였다. D일보는 연락이 없어 전화해 봤더니 그 정도면 모든 정신을 다 담았고, 문장도 매끄럽고 좋다고 했다. J일보로부터는 메일이 왔다. 내용을 보니 기초안을 약간 수정해서 보내왔다.

그런데 J일보와 조율해 나가는 과정에서 〈수치〉 부분과 〈합리적인 생각〉 부분에서 의견이 맞지 않았다. 언론의 감각으로 보면 좋은 정책을 명시하면서 '수치화'라는 용어를 쓰는 것이 타당하나 협약문 속에 지엽적인 단어가 들어가는 것은 바람직하지 않는다는 의견에 따라 협약문에서 삭제했다. 그리고 '합리적인 생각에 기초하여'라는 문장은 보는 사람의 생각에 따라 다의적으로 해석될 수 있고, 굳이 이 문장을 넣지 않아도 문맥이 되므로 삭제하자는 의견이 있었으나, 팀장인 필자가 강력 반대했다. 그 이유는 좋은 정책을 만들고 선택하는 데 있어 가장 기본은 합리적인 생각을 전제로 하는 것이기 때문이었다. 쟁점이 정리된 후 문면을 약간 수정하여 위원장에게 보고해 최종 확정했다.

- 2호: 지방선거가 합리적인 생각에 기초해 공정하고 명랑하게 치러지도록 우리는 지역에 알맞은 좋은 정책이 만들어지도록 노력한다.
- 3호: 좋은 정책은 후보자의 정책 비전과 목표, 우선순위, 절차, 기간, 재원의 다섯 가지 요소가 짜임새 있게 갖춰지고, (수치화되어) 사전검증과 사후평가가 용이한 것이라야 한다.

다음은 매니페스토 정책선거실천 협약문에 대한 각 당과의 조율이다. 협약식 개최 3일 전인 3월 13일, 각 당에 협약문을 송부하여 가부(可否)에 대한 의견을 물었고 다음 날까지 회답을 달라고 요청했다. 실무선에서도 지역주의와 연고주의 부분에 대하여 각 당의 강력한 반발을 예상했었다. 하지만 가장 강력한 반발을 예상했던 민주당은 의외로 수정 없이 원안대로 동의했고, 열린우리당과 국민중심당은 협약문이 잘 구성되어 있고 내용도 좋다는 반응을 보이면서 원안대로 동의했다.

하지만 한나라당에서는 우리나라의 과거 선거문화의 고질적인 병폐로 지목되어 온 '지역주의'와 '연고주의'의 해체를 요구하고 있다는 전문 내용이 너무 강한 어조로 작성되어 있다는 점을 들어 반대하였다. 하지만 촌각을 다투는 시점이라 각 당의 입장 조율 등의 이유를 들어 핵심 당 관계자(대표비서실장인 S의원)를 설득하여 결국에는 원안대로 확정했고 그 원안이 협약식 때 활용됐다.

후일담이지만 협약문 확정과 관련하여 에피소드가 있었다. 그러니까 지방선거 협약식을 하루 앞둔 시기인 3월 15일 오후 2시경에 K 중앙선관위 사무총장께서 필자에게 전화를 걸어 "밤새 내가 협약문을 작성했는데 이것으로 하면 어떻겠냐?"고 의견을 타진해 왔다. 하지만, 필자는 이미 정당 측과 협약문 협의가 완료되었기 때문에 사무총장이 작성한 협약문을 실무선에서 채택할 수 없었다. 그 대신 그 협약문은 지방위원회 협약식 개최 시 사용할 수 있도록 조치했다. 이런 과정 때문에 협약문으로는 두 종류가 활용됐다. 즉, 중앙위원회와 지방위원회에서 활용한 협약문이 각각 달랐다. 다만, 내용은 큰 줄기에서 유사했다.

두 번째 걸음, 매니페스토 캐스터(caster)의 위촉

이렇게 매니페스토 운동은 급속히 가시화되어 가고 있었다. 먼저, 매니페스토에 대하여 일반 국민들이 생소하게 느낄 수 있기 때문에 매니페스토의 자연스러운 확산을 위해 적합한 이미지를 갖춘

백지연 매니페스토 캐스터 위촉 장면

홍보 전달자 필요가 필요했다. 그래서 일반 홍보대사와 차별화된 '캐스터(Caster)'라는 새로운 개념을 도입하여 적임자를 섭외 · 위촉하고 이를 통해 매니페스토 캐스터의 홍보 활동을 전개하였다. 중앙선관위 홍보대사로서 이미 장나라 씨와 홍명보 씨가 있었고 모델 대사로서 비와 문근영 씨가 있었다. 하지만 이들을 활용하기에는 콘셉트가 맞지 않고, 그렇다고 다른 인사를 홍보대사로 할 경우 너무 식상하여 효과가 반감될 것임은 자명하였다.

그래서 새로운 브랜드로 나온 것이 '매니페스토 캐스터'였다. 이러한 이름이 작명되기까지는 많은 이름들이 거론됐다. '매니페스토 대사', '매니페스토 홍보대사', '매니페스토 전달자', '매니페스토 전도사' 등등. 결국 전문성을 띠고 있는 외국어를 쉽게 이해하고 전파할 수 있도록 하기 위하여 매니페스토 콘셉트와 어울리는 「매니페스토 캐스터」로 결정하였다.

캐스터(Caster)란 사전적 의미는 '투표하는 사람', '던지는 사람', '제조하는 사람' 등으로 정의하고 있으나 통상적으로 '기상캐스터', '뉴스 캐스터' 등과 같이 다른 특정 단어와 조합하여 좀 더 수준 높은 어휘, 즉 미리 알리는 사람, 어떤 의미를 앞서 전달하는 사람 등으로 사용된다. 그러므로 전통적인 「홍보대사」라는 명칭보다는 정책선거 실현을 위한 새로운 대안기제로 등장한 「매니페스토」와 「캐스터」를 조합하는 명칭이 매니페스토 이미지에 어울릴 것으로 판단하여 '매니페스토 캐스터'로 명명한 것이다. 따라서 "중앙선관위 Manifesto Caster"의 의미는 중앙선거관리위원회의 공식적인 위촉에 의해서 정책선거 실현을 위한 매니페스토를 국민들에게 적극 알리고 전파하는 전도관 또는 예보관 역할을 하는 공인으로 정의할 수 있다.

다음은 누가 그 역할을 할 것인가가 논의되었다. 그동안 공보 활동을 하면서 인연을 맺었던 언론관계자(K사 H기자)와 통화한 결과 노현정, 강수정, 백지연 등 몇 사람을 거론해 주었다. 그러면서 코멘트하기를 "노현정과 강수정은 현직이고, 백지연은 프리랜서이므로 후자가 더 적합하다."고 하였다. 우선 선정 기준을 나름대로 정하였다. 국민적 인지도와 대외 신뢰도가 높은 인사, 30대 후반에서 50대 초반 연령대 인사, 연예인보다는 방송인을 우선적으로 선정, 정당 가입 등 정치적 성향이 강한 인사는 배제한다는 것이었다.

이렇게 모든 거푸집(기본 골격)을 짠 다음, J사무차장과 K사무총장에게 보고하였다. 이 과정에서 K 사무총장이 적극적으로 활용할 수 있다면 추진할 수 있겠지만, 활용도가 문제라면서 다소 부정적인 견해를 피력했다. 그래서 J 상임위원에게 보고를 하니 적극적으로 해 보라는 답변을 받을 수 있었다. 물론 그때는 이미 모든 섭외를 거의 다 마친 상태였다. 필자의 업무 스타일이 단적으로 드러난 예이다. 구두승낙을 받은 후 곧바로 캐스터 활용계획을 올려 결재를 받았다. 최종 백지연 씨를 만나 캐스터 취지를 다시 설명하고 승낙을 받았다.

2006년 지방선거 시 매니페스토 캐스터 섭외와 관련해서 일화를 하나 소개하고자 한다. 백지연 前 MBC 아나운서를 물색하여 수차례의 전화 통화를 거쳐 면담을 하기로 승낙을 받아 내게 되었다. 그리고 섭외를 위해 「백지연 아카데미」사무실을 물어물어 3월 초 오전 10시 30분경 사무실(서대문구 대신동 소재)에 도착하니, 사전에 연락을 취해 놓은 터라 그곳 팀장이 반갑게 맞아 주었다. 그는 지금 수업 중이니 잠깐만 기다리라고 하였다. 10분 정도 기다리고 있으니 백지연 씨가 나타났다. "안녕하세요? 오래 기다리셨습니다." 하면서 자기 집무실로 안내하여 의자에 앉아 눈을 빛내여 똑바로 필자를 보며 물었다.

"제가 무엇을 해 드려야 되겠습니까?"

그렇게 해서 백지연 프리랜서가 중앙선관위 매니페스토 캐스터로 위촉되어 활동하기에 이르렀다. 필자도 보통 강심장이 아닌데

중앙일보 2007년 09월 20일 033면

중앙선관위는 17일 대선을 정책 중심 선거로 이끌고, 일반인에게 다소 생소한 매니페스토(참공약 선택하기)를 쉽고 자연스럽게 전달하기 위해 KBS 황수경, MBC 이정민, SBS 김소원 아나운서(왼쪽부터)를 중앙선관위 매니페스토 캐스터로 위촉했다. [연합뉴스]

황수경·이정민·김소원 아나운서

"매니페스토 전도사 됐어요"

지상파 방송 3사의 여성 아나운서 세 명이 나란히 '매니페스토 캐스터'로 변신했다.

중앙선거관리위원회(위원장 고현철)는 17일 KBS 황수경, MBC 이정민, SBS 김소원 아나운서를 매니페스토 캐스터로 위촉했다.

이들은 연말 대선을 앞두고 선관위가 개최하는 [illegible] 각종 행사를 진행하고 매니페스토 홍보용 공익광고에도 출연하게 된다.

또 선관위는 18일 탤런트 김명민씨와 뮤지컬 배우 김소현씨를 공명선거 홍보대사로 임명했다.

이순신 장군 역으로 유명해진 김명민씨는 올 초 방영된 드라마 '하얀거탑'에 출연해 인기를 끌었다. 김소현씨는 '오페라의 유령' '대장금' 등에 출연한 뮤지컬 스타로 최근에는 드라마 '왕과 나'에 출연하고 있다.

두 사람은 "국민이 선거에 많은 관심을 갖고 적극적으로 투표에 참여하도록 하는 데 힘을 보태겠다"고 밝혔다.

김명민·김소현씨 외에도 축구 국가대표팀 홍명보 코치, 가수 장나라, 비(정지훈) 등이 선관위로부터 공명선거 홍보대사로 임명돼 활약하고 있다.

남궁욱 기자 periodista@joongang.co.kr

◆매니페스토(Manifesto)=각종 선거에 나선 후보자가 정책 공약을 발표할 때 ▶목표▶우선순위▶절차▶기한▶재원 조달의 다섯 가지 요소를 구체적으로 [illegible] 검증토록 하자는 '참공약 실천운동'이다. 중앙일보와 중앙선관위가 함께 주도해 지난해 5·31지방선거 때부터 도입됐다.

출처: 중앙선관위, 언론이 바라본 제17대 대통령선거

인기가 높았던 언론인으로 뿜어져 나오는 아우라에 괜스레 긴장되었다. 그동안 갈고닦은 언변을 최대한 활용해 승낙을 받았지만, 나올 때 필자의 몸은 굳어 있었다. 물론, 그동안 많은 정치인과 정당인, 연예인 등을 만나 보았지만 가장 긴장한 자리였다면, 믿을 수 있겠는가?

새로운 역사는 또 그렇게 시작되었다. 2007년 17대 대선과 2008년 18대 국선은 국가선거로서 지방선거와 다른 선거이므로 이 선거 특성에 맞게 KBS(황수경), MBC(이정민), SBS(김소연) 대표 아나운서를 위촉했다. 이들은 2008년 18대 국선까지 헌신적으로 활동하며 매니페스토 운동 확산에 크게 기여했다.

한국 매니페스토 운동의 모델

「매니페스토」가 아닌 「매니페스토 운동」으로 시작하다

우리는 운동(motion)을 한다. 숨을 쉬고 살아 있는 동안에는 쉼 없이 움직인다. 운동의 물리학적 개념을 떠나 움직이는 것. 에너지가 소진되고 충전되는 것은 모두 운동이다. 이렇듯이 우리는 여러 목적에서 운동을 한다. 예컨대, 몸이 약한 사람은 몸을 강하게 만들기 위해서 운동을 하고, 건강한 사람은 건강을 유지하기 위하여 운동을 한다. 특히, 경기에 나가는 운동선수는 본인의 능력을 발전시키기 위해 규칙적으로 운동을 한다. 이처럼 운동은 현상 유지 · 개선, 또는 발전 · 진보를 위해 한다.

한국형 매니페스토는 운동에서 출발한다. 지방선거에서 매니페스토가 처음 도입될 때 「매니페스토」가 아니라 「매니페스토 운동(campaign)」이었다. 처음 도입 시 일본식 매니페스토를 도입하였기 때문에 「Manifesto」는 「매니페스토」였다. 매니페스토의 모국인 영국에서 수입한 일본은 매니페스토를 「정권공약」으로 번역했다. 그리고, 선거 출마를 앞둔 후보자는 선거공약을 매니페스토 이름으로 발표했고, 그 발표자 중 절반이 넘는 후보자가 당선됐다. 영국이나 일본에서 매니페스토는 매니페스토 그 자체였던 것이다.

그런데, "귤이 회수를 건너면서 탱자가 되고 그 반대로 탱자가 회수를 건너면서 귤이 된다."는 말이 있듯이, 매니페스토가 한국에 들어오면서 영국과 일본식이 아닌 한국식 매니페스토가 되었다. 예컨대 「매니페스토」에 「운동(campaign)」이 가미돼 매니페스토 운동으로 표기되고 이해하며 그렇게 실천한 것이다. 즉, 선거공약으로 지칭되던 매니페스토가 구체적이고 실현 가능한 공약을 제시하는 것으로 출발하여 유권자의 선택과 반영 과정을 거치면서 선거문화 개선을 위한 범국민적 운동의 성격으로 전환된 것이다. 매니페스토를 단순히 실현 가능한 선거공약을 넘어 비방과 흑색선전 등 네거티브 캠페인을 타파하고 정책 중심의 포지티브 선거문화를 구현하자는 의미로 이해하고 이를 우리만의 방식, 즉 대한민국만의 창조적인 매니페스토로 발전시켰다.

한국형 매니페스토 정책선거, 어떤 모델이 적합할까?

한국과 일본의 매니페스토 운동을 추진하는 세력을 보면 일본은 매니페스토 정책선거 운동에 정당과 후보자가 선도적, 혹은 주요한 역할을 수행하였으나 한국은 유권자 및 시민사회의 주도적 역할이 중요(아래 '매니페스토 정책선거 모델' 참조)하였다. 국가 차원이 아닌 지역 차원에서 먼저 제기되어 정착되면서 국가 차원으로 발전되어 나가는 상향식 운동 방식으로 진행되었고, 지방자치 10년이라는 경험을 바탕으로 빠르게 도입 · 확산되었다. 유권자들의 주도적 역할로 인하여 시민(유권자)들의 활발한 정책 제안운동이 전개되고 시민사회의 자율적 합의 노력으로 지역사회의 정책어젠다 발굴과 정립 성과들이 후보자들의 정책으로 수용되고 실현되면서 정책선거 문화를 정착시켜 나가고 있다.

매니페스토의 주요 내용은 공약의 실현성과 이행평가로 구성되어 있다. 지역정치역량이 취약하여 효과적인 매니페스토의 작성과 활용이 어려운 현실에서 교육과 훈련활동이 병행되면서 해당 운동이 정착되어 가고 있으며, 지방자치단체장 후보들의 공약 남발과 당선 후 일방적인 정책의 집행으로 발생되는 갈등과 대립을 사전에 차단하고 책임 있는 선거와 정치문화를 정착시켜 나가고 있다. 활동적인 시민사회의 주동성이 발휘되면서 짧은 기간에 매니페스토 개념 정립과 운동의 확산이 동시에 진행되어, 한국 사회에 폭넓게 확산되고 있는 지역 구성원들의 사회적 합의와 협력 강화 흐름을 지역 정치 영역으로 확산시켜 가고 있다. 또한 기초단체장과 의원의 정당공천 등 정당의 지역화 및 정책화 과정에서 도입되어 이들 과제들과 상호 상승작용을 일으키면서 지역 발전에 기여하고 있다.

한국의 정책선거를 실현하기 위해서는 정책선거문화에 걸맞도록 선거주체들의 합당한 역할을 종합적으로 제시하는 모델이 필요하다. 정책선거를 지향하기 위해서는 정당과 후보자, 선관위와 학회, 시민단체, 언론 등이 주요한 선거정책의 전달자로서 역할을 온전히 다해야만 이제 갓 싹트기 시작한 정책선거가 제대로 정착될 수 있다. 이러한 측면에서 각 주체의 역할을 정립하고, 이를 네트워크화하는 정책선거모형을 제시하면 아래의 〈그림 1(53페이지)〉과 같다. 이들 모형은 유권자의 정책 투표에 영향을 주는 요인에 대한 고찰을 토대로 후보자와 정당, 시민단체와 선관위, 언론 및 학회가 협조하는 정책선거 모델이다.

상호 파트너십의 공유와 협치적 관점의 정책선거 정착에 있어 선관위는 분명 주도적 역할을 해야 한다. 다만, 단독 주체로서 이를 수행하기 어렵다는 현실에서 학회 또는 시민단체의 장단점을 검토하여 주도적 파트너를 정할 필요가 있으며, 상황에 따라서는 이들 모두를 파트너로 선정하되, 역할을 구분하는 방안도 강구할 수 있다. 결국 이러한 선택은 상황과 이슈에 따른 것이며, 유권자, 정당 등 어느 누구도 정책선거 정착을 위한 역할에서 완전히 제외될 수는 없다. 다만, 제도적으로 그리고 다양한 의견을 반영하는 주체로서 선관위의 위상과 역할은 반드시 강화되어야 하고, 이들을 어떻게 잘 네트워크화하느냐가 성공과 실패를 결정하게 된다.

필자가 볼 때는 현재의 선거와 정치문화 발전 정도를 감안하면 우리나라는 제3모델에 가깝다. 시간이 지나면서 제3모델(거버넌스 관점)에서 제2모델(파트너십과 공유 관점)로, 제2모델에서 제1모델(정당과 후보자 중심)로 이동되어야 하겠지만, 당분간은 선관위를 중심축으로 6자간 협력적 노력을 끌어내어 거버넌스 지향의 네트워크 형태의 정책선거추진이 사회협치적 관점에서 이루어져야 할 것이다.[4] 상호 동반자적 관점에서 정책 지향의 관심과 참여의 적극적 표현은 한국 사회의 선거문화 형성과 정책 지향의 합리성을 제고시킬 것이다.

4 2014년 6 · 4지방선거를 앞두고 중앙선거관리위원회에서는 유권자 중심의 매니페스토(K-Manifesto)를 제시하였는데, 〈그림 1〉의 3모델과 또 다른 차원으로 이해된다. 제3모델에서 유권자를 중심으로 배치하면 선관위 제시 모델로 통합될 수 있다.

〈그림1〉 매니페스토 정책선거 모델

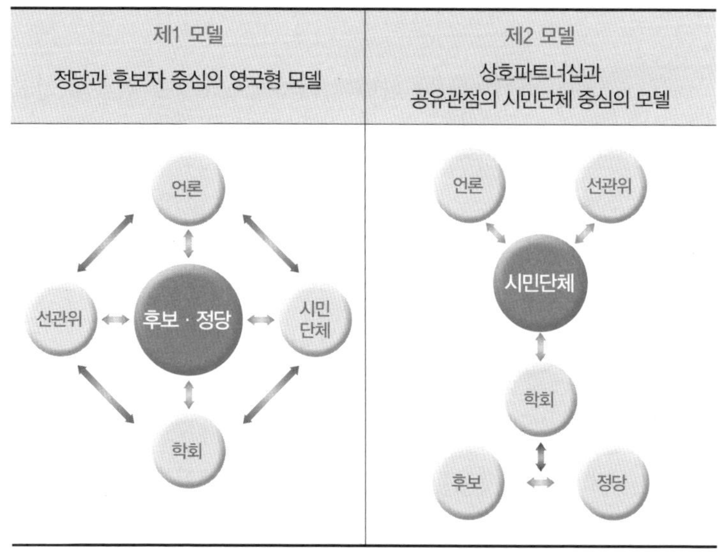

제3 모델

거너번스 관점의 네트워크 형태의 선관위 중심의 모델

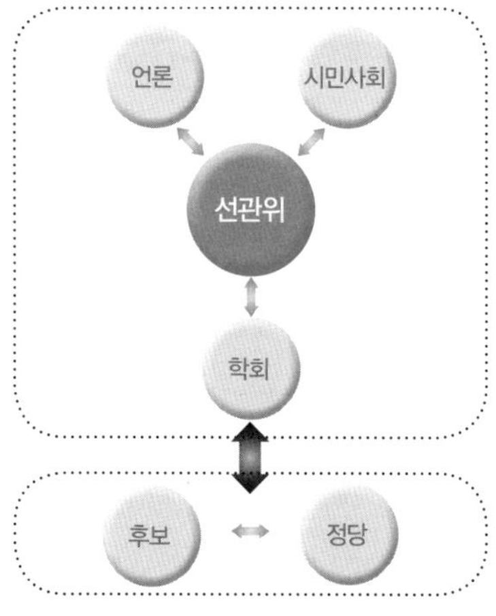

출처: 중앙선거관리위원회, 매니페스토 정책선거 로드맵 연구용역보고서(2007)

한국형 매니페스토의 새로운 방향 "K-Manifesto"

왜 K-Manifesto인가 | 우리나라에 매니페스토가 최초로 도입된 것은 2006년 5 · 31 지방선거부터이며 선거관리위원회는 '531 추진본부'와 함께 정책선거를 추진하였다. 제6회 지방선거는 매니페스토가 도입된 지 3주기가 되는 시기로서, 그동안 공직선거법에 매니페스토 선거운동이 도입되는 등 제도적 변화와 함께 정당 · 후보자가 정책 · 공약을 제시하고 이에 기반한 유권자의 투표 성향이 나타나고 있는 것은 매우 고무적인 현상이다. 그러나 그동안의 매니페스토 운동이 외국의 사례를 소개하거나 유권자에게 생소한 매니페스토 운동을 알리는 데 주력하였으며, 학계 등의 전문가 집단과 특정 시민단체를 중심으로 추진되어 매니페스토 운동의 추진 목표가 불분명 · 불명확하고 유권자와 친화적이지 못한 면이 있었다. 따라서, 이제는 그동안 추진해 왔던 매니페스토 운동을 회고적으로 분석 · 평가하여 선거를 지연이나 학연 등 개인적 연고가 아닌 정책을 위주로 하여 유권자가 정책으로 투표하는 유권자 중심의 한국형 매니페스토(K-Manifesto)의 목표와 방향을 구체화하고 정착 방안을 모색하는 것이 필요한 시기이다.

K-Manifesto의 의미 | K-Manifesto란 유권자 중심의 매니페스토 운동으로서, 정당 · 후보자, 시민단체와 학계, 언론사 등 다양한 참여주체 간의 상호 연계와 선관위의 적정한 지원을 통해 유권

자의 참여와 정책선거에 대한 이해도를 높여 정책에 기반한 정치문화를 조성하는 것이다. 즉 과거의 매니페스토가 참여주체 간에 개별적·독자적으로 정책선거 사업을 추진해 왔다면, K-Manifesto는 참여주체 간의 유기적인 상호 역할 분담을 통해 유권자의 참여를 촉진하고 이를 선관위가 지원해 주는 방식이라 할 수 있다. K-Manifesto는 정당과 후보자는 선관위가 제공하는 어젠다 등을 통해 실천 가능한 정책·공약을 유권자에게 제시하고, 학계나 시민단체, 언론사는 세미나 개최, 캠페인 전개, 언론보도 등을 통해 정책과 공약을 논의·분석하여 유권자에게 다양한 판단자료를 제공하는 토론의 장(場)을 마련하는 것이다. 또한 유권자는 어젠다 개

〈그림 2〉 한국형 매니페스토(K-Manifesto) 개념 구성도

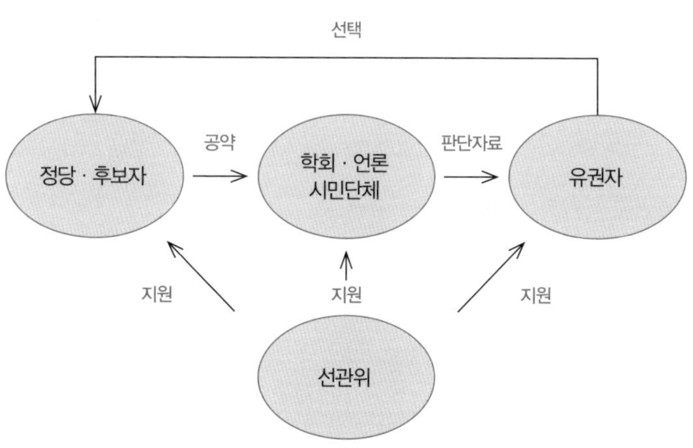

출처: 중앙선거관리위원회 k-voting 자료 인용

발에 참여하고, 학계나 시민단체 등에서 제공된 자료 등을 통해 정당이나 후보자를 선택하며, 당선자의 임기 중 공약 이행 여부를 평가하여 다음 선거에 반영하고, 선관위는 어젠다 개발부터 확산, 유권자의 판단에 이르기까지의 매니페스토 순환 과정에서 필요한 지원 역할을 담당한다.

매니페스토, 선거별 맞춤형으로 적용하다

매니페스토는 어떤 경로를 통해 우리에게 유입되었나

매니페스토(Manifest)는 영국에서 큰 흐름을 타고 미국, 독일, 프랑스, 호주, 일본 등 각지로 전파됐다. 미국에서는 플랫폼(Flatform), 프랑스에서는 매니페스토, 독일에서는 선거강령(Wahlmanifest) 혹은 선거프로그램(Wahlprogramm), 호주에서는 매니페스토로 사용된다. 이 매니페스토는 아메리카, 유럽, 아시아 대륙에서 다양하게 확산됐다.

특히 주목해야 할 부분은 일본의 매니페스토이다. 그 이유는 우리나라에 매니페스토가 도입되는데 있어서 일본이 크게 기여하였기 때문이다. 일본은 2003년도 통일지방선거 시 매니페스토 공약 발표 후보자 14명 중 50.0%인 7명(무투표 1명 포함)이 당선됨으로써 본격적

인 매니페스토가 시작됐다. 이어 2003년도 하반기 중의원선거, 2005년도 중의원선거를 계기로 확산 · 발전되었다. 그러면, 매니페스토가 일본에서 한국으로 어떻게 들어왔는가? 그 스토리는 이렇다.

고려시대 원나라로부터 목화씨를 들여와 목화 재배에 성공함으로써 백성들이 겨울을 따뜻하게 지낼 수 있도록 한 문익점 선생처럼, 새로운 선거 문화를 접목시킨 전도사가 있었으니 바로 아주대 김영래 교수다. 김영래 교수가 게이오대 방문교수로 근무하던 차에 매니페스토를 알게 됐고, 그 유용성을 체험하고 한국에 전파하기로 결정, 2003년 2월에 한일 정치비교 학술회의를 개최함으로써 매니페스토 운동이 한국에 상륙한 것이었다. 도입 즉시 김영래 교수는 지방의제21, 열린사회시민연합, 투명사회실천협의회 등 10여 개의 시민단체와 네트워크를 구축하여 '531추진본부'를 결성하여 2006년 2월 1일 발족하기에 이른다. 이 시민단체의 발족과 함께 매니페스토 운동을 처음 소개한 언론은 중앙일보다. 중앙일보에서 2006년 2월 1일자 1면에 대대적으로 보도를 내보냄으로써 다른 언론을 비롯하여 각계의 반향을 일으켰다.

일부에서는 매니페스토에 대해서 '그렇고 그렇겠지….' 하는 비관론이 고개를 들었다. 왜 하필이면 추진본부냐? 매니페스토 운동도 처음이요, 매니페스토 운동만 전담하는 시민단체도 특이한 사례였다. 얼마 되지 않아 매니페스토 운동은 추진본부 중심으로 동심원처럼 번져 갔다. 그 뒤에는 중앙선관위가 있었다. 중앙선관위가 연출자로서의 역할을 해 나감으로써 매니페스토 운동이 추동력을 받게 되었다.

2월 23일 매니페스토 확산 국민대토론회 개최에 이어 3월 16일 매니페스토 정책선거실천 협약식 개최, 매니페스토 공약은행 등 매니페스토 참여 분위기 조성을 위한 노력들이 참신하고 유의미한 행사로 귀결되면서 긍정적인 분위기가 확산되었다.

언론, 매니페스토 태동을 알리는 대변인 역할을 자임하다

특히 언론의 노력도 빼놓을 수 없는데 4월 4일을 기점으로 메이저 언론이 모두 매니페스토 운동에 동참하여 적극 보도를 하면서 매니페스토 운동이 확산되기에 이르렀다. 중앙일보는 『5 · 31지방선거 총선보다 중요하다』는 타이틀로 공약은행 동참 유도 및 적립된 공약 소개, 나아가 정당과 후보자의 매니페스토 공약에 대한 비교 소개 등 매니페스토 운동에 가장 적극적이었다. 그런데 조선일보는

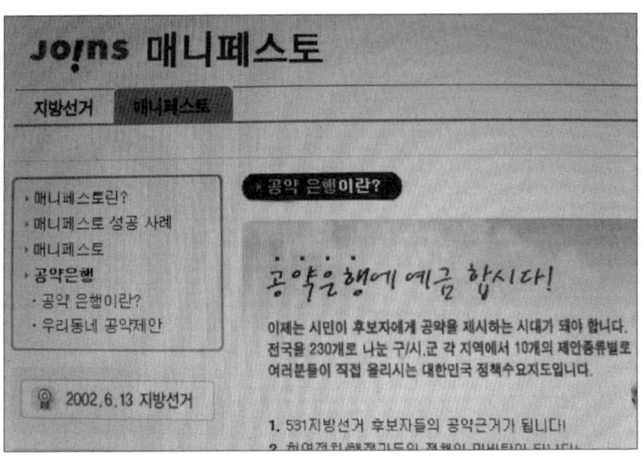

조 · 중 · 동 중 가장 늦게 뛰어들었지만 가장 핵심적인 위치를 선점하게 되었다. 매니페스토 운동을 스마트(SMART) 지표로 대변되도록 보도했기 때문이다. 조선일보는 지난 2002년도 광역자치단체장 공약을 스마트 지표에 의해 분석하여 소개했다. 동아일보는 의회발전연구회와 손잡고『파인 선거혁명』캠페인을 전개해 중앙 · 조선일보와 다른 콘셉트로 매니페스토 운동에 동참하였다. 후일담이지만, 동아일보는 가장 먼저 스마트 추진본부의 출범을 알고서도 내부 사정으로 선수를 놓쳤다. 그 이후에도 매니페스토 운동에 동참하기 위해서 중앙선관위 관계자(공보관과 정책정당지원팀장)를 초청해 강연과 토론의 기회를 갖는 등 매니페스토 운동에 대한 열정을 보였다. 다른 언론사 못지않게 보이지 않는 내부적인 노력을 해 왔다. 이러한 언론의 적극적인 보도 활동이 매니페스토를 급속하게 확산시켰다.

2008년 국회의원선거에서 제기된 매니페스토의 적용 논란

2008년 4·9 국회의원선거를 앞두고 정치권에서 국회의원선거에서는 매니페스토가 적용되어서는 안 된다는 주장이 제기됐다. 대통령이나 자치단체장과는 달리, 국회의원에게는 예산권과 집행권이 없다는 것이 그 주된 이유였다. 이는 일견 맞는 주장처럼 보일순 있었다. 하지만, 근본 이유는 다른 데 있었다. 매니페스토를 하게 되면 귀찮고 나중에 공약불이행에 대한 책임을 져야 하는 문제에 맞닥뜨리게 되니 선거 공약으로 구속받는 것보다 자유스럽게 선거를 치르겠다는 것이었다. 정치권에서 매니페스토 도입에 대한 반대 이유는 옳지 않다고 본다. 이는 매니페스토를 잘 못 이해하는 데서 연유한다.

매니페스토의 핵심적 속성은 〈약속(約束)〉과 〈실천(實踐)〉이다.

한국일보

2007년 12월 12일 A03면

"내년 총선부터라도 매니페스토 의무화해야"

〈정책 공약〉

매니페스토실천본부 김영래 공동대표

"정책도 없고 공약도 없고, 오직 네거티브가 주도하는 현 상황이 안타깝습니다."

한국매니페스토실천본부 상임 공동대표인 김영래(62·사진) 아주대 정외과 교수는 11일 "선거가 8일 앞으로 다가왔지만 여전히 특정 후보의 BBK 연루 의혹이 중심 화제"라며 "후보들 사이의 '합종연횡'이라는 것도 정책이

져야 한다는데 공감한다"면서도 "그러나 정작 정치인들이 이끌어 가는 선거전이 정책이나 공약을 부수적으로 여기는 탓에 유권자들조차 선거에 관심이 없게 만든다"고 말했다.

그는 정책 선거의 모범적 사례로 영국을 들었다. 김 대표는 "영국의 경우 총선 때 각 당이 내놓은 정책 공약집을 보면 각종 경제 관련 지표 등이 구체적

김 대표는 "최근 각 정당들이 주요 공약을 자세히 설명한 공약집을 만들어 유세 현장에서 배포하거나 홈페이지에 싣고 있지만 시기가 늦은 면이 없지 않다"고 아쉬워했다. 김 대표는 정책 선거 정착을 위해서는 선거법 개정이 이뤄

출처: 중앙선관위, 언론이 바라본 제17대 대통령선거

5 · 31 지방선거 시 영국에서 평가지표로 사용한 스마트(SMART)에 근거한 매니페스토가 알려져 실천되면서 매니페스토는 반드시, 구체적(Specific)이고 측정 가능(Measurable)하며, 달성 가능(Achievable)하고, 정책이 타당(Relevant)하며, 시간계획(Timed)이 포함된 〈정책시약서〉야 한다는 의미로 받아들였다. 그러다 보니, 정치권과 언론, 대부분의 국민들이 매니페스토는 예산이 포함된 구체적이어야 한다는 인식이 고착화되기 시작했다. 이러한 인식이 결과적으로 모든 선거에 동일한 요건의 매니페스토를 적용해야 한다는 오류를 낳게 됐다.

선거별 특성에 맞는 매니페스토 콘셉트의 개발과 보급

선거관리위원회에서는 5 · 31지방선거가 끝나고 17대 대통령선거를 준비하면서 이러한 스마트적 매니페스토 오류를 점차 인식하기 시작했다. 그래서 각 선거별 특성에 맞는 매니페스토를 개발하여 보급하고 지원하였다. 예컨대, 대통령 선거 시에는 대선에 맞는, 국회의원선거에서는 국선에 맞는 매니페스토 논리를 각각 개발하여 정책 어젠다와 평가지표를 개발하여 보급한 것이다. 대통령선거 매니페스토의 핵심은 5년 동안 국정을 이끌어 갈 수 있는 〈비전〉과 〈철학〉이 녹아 있는 정책공약이 제시되어야 한다는 점과 정책공약에 예산추계가 포함되어야 한다는 것. 국회의원선거 매니페스토는 국회의원이 예산권과 집행권보다는 입법 활동을 근간으로 견제 · 감시 기능에 초점을 뒀다.

선관위는 매니페스토 정책선거 추진종합(로드맵)[1]에 근거하여 언론과 시민단체와 연계하여 다양하고 효과적인 매니페스토 촉진 · 홍보활동을 추진했다. 일부 정치적 · 구조적 요인에 의한 부정적인 평가는 별론으로 하더라도 대선과 총선을 거치면서 매니페스토 정책선거를 통해 선거문화를 상당히 업그레이드했다. 즉 매니페스토에 대한 인지도를 높이고, 유권자의 후보자 선택기준 정립과 함께 선택 능력도 제고했다.

설명회 교안에 제시된 매니페스토 이해를 높이기 위해 작성된 질문

Q. 다음 중 실현 가능하고 당선 후 책임을 물을 수 있는 매니페스토 공약은?

① 우리나라 교육의 질을 높이도록 하겠습니다.

② 초·중등 학생의 교육 수준을 선진국 수준으로 높이겠습니다.

③ 우리나라의 미래교육을 위해 GDP의 ○○%를 교육비로 투자하겠습니다.

④ 교육의 질을 높이기 위해 5년간 ○○억 원을 들여 아동학급을 30인 이하로 축소하겠습니다.

1 2006년 지방선거 후 매니페스토 운동을 좀 더 체계적이고 종합적으로 추진하기 위하여 매니페스토 추진 목표(도입기 -2006년 지방선거, 확산기- 제17대 대통령선거, 정착기- 제18대 국회의원선거)를 설정하고 선관위를 비롯하여 선거참여 주체들의 역할과 실천 방안을 담은 매니페스토 정책선거 추진 종합방안으로, 2007년도 3월 20일 확정하여 외부에 공개했다. 연합뉴스 2007. 3. 20「중앙선관위, 정책선거 확산을 위해 매니페스토 추진 로드맵 확정 · 추진」, YTN, 중앙일보「선관위, 매니페스토 추진협의체 로드맵 확정」등의 제하로 언론 보도가 나왔다.

특히, 정당은 공천 과정에 매니페스토 반영, 아카데미 개설 · 운영 등 자율적인 노력을 보였다. 이는 정책정당과 책임정당으로 발돋움하는 계기가 됐다. 하지만, 아직까지도 매니페스토에 대한 인식이 부족하여 매니페스토를 초보 단계인 스마트적으로 인식하고 있어 안타깝다. 이해를 돕기 위해 매니페스토를 쉽게 압축해서 말하면, 선거 때 약속한 공약을 실천하고 책임을 져야 한다는 것을 말한다. 이것이 한국적 매니페스토이다.

한국 매니페스토의 기능과 역할은

우리나라에서 적용된 한국적 매니페스토는 주체별 기능과 역할에 따라 5단계로 작동된다. **첫째**, 정당과 후보자는 선거 때 구체적이고 실현 가능한 공약을 제시한다. **둘째**, 정당과 후보자는 정책공약을 가지고 경쟁한다. **셋째**, 언론과 시민단체는 정책공약을 검증해야 한다. **넷째**, 당선자는 선거 후 선거 때 약속한 공약을 이행하려는 노력을 해야 한다. **다섯째**, 유권자는 정당과 당선자의 정책공약 이행 여부를 잘 살펴보고 그 결과를 다음 선거 때 지지여부로 반영한다.

영국이나 일본에서 시작한 매니페스토는 정당(영국)이나 후보자(일본)가 주축이 되어서 시작된 것과는 달리 우리나라는 선관위와 언론, 시민단체가 주축이 되어 시작됐다는 점에서 다르다. 도입 주체의 하나인 선관위에서는 고전적인 매니페스토를 그대로 적용하기보다는 주체별 역할과 기능에 초점을 둔 한국적 매니페스토를 개발하여 제시한 것이다. 따라서 만약 매니스토에 대한 인식에 오류가 있었다면 여기서 온 것일 것이다.

매니페스토의 첫 단계는 구체적이고 실현 가능한 공약을 제시하는 것이다. 이에 대한 인식은 미시적이고 초보적 단계다. 그다음 단계는 정당과 후보자, 정치권은 약속한 것을 이행하고 실천하는 책임정치를 구현하는 작동기제이다. 이는 기구적 · 도구적인 측면의 인식이다. 한 걸음 나아가서 매니페스토를 잘 실천하면 더 좋은 선거문화를 조성하고 이를 계기로 정치 발전과 국가 발전을 이룩할 수 있다는 것이 목적론적이고 문화적 측면에서 보는 이론이다. 이러한 현실적 · 당위적 논거에서 볼 때, 매니페스토는 어느 선거에서나 도입 · 적용되는 도구이자 문화운동이다.

이런 이유에서 본다면, 결론은 자명하다. 국회의원선거에서 매니페스토 적용이 맞지 않다는 논리는 틀린 것이다. 아니, 국회의원선거만 따지는 것을 넘어서서 정치권이 선거 때만 매니페스토를 할 게 아니라 평상시에도 매니페스토를 해야 한다고 본다. 이에 동감하는 정치인이 있다면 한국적 매니페스토를 정확하게 이해하는 부류에 속한다고 봐야 한다. 매니페스토를 통해 한국의 선거문화와 정치가 잘되려면 스마트적인 망령에서 벗어나야 한다.

공직선거에서 일상생활까지, 매니페스토 확산되다

한국 매니페스토는 어떤 단계를 거쳐 추진되었나

우리나라에 매니페스토가 들어온 지 14년째를 맞고 있다. 그리고 지방선거와 대통령선거, 국회의원선거에 세 번 내지 네 번씩 매니페스토를 적용해 봤다. 선거별 하나의 선거 사이클이 돌았다. 여기서 말하는 사이클이란 '지선 → 대선→ 국선'으로 이어지는 전(全) 선거 순환구조의 사이클을 말한다. 지방선거만 변수로 보면 2006년 지방선거 시 도입됐으니, 2010년 제5회 지방선거가 도래함으로써 완전한 사이클이 완성됐고, 2018년 지방선거를 거치면서 네 번째를 맞이하였다.

이제, 매니페스토가 어느 정도 발전됐는지 살펴볼 필요가 있다. 즉 매니페스토가 어디까지 왔는지, 왔다면 그 위치는 어디인지,

정당과 후보자, 그리고 국민들이 바라보는 관점은 어느 방향을 향하고 있는지. 개괄적으로 크게 살펴보면, 아래 〈표 3〉에 보듯이 시기별 목표, 정치권 인식, 제도적 접근, 정치권의 반응, 추진 대상, 추진 영역, 주체별 역할 변화 등을 주요 변수로 대별할 수 있다. 새로운 제도가 도입되어 추진되면 일반적으로 도입기, 확산기, 심화기의 세 단계로 나누는데 이 분류가 가장 쉽고 명확하기 때문에 이에 따라 한국 매니페스토 발전 단계를 분류해 보면 다음과 같다.

시기별로 보면, 매니페스토가 우리나라 선거문화에 첫 도입된 때인 2006년 5 · 31지방선거가 도입기에 해당될 것이며, 지방선거를 거쳐 드러난 문제점 등을 개선하고 미비된 제도를 반영하는 등의 제도화 과정과 함께 매니페스토 이해와 참여를 높이는 노력이 강화되는 시기인 2007년 제17대 대통령선거 시기가 확산기에 해당되며, 지방선거와 대통령선거의 정책선거 확산 분위기를 이어서 정책선거 정착의 관문에 이르는 초기 단계인 2008년 제18대 국회의원선거가 형식적 정착기에 해당될 것이며, 2010년 지방선거는 실질적인 정착기에 해당된다. 여기서 18대 국회의원선거는 매니페스토를 통해 정책선거를 완전히 정착시키지 않았지만, 매니페스토의 유용성과 효과성, 확산과 실천력, 추동력, 자율성 등을 감안할 때 부분적으로나마 실질적인 정책선거가 자리 잡은 선거로 평가되었기 때문에 정착기로 볼 수 있다.

총선이 끝난 후, 매니페스토 평가토론회에서 일부 토론자는 대선의 경우 매니페스토 확산기가 아니라 축소기라고 주장하기도 했다. 이는 BBK라는 쟁점과 함께 네거티브적 선거캠페인으로 선거가 점철됐다고 판단했기 때문이다. 지엽적이고 분위기적인 면에서는 일리 있는 주장이라 하더라도 제도적이고 실질적인 면에서는 축소가 아니라 확산이 맞을 것이다. 2012년 국선과 대선, 2014년 지방선거는 2007년 대선과 2008년 국선의 매니페스토 단계를 이어받아 지속적인 심화 확산 과정에 있었다고 볼 때, 2017년 조기대선과 2018년 지방선거를 치르면서 매니페스토는 미흡하지만 정착 심화 단계로 이동하고 있다고 볼 수 있다.

〈표 3〉 한국 매니페스토 정책선거 단계별 · 주체별 역할 변화

항 목	단 계 별		
	1단계	2단계	3단계
시기별 목표	도입(2006년 제4회 지방선거)	확산(2007년 제17대 대선)	정착(2008년 제18대 국선)
정치권 인식	악의적 인식	우호적 인식	생산적 인식
제도적 접근	운동적 차원에서 시작	운동을 넘어 제도화에 돌입	제도의 성공적 운영 및 자율화
선관위 추진 정치권 반응	주도적인 역할(거부)	권장 · 지원적 역할(공감)	조정자적 역할(공감)
선거별 추진 대상	자치단체장 선거(후보 중심)	대통령선거(정당 중심)	국선(정당과 후보 중심)
정책공약 초점	갖춘 정책공약 제시	실현 가능한 공약 제시	공약 이행평가

매니페스토 영역		공직선거	공직선거+생활주변 선거	공직 · 생활주변 선거+ 일상화
주체별	선관위의 역할	Manifesto 이해 확산 정책선거 환경 조성	Manifesto 이해확산 정책선거 촉진 · 홍보 활동	Manifesto 선택능력 함양 정책선거 촉진 · 홍보 활동
	시민단체의 역할	경실련과 실천본부 중심	실천본부 중심	추진 단체의 다변화 모색
	언론의 역할	적극적 보도	소극적인 보도	소극적인 보도
	유권자의 역할	한정적 소수만 인지	인지유권자의 참여적 태도	참여유권자의 평가적 태도
후보자 공천제도		후보자 공천의 임의적 운영 → 공천제도의 법제화 추진		

매니페스토에 대한 정치권의 인식

도입기인 2006년도 지방선거 시에는 정치권은 매니페스토를 '악의적(惡意的)인 관계'로 보았다. 그러다가, 지방선거를 거친 후 2007년도 대통령선거 시에는 '우호적(友好的)인 관계'로 인식해 동참하였다. 나아가 2008년도 국회의원선거 시에는 정당의 지지율과 득표에 유리하다는 생각을 갖고 '생산적(生産的)인 관계'로 인식하게 된다.

악의적인 관계였던 2006년도 지방선거 시, 매니페스토 주체여야 할 정당과 후보자는 선관위와 시민단체, 언론이 적극적으로 추진함으로 인해 매니페스토를 마지못해 수동적으로 받아들일 수밖에 없었다. 그러한 이유가 매니페스토를 좋지 않지만 버릴 수도 없는 것, 즉 계륵(鷄肋)으로 인식하였기 때문이다. 우호적인 관계였던 대통령선거 시에는 정당정책공약집 발간 · 판매제도가 도입되는 등 제도적 뒷받침과 함께 선거전략으로서 정책선거를 내세는 등 정당 나름대로 정책선거에 참여함으로써 매니페스토를 우호적인 관계로 보고 실천하였다.

정착기인 국회의원선거 시에는 정치관계법 개정 특위에서 국회의원선거에는 매니페스토를 적용하지 않겠다고 합의하는 등 미온적 자세를 보였지만, 정당 차원에서는 후보자 공천 과정에 의정활동계획서를 제출받아 심의 과정에 반영하고, 자당 소속 예비후보자를 대상으로 매니페스토 아카데미를 개설해서 매니페스토 이해와 참여를 촉구하였다. 심지어는 선거 기간 중에 정책선거를 선거운동전략으로 추진하는 정당도 있었다. 그리고 국회에서 반대했던 후보자들도 정작 지역구 후보로 등록되자 매니페스토를 실천하려는 노력을 하였다. 이렇듯이 18대 총선에서 매니페스토는 우호적인 관계를 넘어 '생산적인 관계'로 발전하게 된다.

2010년 지방선거는 2006년 지방선거에서 시작된 매니페스토 운동이 하나의 순환주기를 완성하는 선거로서 매니페스토 운동에 매우 의미 있는 선거였다. 즉 2006년 지방선거 시 제시된 당선자 공약의 이행평가가 유권자의 선택에 반영된다는 점과 시도지사 선거, 교육감선거, 구시군자치단체장 선거의 경우 예비후보자는 공약집을 발간 · 판매하고 후보자는 선거공약서를 작성 · 배부할 수 있다는 점에서 매니페스토 사이클과 제도화로 볼 때 어느 선거보다 매니페스토 운동의 발전에 중요한 선거였다.

한편, 매니페스토는 처음에 운동 차원에서 시작한 것이 제도화를 거쳐 자율화 단계에까지 이어진다. 누누이 강조하지만, 영국과 일본 등 선진국에서는 정당 또는 후보자가 스스로 매니페스토를 추진했다. 우리나라는 이와 다르게 매니페스토 추진 주체인 정당과 후보자가 매니페스토를 추진하지 않아서 이들을 정책선거라는 경기장으로 끌어들이기 위해 선관위와 시민단체, 언론이 앞장섰던 것이다. 매니페스토는 선거공약이나 정권공약인 매니페스토 그 자체가 되어야 하는데 〈매니페스토 운동〉이라는 형태로 전개된 이유가 바로 여기에 있다.

매니페스토, 공직 영역에서 사회 영역까지 이어지다

5 · 31지방선거 당시 스마트적인 요건을 갖춘 공약은 구체적이고 실현 가능한 공약으로 소개했다. 정당과 후보자가 잘 갖춘 공약을 제시하는 쪽에 초점을 맞췄다. 대부분의 후보자들이 육하원칙에 의거한 매니페스토 구성 요소를 갖춘 매니페스토형 공약을 내놓았다. 2007년 대통령선거 시에는 국정철학과 이념이 녹아들고 5년 동안의 예산추계가 포함된 구체성과 실현 가능성을 띤 공약을 제시할 것을 주문했다. 즉, 실현 가능한 공약에 포커스가 맞춰졌다. 이

명박 후보의 대운하 공약(사실상 폐기된 공약)에 대한 논란이 대표적인 예가 된다.

당시 정당과 후보자의 공약에 대한 검증은 대부분 이뤄지지 않았다. 다만, 언론과 시민단체, 학계에서 정당과 후보자의 공약에 대한 비교분석은 이루어졌다. 특히, 17대 대선에서 활발히 이루어졌던 것은 정치적 쟁점이나 이슈에 대한 정당과 후보자의 입장을 물어 제시된 입장을 대비한 것이었다. 물론, 이러한 현상들은 과거보다 향상된 비교분석이었지만, 유권자에게 정당과 후보자의 선택을 위한 정책정보 제공에는 턱없이 미흡했다.

공직선거에만 머물던 매니페스토가 생활주변 선거에까지 적용되더니 급기야는 일상생활에서도 적용 · 실천됐다. 처음에 매니페스토는 공직선거에만 적용됐다. 제4회 전국동시지방선거는 광역자치단체장 선거, 기초자치단체장 선거, 그리고 지역구/비례광역의원선거와 기초의원선거, 교육선거인 시 · 도교육감선거와 교육의원선거 등 총 8개 선거를 동시에 치른 선거다. 이 중 단체장 선거에만 매니페스토를 적용하기로 하고 지방의회의원선거는 자율적으로 추진하도록 했다. 일부 선거에 적용된 매니페스토는 지방선거를 치르면서 약속과 실천이라는 의미로 이해되어 농 · 수 · 축협 조합장선거와 마을 이장선거에까지 적용됐다. 더 나아가서는 젊은층이 결혼식장에서 매니페스토형 약속을 발표하고 다짐하는 매니페스토형 결혼식이 거행되거나 공직사회, 기업, 가정 등에서 매니페스토를 기획하고 실천에 옮기기 시작했다. 이렇듯이 확산일로에 있는 매니페스토는 전 사회 영역으로 확장되고 있다.

이러한 흐름은 매니페스토 확산이라는 면에서는 긍정적이지만, 매니페스토 정체성에 혼선을 줄 수 있다. 그 이유는 매니페스토가 공직선거에 적용돼서 이론이 정립된 후에 사회 영역까지 확대되어야 매니페스토의 정체성에 문제가 없을 것이기 때문이다. 그러나, 우리나라는 도입 초창기부터 '공공 영역'에서 '사회 영역'으로 쉽게 흘러들어 감으로써, 매니페스토에 대한 이해가 흔들렸다. 매니페스토 운동과 별개로 사회운동 측면에서 매니페스토 정치운동의 한계를 극복하고 사회운동을 통해 정치운동으로 확산하면 상생효과가 있을 것으로 기대된다.

선거관리위원회의 역할에 대한 정치권의 비판적 반응

선거관리위원회에서는 매니페스토 도입기에는 매니페스토 참여주체들이 제대로 매니페스토를 이해하고 실천할 수 있도록 하는 환경 조성에 역점을 두고 추진했다. 매니페스토의 이해를 위해서 아카데미와 설명회가 활용됐다. 아카데미는 시민단체에서 정당, 후보자, 선거관계자들을 대상으로 실시했고, 설명회는 선관위에서 유권자를 대상으로 실시했다. 매니페스토 홍보는 홍보영상물 제작 보급, 인쇄물, 시설물 등을 이용한 홍보, TV · 라디오 · 신문, 인터넷 이용 광고 등 다양한 방법으로 추진됐다. 매니페스토 홍보는 지방선거의 기조를 사실상 그대로 유지될 수 있었다.

매니페스토 확산기에는 매니페스토를 이해시키는 것뿐만 아니라 후보자 선택 기준으로까지 이어질 수 있도록 선택능력 함양에 목적을 두고 추진됐다. 지방선거가 끝나고 2006년 말 매니페스토가 공직선거법에 반영된 개정법률안이 통과돼서 2007년 1월 3일 공포됨으로써 대통령선거와 지방자치단체장선거에 선거공약서 제도가 도입됐고, 정당은 정책공약집을 발간해서 판매할 수 있게 됐다. 이외에도 각급선거관리위원회에 매니페스토를 촉진하기 위한 활동에 필요한 홍보를 하도록 의무가 부여됐다. 이로써, 지방선거에서 지속적으로 추진해 왔던 매니페스토 촉진활동이 공식적으로 인정을 받게 되었다.

2010년 1월 25일 공직선거법 개정으로 선관위는 중립적으로 정책선거 촉진 활동을 하는 단체에 대하여 그 활동에 필요한 경비를 지원할 수 있도록 허용됐다(제7조제2항). 이로써 촉진 활동에 대한 활동이 더욱더 강화되는 계기가 됐다. 정착기에는 정당과 후보자보다는 유권자에 초점을 맞춰 매니페스토 선택능력 함양과 함께 실천능력에 역점을 뒀다.

유권자의 매니페스토에 대한 태도도 도입기에는 극히 소수자만 매니페스토를 알았고, 확산기에는 대다수 유권자들이 매니페스토를 이해한 수준이었다. 이때는 매니페스토를 이해하고 실천에 옮기는 단계이다. 정착기에는 유권자들이 매니페스토를 이해하는 것을 넘어 평가적인 태도를 갖는 수준이었다. 정치권, 즉 국회에서는 선관위가 매니페스토를 주도적으로 추진하는 것에 대해 상당히 거부감을 갖고 있었다. 행정자치위원회(현, 행정안전위원회)가 열리면 의례적으로 대부분의 위원들이 "선관위는 자기 영역이 아닌데도 왜 매니페스토를 주도적으로 추진하는가?" 하는 식의 질의를 하였다. 선관위는 선거관리 본연의 업무에 정진하고 매니페스토는 시민단체에 맡겨야 한다는 입장인 것이었다.

한편으로 보면, 정말 옳은 주장이다. 허나, 이것은 우리나라의 선거 현실을 놓친 주장이다. "매니페스토의 핵심인 정책공약 평가는 시민사회가 하는 것이지 선관위가 추진해야 할 영역은 아니다. 다만, 현재 우리나라의 선거현실상 시민단체가 매니페스토를 자체적으로 추진할만한 역량이 부족하기 때문에 권장 · 지원함으로써 매니페스토를 추진할 환경을 조성해 주는 역할을 할 뿐이다"라고 실무자로서 말하고 싶었다. 지방선거와 대통령선거를 거치면서 국회의원들도 선관위가 매니페스토를 앞장서서 추진하는 이유와 배경을 알게 되었고, 언론과 시민단체가 매니페스토를 원활하게 추진할 수 있도록 권장 · 지원하고, 정당과 후보자, 유권자가 매니페스토를 잘 이해하고 실천할 수 있는 환경 조성 업무가 선관위의 중요한 역할임을 알게 되었다.

18대 총선이 끝난 후 매니페스토 평가토론회에서 발제로 나온 상명대 김미경 교수는 매니페스토가 확산될수록 선거관리위원회의 역할이 강화되어야 한다고 주장했다. 매니페스토 주체들에 대한 권장 · 지원자적 역할을 넘어 추진주체를 아우르는 조정자 역할까지도 부여해야 한다는 것이다. 매니페스토의 위력이 클수록 그 이면에는 매니페스토의 해악이 판을 칠 수 있다는 전제. 즉 매니페스토의 공정성과 중립성을 최대한 담보할 수 있는 최후의 보루를 선관위에 맡기는 것이라고 해석하고 싶다. 서울시 모 TFT본부장은 논문을 통해서 선관위가 정책공약의 평가까지 해야 한다는 주장을 제기한 바 있다. 이는 중앙선관위에 정책공약을 평가할 수 있는 중립적인 별도의 기구나 부서 설치에 대하여 조심스럽게 접근해 볼 문제이다.[1]

1 선관위는 후보자의 정책을 분석하고 검증해 줄 만한 단체 등이 부족하여 실질적인 매니페스토 보도가 이루어지지 못하고 있다고 보고, 매니페스토 운동단체의 적극

언론, 매니페스토 확산에 큰 역할을 하다

매니페스토를 확산시키는 데 있어 중요한 것은 언론의 매니페스토에 대한 보도 태도다. 지방선거 시에는 아래 〈표 4〉에서 확인되듯이 조 · 중 · 동 등 메이저 언론이 적극 나서서 매니페스토를 소개하고 보도했기 때문에 초기 단계의 한계를 극복하고 그 성과가 컸던 것이다. 조선일보는 「바른 공약, 바른 선택」에서 스마트 지표를 활용하여 광역자치단체장 후보자 공약을 분석 평가 · 보도하였다.

중앙일보는 「지방선거, 총선보다 중요하다」에서 531추진본부 출범을 최초 보도하는 것을 시발점으로 선관위와 공동으로 유권자 공약 제시 은행인 '공약은행'을 개발 · 홍보하고 이 공약은행의 적립 상황을 정책수요지도와 함께 집중 보도하기도 하였다. 공약은행은 유권자가 온라인상에서 국가와 지역의 발전을 위해 필요하다고 생각하는 아이디어나 의제등을 매니페스토 공약으로 만들어 예금하고 예금된 공약은 정당과 후보자가 무료로 대출하여 실천가능한 매니페스토 공약으로 개발 · 작성하고 국가와 지역발전으로 국민에게 되돌려 주는 것이다. 특히 전국광역자치단체장 공약을 분석 평가하여 보도하고, 똑똑한 유권자가 되기 위한 후보자 체크 포인트를

적인 육성과 지원 정책이 필요하다고 강조하고 공정성과 객관성이 담보되는 단체에 한하여 예산을 지원하고 공약평가 사업을 추진하는 언론, 시민단체, 학회 등의 활동이 공정하게 이루어지도록 하는 방안을 강구하기로 했던 것이다.

소개하기도 하였다.

동아일보는 「Fine 혁명」에서 매니페스토 소개 등에 늦게 뛰어든 것을 메우기 위해 의회발전연구회와 연계하여 매니페스토 운동을 추진하였고, 파인지표에 의거하여 후보자 공약의 분석 평가를 실시하고 그 결과를 보도해 나갔다. 조·중·동과는 달리 경향신문은 「당신의 한 표가 지역을 바꿉니다」라는 코너를 마련하여 지방선거시민연대와 공동으로 매니페스토 운동을 추진하였고, 후보자 공약 평가는 시도하지 않았지만 정책선거 실현캠페인을 적극 전개했다.

또 하나의 축인 세계일보는 2005년부터 광역단체장 공약평가를 선도적으로 보도했고, 지방선거에서도 「선택 5·31 바로 알고 바로 찍자」란에서 정책선거를 위한 보도를 활발하게 추진했다. 이렇듯이 그 당시 지방선거에서 각 언론사의 매니페스토 운동 보도는 경쟁적으로 치열하게 이루어졌다.

〈표 4〉 지방선거 시 중앙언론사 매니페스토 특집보도

언론사명	보도 제명	특징
조선일보	바른 공약 바른 선택	• 한국형 매니페스토 확산 방안 모색 토론회 후원 • 스마트 지표를 활용하여 광역자치단체장 후보자 공약 분석 평가
중앙일보	지방선거, 총선보다 중요하다	• 531매니페스토추진본부 출범 최초보도 • 공약은행 집중 보도(정책수요지도) • 전국광역자치단체장 공약 분석 평가 • 후보자 체크 포인트 소개(똑똑한 유권자 되기)

동아일보	FINE 선거혁명	• 의회발전연구회와 연계하여 매니페스토 운동 추진 • 파인지표에 의거 후보자 공약 분석 평가
경향신문	당신의 한 표가 지역을 바꿉니다	• 경향신문과 지방선거시민연대 공동 추진 • 후보자공약 평가는 시도하지 않았지만 정책선거 실현 캠페인 전개
세계일보	선택 5 · 31 바로 알고 바로 찍자	• 2005년부터 광역단체장 공약평가보도 • 지방선거에서도 정책선거를 위한 보도

국회의원선거에서는 아래 〈표 5〉에서 보듯이 방송과 신문에서 정책공약 비교분석 등 정책정보를 제공하는 데 나름의 역할을 했다. 방송사의 경우 KBS는 9시 뉴스에 「정책검증 잘 보고 뽑읍시다」 프로그램에서 각 정당과 후보자의 정책 소개 및 정책 비교를 하여 방송사 중 제일 먼저 매니페스토 정책선거 보도를 추진했다.

MBC는 9시 뉴스에 「총선공약 점검 시리즈」라는 프로그램을 편성하여 제18대 국회의원선거 후보자 공약을 점검하여 보도해 나갔다. SBS는 한국매니페스토실천본부와 공동으로 추진하였는데, 8시 뉴스에 「매니페스토」 프로그램을 편성하여 일정 기간 동안 매일 매니페스토 특집 기사를 내보냈다. 신문사도 각 신문사의 보도 특성을 살려, 「4 · 9 총선 이것이 쟁점」, 「4 · 9 총선 이것만은 따져보자」 등의 코너를 마련하여 정당과 후보자의 정책을 소개하거나 비교하였다.

서울시장 주요후보 2인 공약 SMART 평가

SMART 바른 공약 바른 선택

강금실·오세훈 M·T(측정가능성·시간계획성) 나란히 만점

FINE 매니페스토 선·거·혁·명

지방선거 D-50

유권자 공감-실현-효율성 따져 空約 걸러낸다

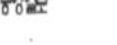

중앙일보 2006년 05월 22일 월요일 020 사설/칼럼

월요 인터뷰

일본 '매니페스토 전도사' 기타가와 마사야스

"매니페스토는 선거 후 공약 검증이 더 중요"

기타가와 마사야스 전 미에현 지사는 '일본 매니페스토 운동의 전도사'로 불린다. 그는 "매니페스토 운동을 통해 한국의 정치 개혁을 이루길 바란다"고 말했다. 도쿄=예영준 특파원

지사 출마 포기 매니페스토에 주력

기타가와와 마사야스는 -

기타가와 마사야스 전 미에현 지사는 일본에서 매니페스토 운동의 전도사로 불리는 인물이다. 그는 2004년 1월 한 심포지엄에서 당시로선 생소했던 매니페스토의 도입을 주창했다. 그는 당선이 확실시되던 지사직 출마를 포기하고 이 운동에만 주력하겠다고 선언했다.

그의 주장에 언론과 지식인·학계·경제계가 뜨겁게 호응했다. 석 달 뒤 실시된 11개 현의 지사 선거에서는 14명의 후보가 매니페스토를 발표했고 그중 6명이 당선됐다. 기타가와의 예언대로 매니페스토 열기는 11월 총선거로 이어져 자민·민주·공명 등 각 정당이 앞다퉈 책임 있는 공약을 발표했다.

당시 총선에서 민주당이 자민당을 위협할 정도로 약진할 수 있었던 것은 매니페스토에서 앞섰기 때문이란 분석이 많았다. 당시 언론들은 이 운동을 '정권 공약' 운동이라고 번역해 원어와 함께 사용했다.

기타가와는 이후 와세다대에 설립된 매니페스토연구소의 소장으로 취임해 지금까지 공약 검증 활동을 활발히 펴고 있다. 그는 "당초 지방에서 성공 스토리를 만들어 중앙정치로 확산시킨다는 복안이었는데 돌이켜 보면 그대로 적중한 것 같다"고 말했다.

1944년생인 그는 와세다대를 졸업한 뒤 미에현 의원에 세 차례 연속 당선한 뒤 중앙 정계로 진출해 중의원 4선을 기록했다. 문부성 총무차관을 거쳐 95년에는 다시 지방으로 무대를 옮겨 4년 임기의 미에현 지사에 2회 연속 당선했다. 재임 기간 중에는 주요 사업 평가 시스템을 도입하고 지역 내 원자력발전소 계획을 백지화하는 등 개혁적 리더로 인기가 높았다. 현재 각 분야 전문가가 정책 제언을 위해 결성한 '21세기 임조'의 공동 대표직도 맡고 있다.

출처: 중앙선관위, 언론이 바라본 5·31 지방선거

하지만, 대통령선거에서는 SBS의 연속기획보도를 제외하면 매니페스토 관련 보도는 거의 찾아 볼 수 없을 정도로 언론은 소극적인 태도를 보였다. 국회의원선거와 비교해 대통령선거에서는 매니페스토 보도가 활발하지 않았다. 그 원인은 대통령선거가 국회의원선거에 비해 매니페스토 추진을 위한 제도적 뒷받침(정당의 정책공약집 배부)이 됐음에도 대통령선거가 인물 중심, 후보 검증으로 초점이 맞춰지면서 처음부터 BBK와 같은 대형이슈가 선거 내내 터져 정책경쟁보다는 네거티브적 캠페인으로 선거가 뒤덮였고, 이를 언론이 집중 보도함으로써 정책보도는 상대적으로 줄어들 수밖에 없었다. 그러한 상황은 실제 정책경쟁이 이루어졌음에도 정책경쟁이 실종되는 것처럼 비춰지면서 결국 매니페스토 운동이 위축되었던 것이다.

〈표 5〉 국회의원선거 시 중앙언론사 매니페스토 정책선거 특집보도

언론사		보도 제명	특징
방송사	KBS	9시 뉴스 (「정책검증–잘 보고 뽑읍시다」)	• 방송사중 제일 먼저 추진(KBS 독자 추진) • 각 정당과 후보자의 정책소개 및 비교
	MBC	9시 뉴스 (총선공약 점검 시리즈)	• MBC 독자 추진
	SBS	8시 뉴스 (매니페스토)	• 한국매니페스토실천본부와 공동 추진
	YTN	총선공약 비교	• 분야별 총선공약 비교보도 ① 경제 · 민생 분야 ② 사회 · 복지 분야 ③ 교육 분야 ④ 정치 · 행정 분야

신문사	경향신문	「4 · 9 총선 이것이 쟁점」	• 각 정당과 후보자의 정책 소개 및 비교
	한겨레신문	「4 · 9총선 이것만은 따져 보자」	• 대운하, 경제위기, 사교육비 축소, 물가 잡기 등을 주제로 각 당의 정책을 따짐
	세계일보	「총선 격전지」	• 격전지 후보자의 정책소개 및 비교
	서울신문	「유권자가 권력이다」, 「18대 국회의원선거, 바른 선택, 바른 정치, 바른 미래 이젠 정책부터 따져 보자」	• 한국매니페스토실천본부와 공동 추진
	문화일보	「2008 4 · 9 총선 올가이드」	• 정당과 후보자의 정책 소개 및 비교
	뉴시스	「18대 총선현장」	• 정당과 후보자의 정책 소개 및 비교
	연합뉴스	「선택 4 · 9 총선」	• 정당과 후보자의 정책 소개 및 비교
	이데일리	「총선 화제지역」	• 총선 화제지역 후보자의 정책 소개 및 비교

매니페스토 설계자로서 언론 기고로 매니페스토를 적극 알리다

매니페스토 화살과 희망[2]

매니페스토가 우리 땅에서 실현 가능할까? 매니페스토가 정책선거를 실현할 수 있는 대안기제인가? 이는 매니페스토를 통한 정책선거를 이끌려는 실무자로서의 막연한 의문이었다. 하지만, 시간

2 본 글은 2006년 6월에 「5 · 31지방선거 매니페스토와 선거혁명」 편집후기로 필자인 정책정당지원팀장 명의로 작성한 것이다.

이 가면서 이번 선거는 '이것이다'라는 생각이 들었다. 마치, 화살을 겨누고 과녁을 보았을 때 과녁이 매우 크게 눈앞에 다가오는 듯한 느낌! 바로 그것이었다.

그 느낌은 매니페스토 확산 국민대토론회를 개최하는 과정에서 확신으로 다가왔다. 4당 대표로 나온 정책위의장들의 매니페스토 참여 의지를 확인했고, 매니페스토 추진단체들의 출범과 이들의 새로운 이념과 비전, 거기에다 매니페스토 정책선거에 포커스를 맞춰 보도한 언론의 전향적인 자세도 탄력을 주었다. 이러한 확신에 힘입어 매니페스토 운동의 확산을 위한 정책선거실천 협약식, 매니페스토 아카데미 · 설명회 등 각종 행사를 개최하면서 좋은 정책의제집, 매니페스토 실천 가이드북, 공약은행모음집 등 만들기엔 버거울 수 있지만 유용한 자료들을 우여곡절 끝에 발간 · 배부하였다. 그러자, 매니페스토는 그 자료에 힘입어 정당과 후보자, 그리고 유권자들 속에 쉽게 그리고 깊숙이 파고들 수 있었다. 전국이 매니페스토의 물결에 휩싸인 것이다.

이후 정당과 후보자는 매니페스토 공약개발에 힘을 쏟았고, 각종 토론회에서는 공약 실현의 목표 · 추진기간 · 소요예산 · 조달방법 · 공정 등을 따져 묻기에 여념이 없었다. 과거의 토론과는 판이하게 다른 모습들이 유권자의 눈에 비췄다. 후보자들도 과거 선거시 기승을 부리던 비방 · 흑색선전 또는 지역이나 연고를 선거운동에 악용하는 행위를 앞다투어 자제하는 분위기였다. 이렇듯 선거일이 다가오면서 매니페스토의 압승은 자명했다.

하지만 반전이 일어났다. 특정 정당 후보자의 피습사건이 발생한 것이다. "피습바람이 매니페스토를 날려 버렸다."고 말하는 이들처럼 매니페스토를 기피하는 사람들에게 좋은 명분을 주었다. 그럼에도, 매니페스토의 외투만 날아갔지 실체는 그대로 유지될 수 있었다. 그래서 매니페스토는 우리 선거문화의 중대 분수령이 됐다. 결국, 매니페스토가 '조용한 혁명'으로, 아니 '우리의 희망'으로 다가왔다.

이러한 매니페스토가 앞으로 여러 분야로 확산돼서 국민 통합을 기하고 우리 사회, 정치 발전을 한층 성숙시키는 계기가 됐으면 참 좋겠다는 바람이다.

정책선거 실종?

선거일 전, 4일이다. 2008년 4월 5일 오전 9시 10분! 토요일이지만 선거 기간 중이어서 평상시처럼 정시에 출근했다. 컴퓨터 이메일과 전자우편, 그리고 선거 관련 기사를 확인하고 커피를 한잔 했다. 4월 4일자 문화일보를 읽게 됐다. "파워엘리트 500" 신문 전체가 이 기사로 넘실거렸다. 청와대부터 기획재정부, 각 부처… 우리 선관위도 있었다.

신문을 계속 읽어내려 가던 중 총선 이후 의회권력 재편이라는 편에 「여대야소 ? 여소야대? 당권 · 차기경쟁도 시동」 제하의 기사를 읽다가 말미에 이런 내용을 발견하게 되었다. "중앙선거관리위원회위원장(고현철)과 사무총장(조영식)은 '매니페스토(참공약 선택하기)'와 '돈 안 드는 깨끗한 선거'를 무기로 정치권을 압박하면서 영향력을 갈수록 확대하고 있다."는 기사였다. 매니페스토 운동을 추진하고 있는 필자로서는 무척이나 기쁘고 보람을 느낀 대목이었다. 매니페스토가 선관위의 무기라니. 그것도 돈 선거를 근절하는 단속이 그다음 무기이고.

물론, 연일 언론에서 '정책선거 실종', '이상한 선거', '해괴한 선거', '정책경쟁 미흡'이라는 기사가 나올 때마다 매니페스토 확산에 진력을 다한 실무자로서 억울하다는 생각을 떨칠 수 없었다. 그래서 잘못된 보도 분위기를 바로잡기 위해 서울신문에 '이것이 정책선거다', '이게 정책선거 아니고 무엇인가'라는 내용의 특별기고(발언대)를 했고 서울신문 4월 4일 30면에 [발언대] '정책선거로 희망의 정치를'이라는 제하로 다음과 같은 내용으로 게재되었다.

정책선거로 희망의 정치를

18대 총선에서 정책선거의 핵심은 우리 생활과 환경, 미래와 직접 관련이 있는 공약을 쟁점화시키고 다양한 토론을 거쳐 해부하여 그 정책이 실현 가능한 것인지, 우리 지역, 우리나라의 발전에 도움이 되는 것인지를 확인하고 선택하는 것이다. 대운하 공약도 예외는 아닐 것이다. 매니페스토 정책선거 운동에는 대표 공약이나 정책적 쟁점을 놓고 경쟁하고 선택받는다면 그 추진이나 이행에 책임을 지는 성숙한 선거문화와 정치문화를 이루려는 뜻이 담겨 있을 것이다.

지난 지방선거 이전까지만 해도 정책선거는 요원한 것이었다. 매니페스토 운동이 선거사상 처음 도입되면서 우리는 그 희망을 보았다. 그리고 대선에서도 추진했고, 그 기반을 마련했다. 이번 총선에서 또다시 정책선거가 실종됐다고 하고 있다. 정책선거가 하루 이틀에 이루어지는 날림공사는 아닐 것이다. 그동안 우리는 60여 년의 선거사에서 정책으로 경쟁하자고 수없이 외치고 노력했지만, 그 실현 정도는 미약했다.

그럼에도 5·31 지방선거에서 매니페스토 운동이 도입되면서 정책선거가 선거의 핵심 화두가 되었고 우리 모두 공동의 노력을 통해 선진 선거문화의 지평을 열었다는 점을 부인할 수 없다. 이번 총선 역시 상대당의 대표공약을 놓고 공방을 벌이고 있고 유권자도 정책공약을 보고 선택하겠다는 사람이 늘어나고 있다. 거기에다 정치권도 자당의 정책공약을 알리기 위해 정책공약집을 발간·판매하고 있다.

D 뉴스

서울신문

[발언대] 정책선거로 희망의 정치를/서인덕 중앙선관위 정책정당지원팀장

입력 2008.04.04. 03:12 수정 2008.04.04. 03:12

0 가

[서울신문]18대 총선에서 정책선거의 핵심은 우리 생활과 환경, 미래와 직접 관련이 있는 공약을 쟁점화시키고 다양한 토론을 거쳐 해부하여 그 정책이 실현가능한 것인지 우리 지역, 우리나라의 발전에 도움이 되는 것인지를 확인하고 선택하는 것이다. 대운하 공약도 예외는 아닐 것이다.

총선 투표일이 얼마 남지 않았다. 선거는 정책경쟁의

장이 되어야 한다. 네거티브의 유혹에 빠지거나 지역주의를 자극하는 선거 운동을 해서는 안 된다. 정책공약을 가지고 경쟁해야 한다는 것은 역사의 준엄한 명령이자 민심이다. 항상 느끼는 것이지만 유권자의 총합의사는 정당이나 후보자보다 똑똑했다는 점을 잊어서는 안 된다. 유권자는 이제 투표장에 가서 현명한 선택을 해야 한다. 정책선거는 상대적으로 선거 후유증도 적고 국민 통합을 기할 수 있고 선진선거문화와 정치 발전을 기할 수 있다는 점을 강조하고 싶다.

___ 출처: 서울신문 2008-04-04 30면

2008년 4월 4일 연세대학교 교육방송국 제작부장 P○○ 학생이 인터뷰를 위해 방문했다. 인터뷰 내용은 대충 이러했다. 언론에서 정책선거 실종이라고 하는데 이에 대한 입장은 어떠한가. 인터뷰가 이루어지게 된 경위는 이렇다. 4월 3일 오후 S 주무관이 전화를 받다가 일어서서 필자에게 오더니 "팀장님! 정책선거 실종이 아닌 이유에 대해 듣고 싶다는 전화인데요." 하는 것이다. "오! 그래, 나에게로 돌려줘요." 하고 받고 보니 인터뷰를 요청한 것이었다.

앳된 목소리로 들려오는 목소리는 곱고 아름다웠다. 여학생이라서 그런 것이 아니다. 언론에서 정책선거가 실종됐다고 보도되고 있는데, 선관위 홈페이지나 정당과 후보자가 하는 것을 보면 그것이 아니라는 생각이 들어 취재하게 됐다고 그 동기를 말했다. 그

말은 지금까지 필자가 전화로 듣던 중에 가장 듣고 싶었던 말이었다. 언제든지 방문해도 좋다는 말을 건네고 전화를 끊었다. 다음 날 오전 11시에 온다고 했다.

4월 4일, 11시 30분경 4층 정당국장실에서 간부회의를 마치고 내려오니 학생이 와 있었다. 명함을 주고받고 나서 인터뷰에 응하는데, 카메라는 가지고 오지 않고 소형녹음기 하나만을 가지고 왔다. 질문은 세 가지였다.

첫째, 질문은 정책선거의 중요성은?

둘째, 질문은 선관위의 정책선거를 위한 노력은?

셋째, 향후 어떻게 할 것인가?

먼저, 정책선거의 중요성에 대해서는 이렇게 답했다. 해방 이후 60여 년의 선거 과정을 거치면서 돈 선거, 비방흑색선전, 지역감정 등 고질적인 선거병폐는 고스란히 국민들에게 폐해로 돌아오고 선진선거와 정치 발전의 걸림돌로 작용하였다. 그래서 지난 5·31 지방선거 시 매니페스토를 도입해 선진선거문화의 지평을 열었다. 자긍심도 가졌고 희망도 보았다. 정책으로 경쟁하고 선택하는 선거문화는 선거를 정상으로 회복하면서 국민 통합과 국가 발전에 기여하기 때문에 정책선거의 중요성이 여기 있다고 본다.

두 번째 선관위의 정책선거를 위한 노력에 대해서는 이렇게 답했다. 2006년 3월 17일 국고보조금을 배분받는 정당의 대표와 중앙선관위 위원장, 시민단체 대표가 참여하여 정책선거 실천을 약속한 매니페스토 정책선거 협약식을 가졌는데, 이처럼 정당과 후보자를 정책선거로 이끌어 내고 특히, 정당과 후보자의 공약작성 지원을 위해 국민적 관심이 높은 정책 이슈와 어젠다를 개발하여 보급하고 유권자가 정당과 후보자의 공약을 비교 평가해 볼 수 있는 평가지표도 개발하여 보급했다. 여기에 그치지 아니하고 방송광고, 인쇄물, 시설물 등 다양한 매체를 통해 매니페스토 촉진 활동과 홍보 활동을 적극 전개했다.

세 번째 앞으로 선관위의 활동에 대해서는 이렇게 답했다. 선거 때 정책을 보고 선택하는 것으로 끝나는 것이 아니라, 선거 후에도 정책 이행 여부를 확인하여 다음 선거 시 지지 여부를 반영하는 노력도 필요하다. 매니페스토는 실현 가능한 정책의 제시, 경쟁, 선택, 반영이라는 과정을 말할 때 이의 의미는 더욱 커질 것이다. 앞으로 언론과 시민단체가 정당과 당선자의 정책공약의 진척도를 평가할 수 있도록 권장 · 지원해 나갈 것이며 평가이행시스템도 강화해 나갈 방침이다.

'매니페스토'로 선거혁명을(당시 필자 기고)

지방선거가 얼마 남지 않았다. 우리 국민은 2004년 17대 총선을 가장 공명하고 깨끗하게 치러 낸 경험이 있다. 선거 후 우리는 자부심을 느끼고 희망도 보았다. 그러나 정책을 중심으로 경쟁하는 정책선거가 이뤄졌는가라고 묻는다면 답은 '아니요'였다. 이제

5 · 31 지방선거의 꿈과 과제는 '정책선거'여야 한다. 돈 적게 드는 선거, 공정하고 명랑한 선거만으론 부족하다. 정치 공동체의 궁극적 목표는 '좋은 살림'이고, '좋은 살림'은 정책을 통해 가능하다. 공명선거가 '절차적 정의'에 관한 것이라면 정책선거는 '실체적 행복'에 대한 이야기이다.

정책선거의 핵심은 무엇보다 최근 화두로 떠오른 '매니페스토 공약 운동'에서 찾고 싶다. 이번 지방선거에선 중앙선관위가 매니페스토 운동을 중심으로 정책선거를 실현하고자 앞장서고 있다. 학계와 시민단체들이 연대해 '매니페스토 추진본부'를 결성해 활동하고 있다. 중앙일보 등 언론들도 적극 동참하고 있다. 여간 다행한 일이 아니다. 매니페스토의 어원은 '정권공약집'이다. 매니페스토

중앙일보 【2006. 4. 3자 29면】

'매니페스토'로 선거 혁명을

서 인 덕
중앙선거관리위원회 정책정당지원팀장

지방선거가 얼마 남지 않았다. 우리 국민은 2004년 17대 총선을 가장 공명하고 깨끗하게 치러 낸 경험이 있다. 선거 후 우리는 자부심을 느끼고 희망도 보았다. 그러나 정책을 중심으로 경쟁하는 정책 선거가 이뤄졌는가라고 묻는다면, 답은 '아니요'였다.

이제 5·31 지방선거의 꿈과 과제는 '정책선거'여야 한다. 돈 적게 드는 선거, 공정하고 명랑한 선거만으론 부족하다. 정치 공동체의 궁극적 목표는 '좋은 살림'이고, '좋은 살림'은 정책을 통해 가능하다. 공명선거가 절차의 정의에 관한 것이라면 정책선거는 실체적 행복에 대한 얘기다.

정책선거의 핵심은 무엇보다 최근 화두로 떠오른 '매니페스토(Manifesto)공약 운동'에서 찾고 싶다. 이번 지방선거에선 중앙선관위가 매니페스토 운동을 중심으로 정책선거를 실현하고자 앞장서고 있다. 학계와 시민단체들이 연대해 '매니페스토 추진본부'를 결성해 활동하고 있다. 중앙일

매니페스토의 어원은 '정권 공약집'이다. 일찍이 영국에서 시작해 토니 블레어 영국 총리가 적극 활용했다. 일본에선 2003년 지방선거에서 첫선을 보였다.

이는 정당·후보자가 선거공약을 발표하면서 목표·우선순위·절차·기간·재원 등을 가능한 한 수치 형태로 담도록 하는 것이다. 이 공약을 지키겠다고 엄숙하게 약속하는 '국민과의 서약'이란 의미도 들어 있다. 유권자는 이런 매니페스토 공약을 보고 실현 가능성

평가하는 데 용이하다.

국민과의 약속, 구체적이고 검증가능한 형태, 이행과 평가가 강조되는 매니페스토 공약은 흑색·비방 등 네거티브(Negative)선거에서 정책 경쟁의 포지티브(Positive)선거로 전환하는 주요 수단이 될 것이다.

상대적으로 선거 후유증도 적고 국민통합을 기할 수 있다. 지방자치와 민주주의를 한 차원 발전시킬 것으로 확신한다.

선진선거 문화를 생각한다면 이번 지방선거에선 매니페스토 공약 운동이 확산되는 것이 매우 중요하다. 이를 위해선 정당·입후보 예정자·주민 모두가 매니페스토의 도입·실행에 적극적인 관심을 가져야 한다.

특히 주민들은 매니페스토 형태로 공약을 제시한 후보들을 높게 평가하고, 그 공약을 꼼꼼히 따져 보는 노력을 해야 한다. 이번에 매니페스토 운동이 성공하면 내년 대통령선거에서도 적용할 수 있다. 매니페스토는 선거문

출처: 중앙선관위, 언론이 바라본 5 · 31 지방선거

는 일찍이 영국에서 시작해 토니블레어 영국 총리가 적극 활용했다. 일본에선 2003년 지방선거에서 첫선을 보였다.

이는 정당 · 후보자가 선거공약을 발표하면서 목표 · 우선순위 · 절차 · 기간 · 재원 등을 가능한 수치 형태로 담도록 하는 것이다. 이 공약을 지키겠다고 엄숙하게 약속하는 '국민과의 서약'이란 의미도 들어 있다. 유권자는 이런 매니페스토 공약을 보고 실현 가능성을 판단할 수 있다. 선거가 끝난 뒤에는 공약이 지속적으로 이행되는지를 평가하는 데 용이하다. 국민과의 약속, 구체적이고 검증 가능한 형태, 이행과 평가가 강조되는 매니페스토 공약은 흑색 · 비방 등 네거티브(negative)선거에서 정책 경쟁의 포지티브(positive)선거로 전환하는 주요 수단이 될 것이다. 상대적으로 선거 후유증도 적고 국민 통합을 기할 수 있다. 지방자치와 민주주의를 한 차원 발전시킬 것으로 확신한다.

주민 모두가 매니페스토의 도입 · 실행에 적극적인 관심을 가져야 한다. 특히 주민들은 매니페스토 형태로 공약을 제시한 후보들을 높게 평가하고, 그 공약을 꼼꼼히 따져 보는 노력을 해야 한다. 이번에 매니페스토 운동이 성공하면 2007년 대통령선거에서도 적용할 수 있다. 매니페스토는 선거문화를 획기적으로 바꿀 일대 분수령이 될 것이다.(2006. 4. 3 중앙일보[내 생각은])

정책선거와 희망의 정치(당시 필자 기고)

대통령선거가 이제 3개월여 앞으로 다가왔다. 주요 정당들은 대선 후보자를 선출하기에 여념이 없다. 한나라당은 일찌감치 대선 후보자를 확정했고 민주노동당은 결선투표를 해야 한다. 범여권으로 상징되는 대통합민주신당과 독자 경선을 선언한 민주당도 경선 진행 중이다. 경선이 끝난 모 정당의 경선을 보면 초반에는 정책경쟁으로 가는가 싶더니 막판에는 아예 네거티브의 홍수를 보는 듯했고 언론도 상대 후보와 캠프의 주장을 대부분 할애해 보도하는 듯한 인상을 받았다. 이는 지금까지의 경선이 정당과 후보자에 초점이 맞춰져 있고, 정작 언론의 조명을 받아야 할 일반 국민은 뒷전으로 밀려난 것 같은 인상을 준다. 결국 국민들의 경선에 대한 관심을 불러일으키는 데는 미흡하다.

경선선거인단이 대의원, 일반당원 외에도 일반 국민이 포함된 것을 보면, 경선이 단순히 후보자를 선출하는 의미를 넘어 국민으로부터 지지를 얻어 나가는 이벤트이자 정책을 선택하는 또 하나의 과정이기도 하다. 각 정당마다 구성비는 다르지만 일반 국민의 지지 여부가 후보자 선출에 결정적인 변수로 작용한다는 점은 과거에는 보기 드문 일이다. 지난해 말 미국 시사주간지 타임이 2006년 '올해의 인물'로 '당신(You)'을 선정했다는 것은 주지의 사실이자 우리에게 시사하는 바가 크다.

이번 대선에서 중앙선관위도 캐치프레이즈를 "당신의 선택이 대한민국을 만듭니다"라고 선정 · 발표했다. 이는 혈연 · 지연 · 학연 등 '연고', 금품 · 향응 제공, 비방 · 흑색선전에 함몰 또는 현혹되어 권리를 제대로 행사하지 못한 유권자가 이번 선거에서 주권을 되살려 실천과 참여를 통해 우리나라의 진정한 통치권자와 미래 운명을 선택하라는 것이다. 그러기 위해서는 잠자고 있는 유권자의 의식을 일깨워 줘야 한다. 그 효과적인 대안은 무엇일까. 감히 제시한다면 매니페스토(Manifesto: 참공약 선택하기) 운동이라고 본다.

이를 우리 식으로 말하면 후보자는 당선되었을 때 추진하고자 하는 구체적인 정책을 개발하여 제시하고 유권자는 후보자가 제시한 공약을 꼼꼼히 따져서 가장 실현 가능한 공약을 제시한 후보자에게 투표하며, 당선자는 임기 동안 자신이 제시한 공약의 실천을 위하여 노력하고 유권자는 당선자의 공약이 제대로 실천되고 있는지 지켜보고 평가하여 다음 선거 때 지지 여부를 결정하는 것을 강조한다. 이러한 과정을 거쳐 정당과 후보자는 유권자를 염두에 두고 긴장하면서 실현 가능한 공약을 제시할 수밖에 없고, 유권자는 점점 생각하는 유권자로 변해 가면서 주권 회복을 찾는 것이다. 결국, 매니페스토(Manifesto) 운동은 한마디로 약속과 실천운동이자 신뢰 회복 운동이다.

시기적으로 2010년까지는 대선, 총선, 지선 등 선거의 한 사이클을 이루고 있어 2007년 대선에서 매니페스토를 확산하고 이를 터 잡아 2008년 총선에서 정착될 것으로 본다. 매니페스토 확산의 중요성을 강조한 이유가 여기에 있다. 지난 5 · 31지방선거에서 공직선거에 첫선을 보인 이래 단순히 공직선거에만 머물러 있지 않고 농 · 수 · 축협조합장 선거를 비롯, 대학총장선거와 이장선거까지, 심지어는 매니페스토 결혼식 개최 등 정치를 넘어 일상생활 속에서도 확산되고 있어 무척 다행이다.

이번 대선에서 매니페스토의 의미와 역할은 어디서 찾을까? 지난 지방선거가 매니페스토 운동의 도입기라면 이번 대선은 성숙기로 명명하고 싶다. 어떻게 성숙화할 것인가에 대한 해답은 유권자를 대상으로 한 매니페스토 확산에 있다. 최근 이의 확산을 위해 언론과 시민단체들이 범국민네트워크를 구축하고 매니페스토 확산에 노력을 기울이고 있는 것으로 안다. 선관위도 매니페스토 홍보캠페인을 비롯 유권자를 대상으로 매니페스토 실천 · 성공 사례를 안내하는 설명회 개최를 통해 유권자의 선택능력 제고에 총력을 기울이고 있다.

매니페스토의 성공 여부는 온 국민의 적극적인 관심과 참여에 달려 있다. 이런 취지에서 "당신의 선택은 대한민국을 만듭니다."는 "당신의 매니페스토 선택은 위대한 대한민국을 만듭니다."라고 풀이해서 강조하고 싶다. 희망차고 위대한 대한민국을 설계하는 첫걸음은 바로 매니페스토가 될 것이라 믿는다. (2007. 10.)

매니페스토와 지방자치 활성화(당시 필자 기고)

최근 미국산 쇠고기 협상 파동과 한미 FTA 협상 문제로 세상이 뜨겁다. 이 열기는 바로 옳고 그름을 가려 정상으로 되돌려 놓는 과정일 것이다. 이러한 정치적 논란과 낭비를 줄일 수 있는 방법과 지혜는 없을까? 그것은 '매니페스토'라고 조심스럽게 거론하고 싶다. 2006년부터 우리 선거 과정에서 주목해 온 최대의 화두는 단연 매니페스토(Manifesto : 참공약 선택하기)이다.

이 매니페스토는 지난 5 · 31지방선거에서 첫선을 보였다. 우여곡절 끝에 도입된 매니페스토는 비방과 흑색선전, 지역과 연고주의에 의존하는 네거티브(Negative) 선거운동에 식상하던 국민들에게 신선한 충격을 주었다. 지난 지방선거 시를 반추해 보면, 선거혁명을 위해 선관위와 언론, 시민단체에서 매니페스토 운동을 적극적으로 추진하니 유권자가 이에 가세하고 정당과 후보자가 미온적으로 동참하였으며, 언론이 이를 대대적으로 소개 · 보도함으로써 정책을 중요시하는 포지티브(Positive)한 선거문화의 새로운 지평을 열었다는 평가를 받았다.

원래, 매니페스토는 영국에서 시작하여 미국, 프랑스 등 선진국에 전파 · 발전되다가 일본에서 이를 2003년 지방선거에 도입 · 추진하게 됨으로써 우리에게 알려진 것이다. 매니페스토는 당초에는 정당의 집권 전략 차원에서 출발됐고, 일본에 수입되면서 지방선거 후보자들의 당선 전략 차원에서 확산된 점을 보면, 영국과 일본에서의 매니페스토는 정당이나 후보자 중심의 매니페스토 운동이었다. 영국과 일본에서 추진된 매니페스토는 일반적으로 정책의 기한, 재원, 수치를 구체적인 공정표로 나타내고, 선거 후 그 진척률을 사후 검증할 수 있는 「선거공약」 또는 「대국민 서약서」를 말한다.

하지만, 우리나라에 도입 · 추진된 매니페스토는 정당과 후보자의 매니페스토 외에도 유권자 선거의식 개선에도 비중을 두면서,

언론과 시민단체, 학회 중심으로 추진되었다는 점에서 매니페스토 선진국의 경우와는 확연히 달랐다. 즉, 우리나라는 외국과 달리 정당과 후보자 중심의 매니페스토를 정당과 후보자는 물론 유권자 모두에게 적용되고 강조되는 정책 중심의 정책선거와 좋은 선거문화를 만드는 수단적인 운동으로 전환시켰고, 공직선거에서 시작된 이 운동은 일상생활 속에서도 확산되면서 〈약속〉과 〈실천〉운동으로 발전 · 진보되고 있다. 이처럼, 우리나라 정치상황에 맞게 도입된 한국형 매니페스토는 5 · 31 지방선거와 대통령선거, 국회의원 선거를 거치면서 더욱 확산되고 있다.

거기에다 초창기 「운동」 차원에서 시작된 매니페스토가 반전에 반전을 거듭하면서 선거법에 반영되는 등 제도화를 통해 더욱 동력을 받고 있다. 더욱이 결혼식장에서 매니페스토 형식의 결혼식이, 직장에서는 매니페스토형 대국민서비스가, 가정에서는 매니페스토식 용돈 주기 운동이 기획되거나 실천되고 있다. 이렇듯이 매니페스토는 공직선거 영역에서 머물지 않고 일상생활 영역까지 넘어 실천되고 있다.

그럼에도, 일부에서는 아직도 매니페스토 운동을 단순히 정권공약이나 갖춘 공약 정도로 인식하거나 실현할 수 없는 허상이라고 주장하는 이가 있어 아쉬움이 크다. 이는 마치 "손가락으로 달을 가리키는 것을 보고 달은 보지 않고 손만 보는 격(指月之敎)"이 아닐까 싶다. 다시 말하지만, 매니페스토는 우리 사회에 뿌리 깊이 박힌 부적절한 의식구조를 개선하고 이를 바탕으로 선거문화를 획기적으로 바꿔 나감으로써 신뢰 공동체를 실현해 나가는 지렛대 역할로서 자리매김되고 있다.

매니페스토는 한마디로 「약속」이자 「실천」이다. 이미 이루어진 「약속」은 「실천」을 당연 전제로 하는 것이다. 실천을 하면 신뢰를 주고, 실천을 하지 못하면 「책임」을 묻겠다는 것이다. 따라서 매니페스토는 「약속」과 「실천」, 「책임」을 바퀴로 움직이는 전동차에 비유할 수 있다. 선진 국가에서는 약속을 지키지 않으면 살아남을 수 없다고 한다. 이들은 수백 년의 경험을 통해 이미 합리적 사고에 의한 사회적 약속으로 체화했다.

우리의 선거나 정치사는 100년이 못 된다. 그럼에도 세계가 놀란 만큼의 경제발전과 선거, 정치사를 만들었다. 60여 년의 선거사는 선거 때마다 우여곡절이 있었지만 조금씩 나아지고 개선되었다. 이제는 조금만 노력하면 선진선거문화를, 선진국과 비견할 만한 선진정치를 이룰 수 있다는 자부심이 고개를 든다. 지난해 연초에 발간된 영국 이코노미스트지에는 세계 각국의 선거 과정에 대한 평가점수가 실려 있는데 그에 따르면, 우리나라는 놀랍게도 영국, 프랑스와는 같고, 일본이나 미국보다는 높은 점수를 받았다. 이제 조금 더 도약하면 된다. 매니페스토의 모델을 소개한 일본에서는 우리나라에서 매니페스토 운동이 확산되는 것을 보고 감탄했다.

이러한 매니페스토 운동을 도입 단계에서 끝나서는 안 된다. 우리식 매니페스토를 지속적으로 창출해 선진정치를 일구어 내고 다음은 선진국에 되수출하면 어떨까. 그러기 위해서는 아직도 흔들리고 있는 한국적 매니페스토에 대한 깊은 고민과 성찰을 통한 이론적 정립과 실천적 노하우 축척이 필요하다. 또한 매니페스토를 선거 때만 실천하는 것이 아니라 일상생활에서도 자율적으로 실천하는 것이 중요하다. 일상생활 속의 매니페스토가 자연스럽게 선거 매니페스토로 전환되면서 그 뿌리가 확실하게 착근될 것이다.

우리는 2007년 대선과 2008년 국선을 통해서 국가 발전과 정치 발전을 위한 거시적인 틀과 방향을 잡았으며, 4~5년간 국정을 이끌어 갈 지도자를 선출했다. 세계화 · 국제화 · 지방화 시대에 맞아 풀뿌리민주주의의 실현을 통한 지방자치 활성화의 모태는 무엇보다도 지방선거이다. 국가 발전과 정치 발전의 시작은 바로 지방자치에서 점화되어야 한다. 그 열쇠는 매니페스토 확산에 있다. 따라서 앞으로 다가올 지방선거를 대비해서 우리 모두 치밀하게 매니페스토를 준비해야 한다. 결론적으로, 국리민복(國利民福)과 삶의 질 향상을 가져다주는 매니페스토 운동은 마치 〈물(水)〉과 같아서 어떤 용기에 담느냐에 따라 다르게 나타날 수 있다. 따라서 국가 · 지방마다 각각 다른 선거와 정치문화에 적합한 매니페스토를 추진해 선진정치와 선진지방화 시대를 열어 가는 것이 중요하다.

그 중심에는 진정성을 갖고 실천에 옮기는 〈참국민〉이 자리해야 한다는 점 또한 강조한다. 국민들이 시대의 흐름을 인식하고 생각을 바꿔 참여와 실천을 멀리한다면 우리가 원하는 목표 달성은 요원하다. 희망찬 선진정치와 지방자치의 내일을 위해 국민(주민)들의 진정한 참여와 실천을 기대해 본다.(2008. 5.)

신뢰사회와 MQ(당시 필자 기고)[3]

현대 사회는 더불어 사는 사회이다. 더불어 사는 사회이기에 〈소통과 약속〉이 중요하다. 서로 간에 소통과 약속이 제대로 이루어지지 않으면 좋은 우정, 좋은 행정, 좋은 정치도 없을 것이다. 그렇다면, 소통 또는 약속 어느 한쪽만 잘되면 이 사회는 신뢰사회가 될까? 그렇지 않다. 이 사회에서는 소통(疏通)뿐만 아니라 책임을 수반하는 약속도 강조된다. 우리 사회는 실시간으로 신뢰(信賴)를 주식으로 먹고 성장하는 신뢰사회이기 때문이다.

따라서 성공하기 위해서 우호적인 네트워크를 구축(NQ[4])해 가는 것도 중요하지만, 이와 병행해서 정치인이나 단체, 기업들도 자기가 한 약속을 중요시하고 그 약속을 지키며 그 약속에 대하여 책임을 지는 자세가 더불어 사는 사회에 더욱 필요한 것이다. 아무리 자기보다 타인을 배려하고 먼저 이해하는 튼튼하고 좋은 네트워크 성(城)을 만들었다고 하더라도 자기가 한 약속을 소홀히 하거나 약속에 책임을 지지 않는 처신을 한다면 이 사회에서 성공과는 거리

3 위 글은 필자가 개인 자격지수인 IQ, EQ, SQ, NQ를 살펴보다 매니페스토를 실천하는 능력을 검증하는 지수가 있었으면 좋겠다고 생각하고 체계적이지는 않지만 제안하는 의미에서 MQ(실천지수)를, <이것이 MQ다> 제하로 기고한 글로, 2009년 3월 24일자 남해안 신문에 실린 특별기고문이다.

4 NQ(Network Quotient: 공존 지수)란 새로운 네트워크 사회에서 우리 모두가 함께 잘 살기 위해 갖추어야 할 공존의 능력을 일컫는 말이다. 곧 NQ는 더불어 살아갈 수 있는 자격을 알아보는 잣대이며 또 자신이 아닌 다른 사람들과의 소통을 위한 도구이다.

가 멀어진다. 우리 사회는 지도자들이 나서서 소통을 역설하고 있지만 아직 신뢰성의 위기와 함정으로부터 벗어나지 못하고 있는 이유가 여기에 있다. 이런 점에서 우리 사회의 해결해야 할 가장 시급한 과제가 있다면 그것은 바로 신뢰 회복이다.

그 실마리로 일명 〈참공약 실천운동〉으로 공직선거뿐만 아니라 가정 · 직장 등 사회 전역에서 확산되고 있는 매니페스토(Manifesto) 운동에 착안하여 MQ(Manifesto Quotient)를 제안한다. MQ는 신뢰사회에서 잘 살아갈 수 있는 자격을 알아보는 잣대, 즉 실천지수이다. 더 나아가서는 그 사회의 신뢰도를 어느 정도 객관적으로 가늠할 수 있는 척도이기도 하다. 공직선거에서 정당과 후보자가 선거 때 유권자인 국민들에게 한 공약을 임기 중 지켜 나가는 정도, 정치인이 국민들에게 한 약속을 이행하는 정도, 기업이 소비자들에게 상품을 잘 만들어 판매하고 그 상품에 대해 책임을 지는 정도, 직장에서 주민들에게 서비스 약속을 하고 지켜 내는 정도 등 사회 전역에서 이루어지는 다양한 약속에 대한 실천 정도를 객관적 척도로 나타내는 것을 말한다.

이는 구체적이고 실현 가능한 약속을 제시하고 이를 정해진 기간 안에 실천하고 그 실천에 대해 책임을 지는 자세 또는 자격을 알아보는 것이며, 이 지수가 상대적으로 높다면, 그 사회에서 특히, 신뢰사회에서 적응하고 생존할 확률이 높다는 뜻이다. 따라서 이 사회에서 개인이나 조직이 성공하기 위해서는 MQ(실천지수)지수가 높도록 서로 노력을 해야 할 것이며, 우리 모두 윈윈(Win-Win)할 수 있는 약속과 실천을 생활화함으로써 우리 사회의 신뢰도는 높아질 것이다. 그렇게 되면 결국 우리 사회의 위기를 벗고 신뢰사회 구현과 국가 발전을 이룰 수 있을 것이다.

국회에서 매니페스토를 소개하다

그날은 어느 때보다 맑았다. 2006년 4월 5 · 31지방선거를 한 달여 앞두고 열린우리당 쪽에서 자당 소속 국회의원의 부인들을 대상으로 매니페스토 운동에 대해 간단히 소개를 해 달라는 요청이 있었다. 매니페스토 확산을 위해서는 어디든지 달려간다는 뜻에서 그 요청에 적극 응했다.

매니페스토를 우리나라에 도입한 실무책임자로서 감회 있는 첫 강의였다. 강의 장소는 국회의원회관 대강당! 국회의원들을 음으로 양으로 내조하시는 분들. 분위기는 무거울 것 같았는데 밝은 모습으로 한 마디 한 마디 놓치지 않고 경청하는 모습을 보고 우리나라 정책선거의 희망을 확인할 수 있었다. 그때 강의했던 내용을 소개하면 다음과 같다. 이해를 돕기 위해 준비한 강의교안을 원안대로 옮긴다.

(자기 소개 중략) 최근 지방선거를 앞두고 첫 번째 화두는 매니페스토입니다. 매니페스토가 모두들 무엇인지 궁금해하고 있습니다. 매니페스토의 원조는 영국이라 할 수 있는데요, 1843년 로버트 필경이 탐워즈에서 제안하고 1997년 노동당 토니블레어가 이를 채택하여 집권에 성공함으로써 세계의 이목을 받게 된 것입니다. 이어서 2003년 일본 통일지방선거에서 도입되고 그다음 해 중의원선거에서 본격적으로 도입됐습니다. 원래 매니페스토가 총선이나 대통령선거 등 정권 차원에서 발표되는 것인데 일본은 지사와 시장 선거에서 매니페스토가 활발하고 질적인 면에서 높은 수준을 보이고 있는 게 특징입니다.

매니페스토는 영국이나 일본에서만 실천되고 있는 것은 아닙니다. 미국에서는 레이건 대통령 때부터 시작, 플랫폼(연구기관의 보고서에 기반, 2004년 공화당 해리티지 재단 작성 100% 차용)으로 불리고 있습니다. 독일은 2005년 7월 선거강령, 매니페스토라는 특별한 개념을 사용하여 기존의 선거프로그램과 차별화를 꾀하는 새로운 선거프로그램을 발표하여 인기를 얻었습니다. 특히, 독일은 각 정당의 정관에 선거프로그램의 내용, 작성 방법 및 절차를 규정하고 있는 유일한 나라입니다. 이외에도 호주는 1891년 현 노동당의 창당에서 시작하였는데, 영국의 의회정치를 따른 호주 통치 형태로 인하여 영국과 유사한 이유로 매니페스토를 본격적으로 도입·추진하게 된 것입니다.

* 외국의 주요재단 : 미국-해리티지재산(공화당), 브루킹스 연구소(민주당), 독일- 프리드리히 나우만 재단(자민당), 에베르트 재단(사회당))과 같이 정책연구소가 정당의 이념적·성향적으로 가깝거나 유사하여 정당의 싱크탱크 역할을 하고 있다.

매니페스토 분량을 보면 초창기에는 2페이지(쪽) 분량 정도로 많지 않았습니다만, 해를 거듭할수록 중요도가 커지면서 200여 페이지(쪽)로 늘어났습니다. 이러한 선거공약을 담보할 정치적·법률적 장치는 사실상 전무합니다. 다만, 정치적 책임을 지고 있으며, 책임정치를 표방한 나라에서는 정치적 책임이 법률적 책임이나 정치적 구속 장치보다 훨씬 구속력이 강합니다.

매니페스토는 선거 때 정당이나 후보자가 선거에 있어 국민들과 약속하는 것입니다. 어떠한 일을 하겠다는 정책적 프로그램을 국민 앞에 제시하고 심판을 받는 '대국민 서약서'라고 할 수 있습니다. 즉, 육하원칙에 의거·제시하는 거죠. 정책을 제시함에 있어 구체성을 띄고, 측정 가능하고, 달성 가능하고, 타당성을 함유하고, 추진 시기를 명시한 것으로서 사전검증과 사후평가가 가능한 것을 말합니다.

이런 공약을 유권자는 정책을 쉽게 이해하고 어떤 정책인지를 판단할 수 있다는 점, 정책을 보고 당선자를 결정할 수 있고, 당선자의 경우는 당선 이후에 국민의 평가를 받아들일 수 있다는 국민과의 서약이죠. 한마디로 말씀드리면, 생각하는 유권자를 만들어 내고 책임지는 정치인을 양성해 내는 포지티브적 정치문화를 만들어 내는 기제로 볼 수 있습니다. 그러면 왜! 우리는 〈매니페스토〉로 쓰지 아니하고 〈매니페스토 운동〉으로 할까요. 그것은 우리 선거사를 들여다보면, 대충은 이해 할 수 있습니다. 우리는 17대 총선에서 가장 깨끗하고 공명한 선거를 치러냈습니다. 돈이 들어가지 않는 선거를 국민과 함께 이루어 냈습니다만, 내용적인 면에서 정책 중심의 선거문화가 이루어졌느냐고 한다면 그것은 '아니요(NO)'입니다.

다시 말씀드리면 혈연·지연·학연 등 연고주의와 지역주의에 의하여 선택을 하는 비합리적이고 그릇된 선거문화가 아직도 계속되고 있어 지역과 국가발전을 일구어 내고 축제의 장이 되어야 할 선거가 갈등과 반목으로 정치 발전을 가로막고 있기 때문입니다. 매니페스토, 결코 어려운 것이 아닙니다. 민주선거역사 60년, 아이티(IT) 강국, 네티즌 3천만 명, 문맹률이 가장 낮은 나라, 한강의 기적을 이룬 저력 있는 우리 국민이 마음만 먹으면 매니페스토로 다시 한 번 세계를 놀라게 할 수 있습니다.

일상생활에서도 매니페스토를 찾아볼 수 있습니다. 우선 가정(家庭)으로 들어가 볼까요? 자녀들에게 용돈을 줄 때 무턱대고 주지 않지요. "애야! 무엇 때문에, 얼마를, 어디서, 나중에 정산하고 기록해라." 이것이 매니페스토입니다. 그다음은 사회(社會)로 가 볼까요? 남여가 연애를 할 때 그냥 그렇게 할 수는 있겠죠! 그러나 결혼한다고 생각해 보세요. "결혼 계약서 내지는 장래에 살림을 꾸려 갈 수 있는 프로그램을 제시해야 신뢰를 갖고 승낙을 하는 것 아닙니까?

이어서 정치(政治)로 가 볼까요? 예전에 이벤트 정치가 통했죠. 그러나 지금은 국민들께서 슬기롭고 분석적이죠. '진실(眞實)'이 아니면 통하지 않아요. 정치도 단기적인 것보다는 장기적인 정치가 종국에 가서는 승리를 합니다. 이 점은 사모님들께서 유념하셔서 의원이신 부군들께 들려주셔야 합니다. 다른 것은 다 잊으셔도 이 점은 기억해야 할 점이라고 생각하는데 제 얘기가 틀리지 않으면 박수 한번 치세요!

중요한 것은 목표죠. 노벨경제학상을 수상한 코즈도 '기업이란 왜 존재하는가?'로 화두를 열었고, 사무엘슨도 '누구를 위하여 종을 울리는가?'로 화두를 열었습니다. 정치도 누구를 대상으로 할까? 국민이죠. 국민을 멀리할 경우 정치도 국민과 소원하고 정치 불신만 쌓이죠! 그러면 정치가 설 자리가 없다는 뜻입니다. 정책선거! 531 지방선거에서부터 시작합니다.

후보자들이 제시하는 공약은 선거 때만 깜짝쇼로 끝나서는 안 됩니다. 내 고장의 미래를 구상하는 밑그림이며 지역 주민의 생활, 국가 전체 이익에 직접 영향을 미치기 때문입니다. 이제 변화의 선거 바람이 불고 있습니다. 매니페스토를 통하여 바꾸려고 합니다. 후보자와 유권자는 모두 주민이 혜택을 누릴 수 있도록 지역에 필요한 사업을 찾아내 정책을 추진할 수 있게 해야 할 것입니다. 매니페스토 운동에 관심을 가져 주시고 매니페스토에 의하여 정책을 개발하고 실천하는 데 국민의 힘을 모아 주는 것이 무엇보다 중요하다고 봅니다. 이런 자리는 짧을수록 좋고 오래 기억이 남는다고 합니다. 오히려 제가 사모님들로부터 강의를 들어야 할 처지인데 매니페스토 운동을 관장하다 보니 이리 되었습니다. (중략)

외국 기자가 보는 한국 매니페스토 운동

5 · 31지방선거를 10여 일 앞둔 시점! 매니페스토 도입 당시 우려하고 염려했던 것과는 달리 우리나라의 언론이 매니페스토 운동을 적극적으로 소개 · 보도함으로써 우리에게 생소한 매니페스토 운동에 대한 인지도가 높아지면서 정책선거 분위기가 확산되고 있었다. 이러한 국내의 매니페스토에 대한 뜨거운 열기를 외국에서는 어떻게 보고 있을까? 무척 궁금했다. 외국에서 우리나라 매니페스토 접목 사례와 분위기를 전한다면 국내 매니페스토 운동 확산에 도움이 될 것이며, 매니페스토 도입 초창기의 평가를 조심스럽게 받아 볼 수 있는 계기가 될 것이라는 생각이 실무자인 필자에게 불현듯 떠올랐다.

그래서, 「코리아 헤럴드」 기자와 접촉을 시도했고, 수차례의 전화와 메일을 통해 우리나라 선거사상 처음 도입된 매니페스토 운동의 필요성과 당위성, 그리고 매니페스토 추진 상황 등을 역설하고 설명해서 기사를 작성하게 됐다. 이러한 노력의 결과 나온 기사가 「코리아 헤럴드」 2006년 5월 17일자에 실렸다. 다음 글은 그 당시 보도된 「코리아 헤럴드」 기사를 번역한 것이다.

"매니페스토 운동 전국적으로 확산 일로에"

선거관리위원회, 시민단체 정책중심의 경쟁 위해 협력하기로

5·31지방선거가 다가옴에 따라, 한국의 선거운동 방식을 재정립할 수 있는 새로운 운동이 유권자와 후보자들 사이에 빠르게 퍼지고 있다.

"한국 매니페스토 운동"이라고 칭해지는 이 운동은 후보자들에게 이전보다 구체적으로 (영국식 스타일로 쓰인) 공약을 제시하도록 촉구하고, 일단의 학자들과 전문가들에 의해 그 공약이 얼마나 구체적이고 달성 가능한지를 평가할 수 있게 하는 것이다. 이러한 과정을 통해 매니페스토 운동은 유권자들에게 좀 더 명확하게 후보자들의 주장을 이해하고 어떤 후보에게 투표해야 할지를 결정하는 데 도움을 주는 것을 목표로 하고 있으며, 결국 선거에 있어 "정책 중심의" 경쟁을 가능하게 한다.

중앙선거관리위원회 정당정책지원팀의 서인덕 팀장은 "매니페스토 운동은 특정 지역에 유리한 선심성 공약, 인신공격 그리고 학연, 지연, 혈연 등으로 대표되는 구태선거문화를 대체하는 새로운 선거문화로 자리 잡고 있다."고 설명한다. "중앙선거관리위원회는 깨끗하고 부패 없는 선거로부터 보다 의미 있고 정책 중심의 선거로 선거의 초점이 점차적으로 이동될

수 있도록 하는 일환으로 매니페스토 운동을 적극적으로 추진해 왔다." 부정부패, 불법행위와 선거법위반 등을 감시하는 것은 여전히 선거관리위원회의 최우선 업무이지만, 이제는 낮은 투표율과 정치와 선거운동에 대한 무관심의 증가 문제를 다루는 쪽으로 선거관리업무의 이동이 이루어지고 있다고 서인덕 팀장은 덧붙여 말했다.

중앙선거관리위원회 관계자들은 후보자들이 그들의 정책 목표를 실현하기 위한 구체적인 수단과 자금 조달에 대한 실체적이고 건설적인 상호 토론을 하게 되면서 중요 의제에 대한 논의가 활성화되어 한국의 민주주의의 수준이 향상될 것이라고 낙관하고 있다. 긍정적인 조짐이 이미 보이고 있다고 선관위 관계자는 말했다. "후보자의 TV토론에서 지역주의, 흑색선전, 네거티브선거, 타당이나 정부에 대한 비난은 사라지고 그 대신 각 후보자들의 주요 공약에 대해 시간과 재정적 한계 아래서 달성 가능한지에 관한 토론이 이루어지고 있다."

중앙선거관리위원회는 매니패스토 운동이 지역의 정치 환경을 어떻게 변화시킬 수 있는가를 보여 주기 위해 새로운 (매니페스토식) 선거 전략을 위한 43개의 모범 유형(집중지원선거구)을 선정했으며, 후보자와 유권자에게 이 운동의 확산을 위한 적극적인 지원을 해 왔다. 선거관리위원회는 향후에도 이러한 선거운동문화가 전국적으로 퍼져 2007년 대선에서 자리를 잡기를 바라고 있다.

한편, 매니페스토 운동의 시작은 영국과 일본에 영향을 받은 시민단체에 의해 촉발되었다. 매니페스토 운동 확산을 위해 시민단체들을 독려하고 있는 5·31 매니페스토 KOREA에 따르면 매니페스토 선거는 영국 정치의 오랜 유산이다. 그러나 매니페스토 선거가 2003년 일본 지방선거에 도입되면서, 정치 혁신에 따라 일본의 정치체계에 변화가 유발됐다. 한국에서 매니페스토는 "정해진 시간 내에서 수행할 수 있는 구체적이고, 측정 가능하고, 성취 가능하며, 적절한 선거 공약"으로 규정된다. 선거감시단체들은 이 개념을 공식적으로 승인하였으며, 정당, 후보자 및 유권자들 속에서 이 운동이 활성화되도록 노력하고 있다.

국회를 대표하는 다섯 개 정당은 각 정당의 매니페스토와 함께 이번 선거에서 경쟁할 것이라는 서약을 했다. 그리고 지역의 시민단체들이 이 운동에 점차적으로 참여하면서 매니페스토 운동이 전국적으로 확산되는 데 커다란 힘이 되고 있다. 손지열 중앙선거관리위원회 위원장이 지난 월요일(5.16) 발표한 담화문에서 아래와 같이 언급했다. "정당과 후보자는 실천 가능한 참공약으로 당당하게 경쟁해야만 유권자로부터 선택받을 수 있다는 변화된 국민의 분위기를 잘 파악해야 한다."

서울에 사는 26세 대학원생 ㅇ수미 씨는 매니페스토 운동의 열렬한 지지자이다. "나는 전적으로 이 운동에 동의한다. 나는 결정에 앞서 분명히 후보자들이 제시한 매니페스토(공약)를 참고할 것이다."라고 그녀는 말했다. 과거의 선거공약은 "나는 당신의 모든 문제를 해결해 줄 것이다."라는 식이었기 때문에 그녀는 공약에 주목할 필요를 느끼지 못했고 이행되리라고 보지도 않았다. 그러나 구체적인 목표, 예산 및 업무 일정 등이 투명하고 명확하게 짜여있는 매니페스토(공약)는 기대해 볼 만하다고 그녀는 말했다.

한국 매니페스토, 일본으로 역수출하다

2008년도 한일교류 국제학술회의 「매니페스토의 평가와 발전~한일비교」(2008年度　日韓交流国際学術大会「マニフェストの評価と発展~

국제학술회의에서 발제자로 참석하여 발언하는 장면

日韓比較』)는 일본 퍼시픽 요코하마 회의센터 3층 303에서 2009년 1월 31일에 열렸다. 정확히 말하면 2009년 1월 31일(토) 13시~18시까지이다. 한국에서는 한나라당(현, 미래통합당) 이주영 국회의원, 아주대 김영래 교수, 필자 그리고 경기도 김문수 도지사 총 네 명이 참석했다. 김 지사는 경기도와 가나가와현과 자매 결연을 맺어 가나가와현에서 독자적으로 섭외를 하였고, 이 의원, 김 교수, 필자는 일본에 유학 중인 하동현 박사가 직접 섭외를 하였다.

일본 측 패널 참가자는 이주영 의원 발제에 대한 코멘트로 일한교류국제학술대회진행위원회 위원장인 게이오의숙대학 교수(曽根泰教　日韓交流国際学術大会実行委員会委員長, 慶應義塾大学教授)가, 김영래 교수 발제에 대한 코멘트로 전국지사회마니페스토위원회 위원장인 로컬 마니페스토 추진수장연맹대표(古川　康　佐賀県知事、全国知事会マニフェスト委員会委員長, ローカル・マニフェスト推進首長連盟代表), 필자 발제에 대한 코멘트로 동경대 교수를 역임한 바 있는 밝은선거추진협의회장(佐々木　毅　明るい選挙推進協会会長)이 나왔다.

그 외 패널로 후쿠가와 마사야스 와세다대학대학원 교수 마니페스토 대상 심사위원장(北川正恭　早稲田大学大学院教授、マニフェスト大賞審査委員長), 후루가와야스시 시가현 지사(古川　康　佐賀県知事), 마쓰자와 게후미 가나가와현지사(松沢成文　神奈川県知事), 그리고 코디네이터로 간네타이코 게의오의숙대학 교수(曽根泰教　慶應義塾大学教授)가 나왔다. 일본 학계 · 정계 · 시민단체에서 매니페스토 실천가와 이론가 모두 참석하였다고 보면 무리가 없다. 한국 측에

〈국제학술회의에서 발제로 참석하여 발언하는 장면〉

학술회의 토론자로 참석

한나라당(현, 미래통합당) 이주영 의원과 함께

소네야스노리 위원장과 함께

토론 장면

기타가와 교수와 함께

일본 매니페스토 참여선언 장면

서 참석한 패널들의 역할을 보면 이렇다.

김문수 도지사는 기조연설과 토론을 하도록 예정되어 있었는데 기조연설만 하였고, 김 지사의 토론 몫을 필자가 대신하였다. 이주영 의원은 제2부 "일본 및 한국 대통령선거와 매니페스토의 진전"에서 "한국 대통령 선거와 매니페스토"에 관하여 20분 발표하고, 제4부 "매니페스토의 평가와 발전: 한일비교"에서 패널 디스커션의 패널로 참석하였고, 김영래 교수는 제2부 "일본 및 한국 대통령 선거와 매니페스토의 진전"의 이주영 의원 보고를 포함한 평가를 20분간 발표하고, 제4부 "매니페스토의 평가와 발전: 한일 비교"에서 패널 디스커션의 패널로 참석하였다. 그리고 필자는 제3부 "매니페스토선거에서 선거관리위원회의 역할"에서 20분간 발표하고, 제4부 "매니페스토의 평가와 발전: 한일 비교"에서 패널 디스커션의 패널로 참석하였다.

필자가 발제와 토론 과정에서 느낀 점을 정리하면 이렇다. 일본측에서 한국 매니페스토를 보는 시각과 인식은 어떠할까. 일본에서 매니페스토(Manifesto)를 한국에 소개했는데, 한국에서 매니페스토가 일본보다 더 급속히 확산되는 것을 보고 이제는 위기감마저 든다고 하면서 한국의 매니페스토 추진 과정에 대한 궁금증이 매우 높았다. 특히, 한국의 매니페스토 선거에 있어 선거관리위원회의 역할에 대해 높이 평가하면서도 선관위가 매니페스토를 추진한다는 점에 대해 의아스럽게 여기고 있었다.

일본 매니페스토 실천가인 마쯔자와 지사는 선거 때 어떤 매니페스토가 비교우위적으로 좋고 나쁜지보다는 매니페스토가 유권자에게 잘 알려질 수 있도록 기반 조성 및 선거 풍토를 만들어 가는 것이 중요하다고 강조하였다. 패널로 참석한 일본 측 관계자들도 매니페스토에 대한 접근 시각이 각각 다르다는 점이 포착되었고, 종합적인 매니페스토 개념이 정립되지 않은 상태였다. 이러한 국면은 우리와 비슷하였다.

또 한 가지는 국제학술회의를 확대 개최하자는 의견을 제시한 것이었다. 일한 국제학술회의가 세 차례에 걸쳐서 성공적으로 치러졌고, 매니페스토를 아시아로 확산시키기 위해서는 앞으로 대만 등 제3국 등을 참여시켜 한일국제학술회의를 넘어 아시아 국제학술회의로 발전시켜야 한다는 의견이 제시되었다. 2006년과 2007년 학술회의는 한국에서, 2008년도는 일본에서 각각 개최하였으므로, 2009년도 학술회의는 한국에서 개최하고 2010년에는 일본 사가현에서 개최하기로 잠정 확정되었다.

특이한 것은 17대 대통령선거 한나라당 정책공약집을 일본판으로 번역해서 판매를 하고 있다는 사실이었다. 일본 측은 한국의 공직선거법에 매니페스토 제도가 적극 도입된 것에 대해 발전된 모습으로 여기고 규제 중심의 일본 선거법으로 인해 매니페스토의 발전 속도가 늦다고 자괴감을 피력하였다. 또한, 일본은 선거와 정치 발전이 명확히 분리되어 있고 TV와 영상도 문서도화로 규정하고 있어 배부 · 게시가 무척 제한되는 등 규제 정도가 한국과 다르며 낙후가 아니라 입구가 잘못되어 다람쥐 쳇바퀴 돌 듯한다고 비유하였다. 특히, 선거법 개정으로 지난 제17대 대통령선거 시 한나라당 정책공약집(일류희망공동체)에 대해 관심이 높았고, 일본판으로 번역하여 학술회의장에서 판매까지 하고 있었다.

또 한 가지는 17대 대통령선거 매니페스토 공약 등에 대한 관심이 높았다. 현재, 세계적으로 경제가 어려워서인지, 지난 17대 대통령선거 시 이명박 대통령 후보의 매니페스토 공약에 재원이나 재정 부분이 구체적으로 제시되어 있는지에 대한 질문이 있었고, 또한 이명박 대통령이 후보 시절에 자기 재산 300~400억 원 정도를 사회에 환원한다고 했는데, 현재까지 환원이 이루어졌는지, 그리고 사회 환원이 선거법에 저촉되지 않는지 문의가 있었다.

기억할 만한 사항으로서 일본은 자치단체장이 매니페스토를 잘 만들어 의회에 제출(예: 의회조례 제정)하여도 단체장과 소속이 다른 의원이 다수를 차지하는 의회에서는 이를 반대하거나 심의를 지연하는 등의 사례가 있어 매니페스토의 성과를 위해서는 의회와의 관계 정립도 필요하다는 것이다. 유권자의 절대적인 지지를 받고 당선된 자치단체장이 내놓은 매니페스토를 아예 반대하거나 폐지하지 못하고 계속 심의하는 자세를 보이고 있다고 하였다. 일본은 로컬(지방)과 국정이 분명히 나뉘져 있고, 로컬 매니페스토가 활성화되어 국정 매니페스토에 영향을 미치는 방향으로 진전되고 있었다. 이러한 점은 한국과 정반대의 길은 아니다.

미국 대선이 일본에 미친 영향이 컸는지, 오바마의 대선 승리 요인에 대해서도 관심이 높았다. 이와 관련하여 오바마가 대선에서 승리할 수 있었던 요인도 인터넷을 이용한 선거운동과 모금이라고 보이는데 한국의 인터넷 선거운동은 어느 정도인지, 그리고 일본에서는 토론이 거의 없는데 선거 때 토론회는 어느 정도 할 수 있는지에 대한 문의가 있었다. 한국의 매니페스토는 자신이 만들어 발표하는지, 아니면 학자나 참모들이 만들어 자신의 것으로 하는지, 이를 방지하기 위해서는 토론에서 걸러져야 한다는 의견이 제시되었다. 후일담이지만, 일본은 한국처럼 국민들이 선거개혁이나 정치개혁을 과감하게 요구하지도 않고 국가가 제시하는 것에 만족하는 소극적인 자세를 견지하고 있어 한국처럼 변화가 쉽지 않다고 기타기와 교수는 전해 주었다.

국제학술회의가 끝난 지 한참 후인 2009년 4월 10일 일한교류국제학술대회 실행위원회 소네 야스노리위원장으로부터 한 장의 편지가 도달됐다. 수신은 대한민국 여수선거관리위원회 사무국장(전 중앙선거관리위원회 매니페스토 정책선거추진센터 부센터장)로 되어 있었다. 편지 내용을 확인한 후에 소네 야스노리위원장과 마쯔자와 시게후미 가나가와현 지사에게도 편지를 썼다. 일본에서 온 편지 내용을 소개하면 다음과 같다.

소네야스노리 위원장이 필자에게 보낸 편지

삼가 아뢰옵니다. 바쁘신 와중에도 "2008년도 일한 교류국제 학술대회 매니페스토의 평가와 발전: 일반비교"에 참석하여 귀중한 강연을 해 주신 것에 대하여 진심으로 감사드립니다. 서인덕 님을 비롯한 강사 여러분들의 민주 정치 발전에 대한 뜨거운 정열을 느끼는 동시에 지금까지 해 오신 노력에 진심으로 경의를 표합니다.

대회 보고서는 현재 작성 중입니다만, 참가하신 분들께서 일한 간의 선거관리위원회의 역할에 대한 차이를 흥미롭게 경청할 수 있었고 시민들도 매니페스토를 파악하는 힘이 필요하다고 느꼈다는 의견들이 다수 전해지는 등, 일본의 민주정치흐름에서도 본 대회는 중요한 기회가 되었다고 확신하고 있습니다.

이번 대회의 성공을 기초로 삼아 앞으로 한국과 일본에서 매니페스토를 중심으로 한 정책 중심의 선거 실현을 기대하는 동시에 양국이 지속적으로 절차탁마함으로써 정책과 문화 등 여러 분야에서 교류 및 협력의 고리가 확대되어 지금 이상의 둘도 없는 파트너가 되기를 기대합니다.

서인덕 님이 앞으로도 한국 정치 발전에 더욱 중요한 역할을 하시면서 언제까지나 교류가 지속되기를 바랍니다. 마지막으로 서인덕 님 앞날의 건승과 활약을 진심으로 기원합니다.

2009년 3월

일한교류국제학술대회 실행위원회 위원장 소네 야스노리

대한민국 여수 선거관리 위원회 사무국장
(전 중앙선거 관리 위원회 매니페스토 정책선거 추진 센터 부센터장)
서인덕 님

삼가아뢰옵니다. 바쁘신 와중에도 "2008 년도 일한 교류 국제 학술대회 매니페스토의 평가와 발전: 일한 비교" 에 참석하여 귀중한 강연을 해 주신 것에 대하여 진심으로 감사드립니다. 서인덕 님을 비롯한 강사 여러분들의 민주 정치 발전에 대한 뜨거운 정열을 느끼는 동시에 지금까지 해 오신 노력에 진심으로 경의를 표합니다.

대회 보고서는 현재 작성 중입니다만 참가하신 분들께서 일한 간의 선거 관리 위원회의 역할에 대한 차이를 흥미롭게 경청할 수 있었고 시민들도 매니페스토를 파악하는 힘이 필요하다고 느꼈다는 의견들이 다수 전해지는 등, 일본의 민주 정치 흐름에서도 본 대회는 중요한 기회가 되었다고 확신하고 있습니다.

이번 대회의 성공을 기초로 삼아 앞으로 한국과 일본에서 매니페스토를 중심으로 한 정책 중심의 선거 실현을 기대하는 동시에 양국이 지속적으로 절차탁마함으로써 정책과 문화 등 여러 분야에서 교류 및 협력의 고리가 확대되어 지금 이상의 둘도 없는 파트너가 되기를 기대합니다.

서인덕님이 앞으로도 한국 정치 발전에 더욱 중요한 역할을 하시면서 언제까지나 교류가 지속되기를 바랍니다. 마지막으로 서인덕님 앞날의 건승과 활약을 진심으로 기원합니다..

2009 년 3 월

일한 교류 국제 학술대회 실행 위원회
위원장 소네 야스노리

曽根泰教

MANIFESTO

PART

2

매니페스토 협약

: 정책선거를 견인하다

매니페스토 협약식 우여곡절 끝에 이뤄지다

매니페스트 협약문에 무엇을 담았는가

매니페스토, 협약사회로 가는 길이다

매니페스토 협약식
우여곡절 끝에 이뤄지다

정책선거 실천 협약식을 주요업무계획에 반영하다

2007년 제17대 대선이 꼭 두 달 앞으로 다가왔었다. 정책선거 사업 중 이제 남은 것은 6당 후보자가 참여한 매니페스토 정책선거 실천 협약식이다. 매니페스토 정책선거 실천 협약식은 2007년 제17대 대선을 매니페스토 정책선거로 이끌기 위한 가장 큰 핵심 사업이고, 또한 결정판인 것이다. 혹자는 대선에서 매니페스토는 없다고 한다. 하지만, 오히려 정책의 선택은 정책 실패와 정책 성공을 통해 국운을 결정짓는 분수령이 된다. 따라서 정책공약으로 해석되는 매니페스토는 반드시 필요한 것이다.

2006년 지방선거에서 매니페스토 운동을 첫 도입해 추진해 봄으로써 상호비방과 흑색선전 등 네거티브를 줄이고 정책에 대한

한겨레
THE HANKYOREH
2007년 10월 20일 004면

정책선거 다짐 제17대 대통령선거 정책선거 실천대회가 열린 19일 오후 국회에서 각 당 대선후보와 후보 대신 참석한 선거대책위원장들이 정책선거를 다짐하며 손을 맞잡고 있다. 왼쪽부터 정근모 참주인연합 후보, 심대평 국민중심당 후보, 이인제 민주당 후보, 문성현 민주노동당 선대위원장, 안상수 한나라당 선대위원장, 정동영 대통합민주신당 후보, 고현철 중앙선거관리위원회 위원장, 김영래 한국매니페스토실천본부 상임공동대표. 이명박 후보와 권영길 후보는 다른 일정을 이유로 불참했다.
김종수 기자 jongsoo@hani.co.kr

출처: 중앙선관위, 언론이 바라본 제17대 대통령선거

관심을 갖도록 유도하는 등 정책경쟁 중심의 선거문화를 열었고, 그 가능성 또한 확인되었다. 하지만, 아직까지도 유권자에게 매니페스토는 생소하거나 낯설었다. 심지어는 정당과 후보자 측에서도 썩 달갑게 생각하지 않는 상태였다. 이런 때에 정당과 후보자를 정책선거 참여와 실천에 동참하도록 견인하고 국민적 참여 분위기를 조성하기 위한 가장 좋은 방법은 협약(協約)을 하고 이를 국민에게 선포하는 것이었다.

그래서, 연초부터 각 정당의 대선후보 선출이 완료되는 시점부터 매니페스토 정책선거 협약식을 추진하기로 했다(2007년 주요업무계획4-1-3 〈매니페스토 정책선거 실천 협약 추진 32쪽〉). 2월 달에는 사업을 확정하고 정당 정책위와 정책연구소 관계자를 대상으로

2007년도 주요업무계획에 대한 사업 설명을 하고 다양한 의견을 수렴하기도 했다. SBS가 2007년 10대 주요 보도 이슈에 매니페스토 운동을 2순위로 확정하고 다른 방송사에 앞서 적극적인 보도에 임했다.

정책선거 종합 로드맵 완성으로 '매니페스토 협의체' 구성하다

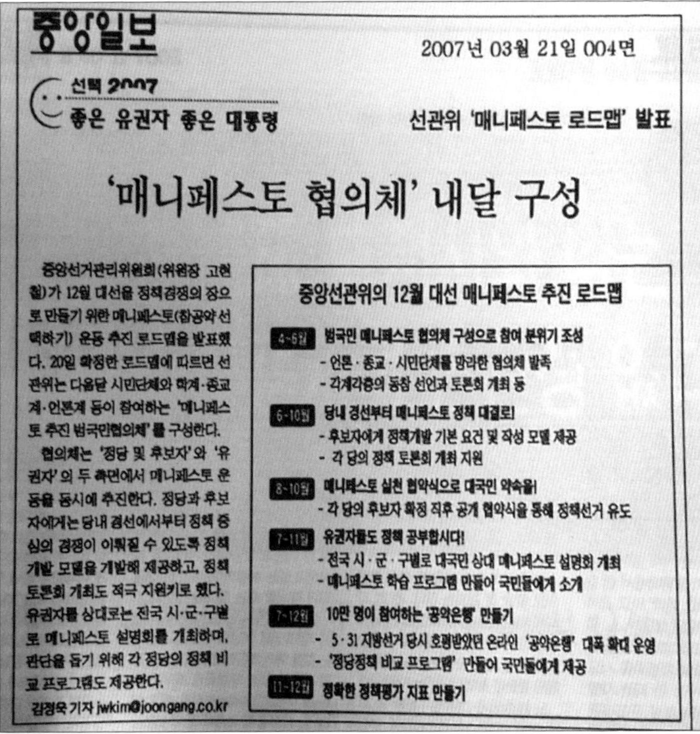

중앙일보

2007년 03월 21일 004면

선택 2007
좋은 유권자 좋은 대통령

선관위 '매니페스토 로드맵' 발표

'매니페스토 협의체' 내달 구성

중앙선거관리위원회(위원장 고현철)가 12월 대선을 정책경쟁의 장으로 만들기 위한 매니페스토(참공약 선택하기) 운동 추진 로드맵을 발표했다. 20일 확정한 로드맵에 따르면 선관위는 다음달 시민단체와 학계·종교계·언론계 등이 참여하는 '매니페스토 추진 범국민협의체'를 구성한다.

협의체는 '정당 및 후보자'와 '유권자'의 두 측면에서 매니페스토 운동을 동시에 추진한다. 정당과 후보자에게는 당내 경선에서부터 정책 중심의 경쟁이 이뤄질 수 있도록 정책개발 모델을 개발해 제공하고, 정책토론회 개최도 적극 지원키로 했다. 유권자를 상대로는 전국 시·군·구별로 매니페스토 설명회를 개최하며, 판단을 돕기 위해 각 정당의 정책 비교 프로그램도 제공한다.

김정욱 기자 jwkim@joongang.co.kr

중앙선관위의 12월 대선 매니페스토 추진 로드맵

4~6월 범국민 매니페스토 협의체 구성으로 참여 분위기 조성
- 언론·종교·시민단체를 망라한 협의체 발족
- 각계각층의 동참 선언과 토론회 개최 등

6~10월 당내 경선부터 매니페스토 정책 대결로!
- 후보자에게 정책개발 기본 요건 및 작성 모델 제공
- 각 당의 정책 토론회 개최 지원

8~10월 매니페스토 실천 협약식으로 대국민 약속을!
- 각 당의 후보자 확정 직후 공개 협약식을 통해 정책선거 유도

7~11월 유권자들도 정책 공부합시다!
- 전국 시·군·구별로 대국민 상대 매니페스토 설명회 개최
- 매니페스토 학습 프로그램 만들어 국민들에게 소개

7~12월 10만 명이 참여하는 '공약은행' 만들기
- 5·31 지방선거 당시 호평받았던 온라인 '공약은행' 대폭 확대 운영
- '정당정책 비교 프로그램' 만들어 국민들에게 제공

11~12월 정확한 정책평가 지표 만들기

출처: 중앙선관위, 언론이 바라본 제17대 대통령선거

중앙 정책정당지원팀에서 2006년부터 준비해 온 매니페스토 정책선거추진 종합방안(로드맵, 〈표 6 참조〉)을 위원장 결재, 자문위원회와 전체위원회에 보고를 거쳐 3월 20일에 확정하고 이를 언론에 공표하였다.

지난 2006년 하반기에 한국정책학회에 의뢰하여 작성한 내용이지만, 결재 과정에서 실제 중요한 사안들의 대부분이 조정되었다. 로드맵상의 목표를 달성하기 위해서는 무엇보다 유권자의 의식 개선이 급선무라는 점에서 시민의식 개선 분야를 연구 분야로 설정하고 학회와 별개로 정책정당자문위원회단장에게 그 연구를 의뢰하였다. 즉 관찰적 능력, 참여적 능력, 평가적 능력 등 단계별 시민의식 수준에 맞는 의식 제고 전략이 그것이다.

〈표 6〉 선거별 · 단계별 매니페스토 추진(확정된 로드맵의 내용 중 일부)

도입기	확산기	정착기
• 정책선거 도입 (2006. 제4회 지방선거)	• 정책선거 확산 (2007. 제17대 대통령선거)	• 정책선거 정착 (2008. 제18대 국회의원선거)
• 전문가, 시민단체 중심 추진 • 매니페스토(참공약 선택하기) 소개 • 흥미 위주, 폭로식 보도양상 정책비교로 전환	• 유권자의 정책 개발 참여에 의한 추진 • 유권자의 매니페스토 이해 확산 • 매니페스토에 의한 경쟁 및 선택 • 정책분석 확대 및 네거티브 보도 양상 근절	• 로컬매니페스토운동에 의한 추진 • 매니페스토의 지역별 활성화 • 지역이슈 및 정책 제시와의 결합적 보도 유도

출처: 중앙선거관리위원회 매니페스토 정책선거 종합방안(로드맵)계획 중 일부 자료

제시된 로드맵은 정책정당지원팀에서 정리하고 결재 과정에서 수정 · 보완한 내용으로 틀이 다시 짜임으로써 따끈따끈한 내용들이 퇴색되면서 건조한 로드맵으로 조정됐다. 하지만, 정책선거에 대한 종합적인 정책프레임을 제시했다는 데 의의가 있는 것이다. 이는 마치 불모지에 교통 편의를 위해 고속도로와 같은 새로운 도로를 내는 것과 같다고 본다.

이 종합방안은 각 정당과 언론, 시민단체에 보내져 각자 정책선거에 동참하도록 협조 요청이 이루어졌다. 선관위는 3월 20일 로

중앙일보 2007년 03월 14일 003면

선택 2007

좋은 유권자 좋은 대통령

대선 매니페스토 '정책 선거 드림팀' 떴다

선관위·본사·SBS 등 6개 기관 '대국민 제안서'

jwkim@joongang.co.kr

출처:
중앙선관위, 언론이 바라본 제17대 대통령선거

드맵 보도를 통해 일반 국민에게 공개하고 홍보영상물에 동내용을 담아 알려 주고, 각종 리플릿 등 홍보인쇄물에 선관위가 정책선거를 실현하고자 하는 의지와 노력을 느낄 수 있도록 하였다.

3월 13일에는 중앙선거관리위원회와 중앙일보, 조인스닷컴, SBS, SBS1, 한국매니페스토실천본부 6개 기관 · 단체가 매니페스토 정책선거 추진을 위한 조인식을 갖고 범국민매니페스토추진협의체인「매니페스토코리아네트워크」가 탄생했다. 2006년 지방선거 시 초창기에 한국매니페스토실천본부와 중앙일보가 적극 참여한 사실만 놓고 볼 때 지방선거보다 매니페스토 정책선거 추진 네트워크가 더욱 확대 · 강화되면서 이를 추진하는 데 동력과 탄력을 더 받게 됐다. 선관위, 시민단체, 방송, 신문, 인터넷 언론 등 모두가 동참한 것이기 때문이다.

정책선거 발전 방안을 모색하기 위한 국제학술회의, 토론회 등을 시민단체와 학계, 언론등과 함께 3회 개최하였다. 2007년 4월 20일(금)「정책선거 정착과 매니페스토운동 확산 방안 모색」주제로 서강대학교(현대정치연구소)와 공동으로 개최한 것을 비롯, 동년 6월 8일(금) 내나라연구소와 공동으로「매니페스토 선거와 정책경쟁의 국제 비교: 한국 · 영국 · 일본의 비교」를 주제로 국제학술회의를 개최, 8월 29일(수) 단국대(사회과학연구소)와 공동으로「선진 외국사례 연구 · 분석을 통한 매니페스토 정책선거 발전방안 학술회의」를 개최하였다.

한국정책학회에 정당과 후보자의 정책 · 공약 비교 사업을 의뢰

매니페스토코리아 네트워크 결성 조인식차 SBS 방문 때 네트워크 기관대표들과 찍은 사진

• 필자 왼쪽 첫 번째

하여 진행 중에 있었고, 매니페스토 평가지표는 용역으로 발주하여 책자로 인쇄·배부하였고, 동 내용은 한국정치학회(매니페스토 연구회)에 발주하여 작성한 대선 정책어젠다와 함께 언론 공개를 준비해서 특정 시점에 공개했다. 매니페스토를 쉽게 일반 국민들에게 알려 주기 위해 만화집 형태의 리플릿 35만부를 제작하여 지방에 배부했다. 또한 유권자의 매니페스토에 대한 이해를 높이고 유권자의 후보자 선택에 도움을 주고자 하는 매니페스토 종합홍보판인 대선 매니페스토 정책선거실천 가이드북을 35만부를 제작하여 배부했다.

매니페스토 TV 광고가 세상에 나오다

우여곡절 끝에 TV 광고도 10월 20일부터 시작됐다. 2006년 지방선거 시 TV 광고는 공보관실(홍보과)과 정책결정라인의 도움을 얻지 못해 실시하지 않았다. 2007년 대선에서는 꼭 해야겠다고 생각하고 강력 추진했다. 추진 과정에서 정책결정라인과 홍보담당 부서와의 의견이 상당히 갈리었지만, 매니페스토가 초창기인 점

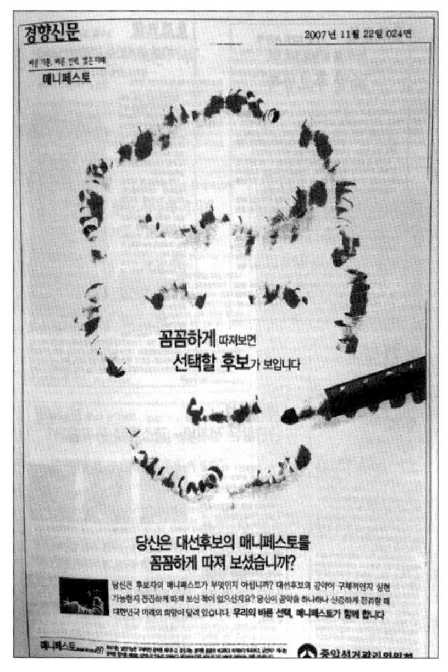

출처: 중앙선관위, 언론이 바라본 제17대 대통령선거

과 매니페스토의 속성, 그리고 범네트워크 명칭 사용 등의 이유로 설득하여 결국 정책정당지원팀에서 광고를 하기로 했다. 결재 과정에서 당초와 달리 「매니페스토 코리아네트워크」 명의가 아닌 한국매니페스토실천본부와 중앙선거관리위원회 공동명의로 나가기로 결정했다. 시사회 과정에서도 정책정당지원팀이 제작한 안에 근본적인 동의를 한 전제하에서 다양한 의견이 제시된 것이다.

사무총장과 사무차장의 의견을 정리하여 수정 · 보완하여 광고안을 확정했다. 드디어 10월 20일 광고가 시작됐다. 이렇게 시작된 광고는 11월 8일까지 방영됐다. TV 광고 이후인 11월 22일 일제히 중앙일간지에 "꼼꼼하게 따져 보면 선택할 후보가 보입니다." 슬로건이 게시된 신문광고를 내보냈다.

이제 정책선거 실천 협약식이다

제17대 대선 매니페스토 정책선거의 최대 방점은 매니페스토 정책선거 실천 협약식었다. 지방선거에서의 경험을 바탕으로 일찌감치 매니페스토 정책선거 실천 협약식 추진계획을 수립하여 공론화하기 시작했다. 제일 먼저, 연합을 통해 예고 기사(9월 6일)를 내보냈다. 그리고 정당 비서실에 공문을 보내 협조를 요청했다. 경선이 확정된 한나라당과 민주노동당은 정당 비서실을 통해 후보 측 캠프 비서실에 공문이 전달되도록 했고, 일정을 담당하는 핵심적인 역할을 하는 대상자를 파악하여 핫라인으로 관리했다. 후보자가 참여하는 것이 가장 핵심이자 관건이기 때문이다. 핫라인이 설정되면 그 라인하고만 통화를 했고, 변경되면 리스트에서 지우고 다시 새로운 라인을 적어 넣었으며, 참석의 가능성과 동향을 A4 한 장에 핵심을 적어 놓았다. 서서히 가닥이 잡혀 가는 가운데 MB 불참 등으로 장애요인이 발생했지만 협약식은 예정대로 개최됐다.

2007년 10월 19일(금) 국회에서 개최된 제17대 대통령선거 매니페스토 정책선거 실천 협약식은 주요 정당 선출 대선후보자의 정책선거 실천을 약속받고 지킬 것을 촉구하는 장을 마련함과 동시에 매니페스토 정책선거 실천에 대한 범국민적 공감대 형성을 통해 분위기 확산에 목적을 두고 있는데, 행사 기획이나 내용면에서 성공적이었으나, 한나라당과 민주노동당 후보자가 참석하지 않고 대리가 참석하는 바람에 중요한 행사가 빛을 바랬다. 수개월 동안 밤잠을 설쳐 가며 치밀하게 전략적으로 기획하여 추진한 행사임에도 후보자 참석 여부에 따라 행사 결과 평가가 폄하된 데 대하여 아쉬움을 느낀다. 추진 과정을 보면 다음과 같다.

협약 일정 잡기

당초 2007년 10월 16일 실시 예정이었는데, 민주당이 경선을 7일 연기하는 바람에 10월 19일로 잡았다. 장소는 국회도서관에서 개최하기로 하였는데, 특별히 국회에서 개최하기로 한 것은 국회가 가지고 있는 장소의 상징성과 접근성 때문이었다. 국회가 정치의 심장부이기도 하고 언론 보도가 용이할 뿐 아니라 정치인들의 접근도가 높다고 판단한 것이다.

장소 확보 과정에서 민주당 이미경 의원의 적극적인 협조를 받았다. 이 의원은 당시 출판기념회를 기획했음에도 우리 행사 때문에 취소하기도 했다. 나중에 행사 끝나고 의원실에 들러 감사하다는 인사와 함께 직원들을 통해 기념품도 전달했다. 협약식에서 이벤트업체나 후보자 참석은 큰 문제 없이 잘 진행되었다.

그런데, 문제가 발생됐다. 첫 번째는 국고보조금 배분대상 정당을 대상으로 하기 때문에 5당 후보자만 참석하면 됐는데, 참주인연합(대표 김선미 의원)이 중앙당 등록을 하고 의석을 갖는 정당이 되어 결국 5개 정당에서 6개 정당으로 참석 정당이 확정됐기 때문이다. 물론, 참주인연합을 참석시킬 것인지에 대한 논란이 있었다는 것은 부인할 수 없는 사실이었다. 답은 국고보조금배분을 받을 수 있는 정당이지 받은 정당은 아니라는 것. 즉, 의석을 가지고 있는 정당은 협약식 참석 대상이라고 결론을 내렸다.

보조금배분대상 정당으로 한 것은 예비후보자 모두를 참석시킬 수 없는 데다 그렇다고 무소속을 포함하여 지지도가 높은 빅후보자만을 대상으로 할 수도 없었기 때문이다. 적어도 국가에서 세금을 받을 수 있는 정당만을 대상으로 해야 뒷말이 없고, 2006년 지방선거에서 협약식 경험과 선례가 있었기에 다른 정당으로부터 이의 제기 등에 대한 설명 등 대비가 가능했다.

MB 불참으로 장애 발생

두 번째로 갑자기 부상된 큰 장애는 이명박 후보 쪽에서 범여권 단일화가 기정사실화되고 있는 상태에서 이명박 후보가 그들과 나란히 하는 것은 격(格)에 맞지 않다는 의견이 접촉되면서 진행에 비상불이켜졌다. 이명박 후보를 참석시키기 위한 공조직과 비선 라인에 전화 · 방문 등을 통해 다각적인 노력을 기울였으나 성사되지 못했다. 이명박 후보의 대리인으로 안상수 원내대표가 참석하기로 했다.

드라마 같은 협약식

협약식 행사는 지방선거와 유사한 콘셉트로 가지만 대선은 지방선거와 다른 점을 감안하여 대선 콘셉트에 맞도록 기획하였다.

첫째, 협약문이다. 지방선거와는 달리 대선의 특성과 정신을 담았다. 협약문 시행 시점도 넣었다.

둘째, 지방선거 퍼포먼스 시 서명자가 정/책/선/거 퍼즐 조각을 맞추면 지구와 같은 큰 공이 완성되면서 점등이 들어온 반면, 대선 시에는 핸드프린팅의 약속을 통해 위대한 대한민국 지도가 완성된다는 두 종류의 퍼포먼스를 통해 대선의 시대정신을 담았다.

셋째, 지방선거 시에는 봄(3월 16일)이었기에 청색 계열을 많이 사용했고 대선은 가을(10월 19일)이므로 황토색이나 붉은색을 많이 가미했다. 그래서 전체 전경은 확연히 달랐다.

넷째, 지방선거 시에는 사회를 백지연 씨 혼자 담당했지만,

2007년 대선에서는 KBS, MBC, SBS 3사를 대표하는 황수경, 이정민, 김소원 아나운서를 캐스터로 위촉해서 공동으로 진행을 담당하게 했다. 분위기는 압권이었다.

다섯째, 홍보영상물외에 TV CF 광고물을 상영했다.

여섯째, 기념품은 지방선거 시 연필 꽂이었는데 대선에서는 손톱깎이 세트로 했다. 비방이나 흑색선전이 살아나면 거침없이 잘라 버리라는 뜻에서 선정됐다.

일곱째, 지방선거 시에는 시민단체 대표를 서명에는 참여시키되 퍼포먼스에는 참여시키지 않았지만, 2007년 대선에서는 시민단체 대표에게 역할을 부여했다.

여덟째, 각 정당의 후보자 외에도 각 정당의 대표, 원내대표 등 정당의 간부를 초청했다.

아홉째, 지방선거와 달리 대선인 만큼, 후보자 경호 및 질서 유지에도 만반의 준비를 했다.

정책선거 협약식은 신이 내린 손, 그 손으로 빚어낸 감동의 드라마였다. 그리고 역사였다. 참석했던 일반인, 단체와 정당관계자, 그리고 사회를 진행했던 황수경, 이정민, 김소원 아나운서 모두 이구동성으로 감동적이었다는 찬사를 쏟아 냈다. 결정적인 것은 민주노동당 권영길 후보 대리인으로 참석했던 문성현 대표는 "오늘 와서 보니 후보가 나와야 할 자리이지 본인이 나올 자리가 아니다."라고 솔직하게 시인했다. 이 말이 그날의 협약식 모든 것을 말해 주는 것 같았다.

후보자 대리인으로 참석한 안상수 원내대표와 문성현 대표의 직함을 찾아보니 선거대책위원장이었다. 그래서 연단 후보자 표지는 그대로 사용하되, 협약문에는 한나라당 후보자 이명박 대리 선거대책위원장 안상수, 민주노동당 후보자 권영길 대리 선거대책위원장 문성현으로 표기했다.

매니페스토 협약문 작성

협약문은 지방선거 시 활용했던 협약문과 경선 협약식 때 활용하기로 하고 사전 작성했던 문안을 조합하고 지방선거 시 협약문 분석논문(서인덕 정책정당지원팀장 2006)과 여러 콘셉트를 고려해 필자가 직접 작성했다. 큰 수정 없이 최종 결재가 났다. 그리고 후보자 측에서도 사전에 업무연락을 보내 사전 검토를 요청했고, 원안대로 모두 동의를 구했다. 모든 것이 잘 진척된 것이다.

선관위와 시민단체, 후보자가 공동으로 협약을 통해 정책선거를 실현해야 한다는 것과 국민들에게 정책선거 실천약속을 천명한다는 사실, 매니페스토 정책선거를 추진해야 한다는 시대정신의 흐름을 누구도 거부할 수 없었다.

누가 보더라도 이벤트가 아닌 의미 있는 감동의 드라마였다. 주변에서 고생했다, 어떻게 그런 콘셉트를 구상했느냐? 이런 상황을 놓고 이순신 장군의 盟山草木知 誓海魚龍動의 '盟誓'라는 말이 생각난다. 아무도 알아주지 않아도 '산천의 초목'은 알고, '바다의 어룡'은 감동하게 되어 있다는 말이다.

매니페스토 협약문 공개

이제 마무리다. 남은 것은 협약식 문안을 세상에 공개하는 것이다. 그래서 생각해 낸 것이 신문 광고다. 이미, 한국언론재단과 일괄하여 "꼼꼼히 살펴보면 선택할 후보가 보인다"(색연필 광고)라는 내용의 신문 광고를 주요 언론사(18개)에 내보내기로 하고 진행했다. 1차로 11월 21일~23일까지, 2차는 12월 8일~12일까지였다.

그래서, 1차에 조 · 중 · 동 중에서 하나의 신문사를 선정하여 광고를 하기로 한 후 고심한 끝에 동아일보가 좋겠다고 생각, 수차례에 걸쳐 광고 문안을 만들었다. 정치적 민감성 때문에 참여한 당과 후보자를 언급하지 않고 "꼭 실천하겠습니다"라는 제목으로 도입 부분은 이렇게 작성했다. "아래의 협약문은 올 12월 19일 실시하는 제17대 대통령선거를 국민의 여망에 부응하는 건전한 정책경쟁 중심의 선거로 치르겠다고 10월 19일(금) 6당 대선 후보와 시민단체 대표가 국민 앞에 서명한 내용을 공개하는 것입니다."

위 소회에서 확인되었듯이, 선거관리위원회는 선거 때마다 정당 대표자와 후보자를 대상으로 협약식을 개최하고 있다. 이는 5 · 31 지방선거 시 매니페스토가 제도화되지 아니한 상태에서 첫 도입된 이벤트 행사이다. 이제 매니페스토가 선거별 특성에 맞게 제도화되면서 확산 과정에 있다.

따라서 지속 가능한 매니페스토 추진을 위하여 일회성 지침이나 관행에 의하기보다는 종합적인 정신과 틀을 담을 수 있는 일정한 규정을 만들어 추진하는 것이 바람직할 것이다. 합리적이고 실현 가능한 정형화된 틀에서 협약식을 개최하는 것이 선거운동의 자유와 정책선거 실현이라는 두 공익을 충족시킬 수 있을 것이다. 그런 점에서 매니페스토 정책선거 실천협약식 개최 · 운영에 관한 규정을 제정하여 운영하는 것이 바람직하다고 본다.

"꼭 실천하겠습니다"

아래의 협약문은 올 12월 19일 실시하는 제17대 대통령선거를 국민의 여망에 부응하는 건전한 정책경쟁 중심의 선거로 치르겠다고 10월 19일(금) 6당 대선 후보와 시민단체 대표가 국민 앞에 서명한 내용을 공개하는 것입니다.

........................매니페스토 정책선거 실천 협약식........................

실천 1: ……

실천 2: ……

실천 3: ……

실천 4: ……

실천 5: ……

실천 6: ……

본 협약은 참여자가 서명한 날로부터 시행한다.

2007년 10월 19일

중앙선거관리위원회

매니페스토 협약문에 무엇을 담았는가

협약문 분석 필요성

5 · 31지방선거는 매니페스토(manifesto: 참공약 선택하기) 선거의 새로운 기원을 연 선거로 과거 어느 선거보다 정책선거에 관심이 높았던 선거라고 평가할 수 있다. 지방선거에서 매니페스토의 도입은 실현 가능성이 없는 헛공약이 아닌 목표 · 우선순위 · 절차 · 기한 · 재원이 구체적으로 명시된 참공약을 제시하게 되었다는 데 의미가 있다. 구체화된 공약을 제시하게 됨으로써 향후 공약 이행 과정과 결과에 대한 검증 및 평가가 가능한 체제로 변화되었다는 데 무엇보다 큰 의미가 있고, 지방정치가 매니페스토 사이클에 기초하여 주민이 주체가 되어 주민의 선호에 반응하고 공약의 이행 등 검증과 평가에 따라 책임을 물을 수 있는 체제로 전환하게 되었다

2006. 3. 16 매니페스토 정책선거 실천 협약식 장면

는 데 의미가 있는 것이다.

이처럼 5 · 31지방선거에서 매니페스토 운동이 확산된 데에는 나름대로의 이유가 있다. 지난 17대 총선 직전에 정치 개혁의 일환으로 이루어진 제도 개혁의 정치적 효과가 나타나 조직선거, 돈선거가 불가능한 상태에서 선거전략이 홍보와 정책으로 모아지는 배경 속에 매니페스토가 등장하였고, 선거문화를 개혁하자는 국민의 공감대와 맞물려 매니페스토라는 개념이 무척이나 생소함에도 짧은 시간에 지방선거 키워드의 하나가 되었다. 한편, 매니페스토 정책선거 실현을 위한 중앙선거관리위원회의 노력도 높이 평가할 만하다.

5 · 31지방선거가 정책으로 경쟁하는 선거의 출발점이 될 수 있도록 초기부터 매니페스토 운동을 중점적으로 추진하기로 하고 이를 확산시키기 위해 후보자와 정당의 참여를 끌어내는 데 주력하였

다. 모든 선거 후보자를 대상으로 매니페스토 정책선거실천협약을 이끌어 내는 것이 바로 그것이었다.[1] 2006년 지방선거 시 가장 많은 기여를 한 매니페스토 활동[2]으로 매니페스토 협약식을 꼽기도 한다는 점은 시사하는 바가 크다고 볼 수 있다.

여기에서는 5 · 31지방선거에 처음으로 도입된 매니페스토의 정신적 지주 역할을 하였던 매니페스토 실천협약문을 분석해 보고, 2007년도 제17대 대통령선거를 겨냥한 바람직한 매니페스토 협약 방향을 도출하여, 나아가 협약사회로 가는 길을 제시하고자 한다.

매니페스토 정책선거 실천협약문의 의의 및 성격

협약문 의의

협약의 사전적 의미는 두 가지다. 즉 법률적 의미로는 단체와 개인, 또는 단체와 단체 사이에 협정을 체결하는 것 또는 그 협정, 근로협약, 단체협약 따위를 말하고, 정치적 의미는 국가와 국가 사이에 문서를 교환하여 계약을 맺거나 그 계약을 지칭하거나 좁은 뜻의 조약과 성질, 효력이 같다는 의미로 풀이하고 있다. 이는 주

1 제7차 한국학술연구원『코리아포럼』발표 논문(이현출)

2 예산군선관위에서 실시한 매니페스토 유권자 의식 조사 결과, 응답자 10명 중 2명이 가장 많은 기여를 한 매니페스 운동으로 매니페스토 협약식을 꼽았다.

로 문화적 내용의 것이나 입법적인 것에 붙이는 일이 많다고 적고 있다.[3] 하지만, 일반적으로 협약은 법과 제도에 규정하고 있지 아니한 내용을 추진하기 위하여 당사자 간에 합의를 하고 이를 증빙하기 위하여 체결 또는 서명하는 것을 말한다.

단체 간에 체결하는 것은 단체협약, 국가 간에 체결하는 것은 국가협약 등 합의 주체들의 성격을 고려하여 협약 명칭을 붙이기도 한다. 우리나라에서는 투명사회협약실천협의회에서 주관하여 '투명한 사회를 모색하기 위하여 국가와 사회단체들이 합의하고 서명한 합의문'이 그 대표적인 예이다. 하지만 선거에 있어 선거주체

매 니 페 스 토
정책선거실천 협약문

우리는 선진선거문화와 정치발전을 가로막은 지역주의, 연고주의가 해체되는 시대를 맞이했다. 이 시대는 깨끗한 선거에 이어 정책으로 승부하는 선거를 요구하고 있다. 오는 5월 31일의 지방선거는 정책들이 경쟁하고 꽃피우는 축제가 될 것이다. 우리는 정책선거를 실천하기 위해 국민 앞에 다음과 같이 협약을 체결하고 이를 지킬 것을 약속한다.

1. 지방자치는 중앙정치만큼 중요하다. 좋은 지방자치는 좋은 지방선거가 만들어 낸다. 우리는 531 지방선거가 건강한 경쟁 속에 공정하게 치러지도록 모든 노력을 기울인다.
2. 지방선거가 합리적인 생각에 기초해 공정하고 명랑하게 치러지도록 우리는 지역에 알맞은 좋은 정책이 만들어지도록 노력한다.
3. 좋은 정책은 목적과 우선순위, 절차, 기간, 재원의 다섯 가지 요소가 짜임새 있게 갖춰지고, 사전 검증과 사후 평가가 용이한 것이라야 한다.
4. 후보자들이 좋은 정책을 만들어 제시하고, 유권자들이 좋은 정책을 따져볼 수 있게 하는 매니페스토 정책선거 운동에 적극 참여한다.
5. 각 정당은 출마 후보자 선정단계에서부터 지원자들이 매니페스토 정책을 제시할 수 있게 노력하고, 각급 선관위는 이런 환경을 만드는데 적극 나선다.
6. 시민사회는 구체적이고 실현가능한 정책을 평가하는 근거를 제시해 널리 알리고, 스스로 공정성을 확보하기 위해 노력한다.

우리는 지역과 국가의 새로운 발전에 기여하기 위하여 협약의 이행과 실천에 신의성실을 다할 것을 서약하는 바이다.

2006년 3월 16일

열린우리당 당 의 장 정 동 영 정동영
한 나 라 당 대표최고위원 박 근 혜 박근혜
민 주 당 대 표 한 화 갑 한화갑
민주노동당 대 표 문 성 현 문성현
국민중심당 공 동 대 표 신 국 환

중앙선거관리위원회 위원장 손 지 열 손지열
5·31 매니페스토 추진본부 상임공동대표 김 영 래 김영래

3 사전적 의미(네이버 인터넷 검색)

간에 합의를 하였던 적은 여태껏 없었다는 점에서 5 · 31지방선거에서 정책선거를 실천하기 위하여 선거 당사자들이 협약식을 가졌다는 데 그 의의가 있다. 그렇다면, 2006년 지방선거의 키워드였던 매니페스토 실천 협약식의 성격을 어떻게 볼 것인가. 그 성격을 규정해 보고자 한다.

협약문의 성격

역대 선거사상 최초의 합의문[4] | 지금까지 선거에 있어 공명선거나 정책선거 실현을 위해 선거주체 당사자인 선관위 · 정당 · 시민단체가 합의를 한 적은 우리 선거사에 한 번도 없었다. 정당 간의 치열한 선거전으로 인해 불법행위나 비방 · 흑색선전 등 선거 분위기가 혼탁하거나 공정성을 심히 훼손될 가능성이 높은 경우에 중앙선관위 차원에서 성명서를 내거나 중앙당이나 국무총리, 대통령 앞으로 공명선거 협조 요청을 보내는 수준이었다. 우리 선거사를 더듬어 보면[5] 이회창 중앙선관위원장 시절에 1989년 동해시 국회의원 재선거와 관련하여 국민들을 대상으로 한 성명서 발표, 각 당 총재에게 공한문 발송과 영등포구을 재선거와 관련하여 민주당총재에게 공한문 발송, 선거의 조기 실시에 대하여 대통령에게 보내는 건의문이 그 대표적이다. 근자에 들어와서는 선거구 단위로 또는 개

4 전문은『붙임자료』참조

5 중앙선거관리위원회『역대위원장 연설문집』(2003.1 중선위 발간) 참조

별 후보자별로 공명선거 의지와 투명한 선거 실천을 담보하기 위하여 "공명선거실천합의문[6]" 또는 "후보자 준법 서약서[7]"를 작성 · 서명한 사례들이 그 주를 이루고 있다.

선관위, 정당, 시민단체의 공익적 합의 | 매니페스토 정책선거실천 협약문은 정당 대표만 참여하여 서명한 것이 아니라 선거주체인 선관위 위원장, 시민단체 대표(531매니페스토 추진본부 상임공동대표)가 매니페스토에 의한 정책선거를 실현하는 데 뜻을 같이하기로 하고 서명한 것이다. 따라서 정책선거 실현을 위해 서명한 대표들이 소속된 기관 · 단체는 상호 긴장과 협조 관계를 유지할 수밖에 없게 됐다. 이러한 구속이 선거 후에까지 지속되었다는 점에서 나름대로 의미가 있다 하겠다.

6 공명선거실천합의문은 선거구 단위에서 출마후보자들의 깨끗하고 공정한 선거를 다짐하는 합의문으로서 선거 시마다 지역별로 내용을 약간씩 달리하여 작성 · 서명되어 왔으나 그 이행 여부에 대한 규제 장치가 없어 형식적인 것으로 그친 경우가 많았고 그 구속력은 미미하였다.

7 후보자 준법 서약서는 지난 제17대 국회의원선거 당시 후보자들의 깨끗하고 공정한 선거 실천을 다짐하는 것은 물론 정치자금과 선거비용의 수입지출 내역의 주기적인 공개, 단속요원의 선거사무소 상주, 선거법위반행위 언론 공개 등을 주요 골자로 하는 서약 내용을 담았고, 후보자 스스로가 서명한 내용이 이행될 수 있도록 그 이행 실태를 언론과 인터넷 정치포탈사이트에 지속적으로 공개하여 유권자들이 지켜볼 수 있도록 함으로써 준법선거 분위기를 조성하는 데 기여한 것으로 평가되며, 이러한 서약서는 종전의 공명선거실천합의문보다 진일보한 형태이고 그 구속력도 어느 정도 갖춘 발전된 서약서로 평가된다.

단순한 합의문이 아닌 선거 헌장적 성격의 합의 | 매니페스토 정책선거실천 협약문은 지금까지 일구어 낸 돈 안 드는 깨끗한 공명선거의 기조를 확고하게 유지하면서 정책선거를 활성화하여 선진 선거문화를 조기에 정착시키기 위한 취지에서, 또한 고질적인 선거병폐인 혈연 · 지연 · 학연 등 연고주의와 비방 · 흑색선전 등 네거티브 선거 행태에 편승하려는 잘못된 선거 관행을 과감히 타파하기 위해 매니페스토를 추진하게 되었다는 점에서 볼 때, 새로운 선거문화의 이념과 철학을 제시하고 짧은 시간에 선거문화를 획기적으로 바꾸려는 선거에 있어서는 또 다른 헌장적 성격을 강하게 갖는 합의문으로 봐야 할 것이다. 그런 의미에서 3월 16일 서명한 협약문은 "3 · 16 정책선거실천 헌장"으로 명명할 수 있다. 헌장의 성격을 갖는다는 것은 약속의 의미를 넘어 법적 구속의 의미도 부여해 볼 수 있다. 1998년 대통령 훈령 60호로 발효된 행정서비스헌장 운영에 관한 훈령은 훈령으로서의 미약한 법적 구속력을 갖고 있다. 따라서 협약문은 하나의 약속으로 국민에게 공포된 것으로 헌장으로서 지켜야 하는 의무를 갖는다.

선거문화 개선운동으로서의 이론적 근거 제시 | 우리나라의 매니페스토는 매니페스토의 원조 격인 영국에서 시작한 매니페스토의 그대로의 의미보다는 한 나라의 선거문화를 일거에 혁신하려는 개선운동이나 혁명 또는 문화운동으로 보는 주장이 많다. 매니페스토는 정책선거를 실현하려는 방법적 대안기제로서의 성격이 짙지만, 단순

히 수단적 성격을 뛰어넘는 그 이상의 것이라고 보는 시각이 그 논거다. 정치가 부패하거나, 집권세력이 정치 불신을 받거나 선거 병폐가 넘칠 때 이를 치유하거나 극복하기 위해 정권공약, 집권공약, 선거공약 형태로 내놓는다는 점에서는 집권전략 또는 당선전략으로서의 매니페스토라고 할 수 있다. 하지만 우리처럼 지역주의나 연고주의를 타파하고 새로운 선거문화인 정책선거를 실현하고자 하는 취지에서 매니페스토를 도입했다면 이는 선거문화 개선운동의 성격으로 봐야 한다. 그런 점에서 3월 16일 선관위, 정당, 시민단체가 합의한 "매니페스토 정책선거 실천 협약문"은 선거문화 개선운동의 이론적 근거가 충분히 된다.

매니페스토 운동과 정책선거 실현의 합치 | 이 협약문을 접한다면 매니페스토 운동을 위한 협약문인가 아니면 정책선거 실천을 위한 협약문인가 구분하기가 어렵고 어느 쪽에 비중을 두고 작성됐는지 규정하기 곤란할 정도로 되어 있다. 그 이유는 매니페스토 정책선거 실천 협약문이 이원적 구조로 구성되어 있기 때문이다. 협약문의 제목에서 알 수 있듯이 매니페스토와 정책선거라는 두 이념과 실천이라는 액션(action)이 포함되어 있다. 시민단체 쪽에서 볼 때는 본 협약문은 매니페스토 실천 협약문이라고 주장할 것이고, 선관위에서는 정책선거 실천 협약문이라고 주장할 것이다. 각자의 시각에서 보면 당연히 맞는 주장이다. 하지만, 협약문 작성 과정을 들여다본다면 다른 주장이 생길 수 있다. 선관위는 '정책선거 실현'이라는

목표를 근간으로 협약문을 작성하였기 때문에 당초 선관위안은 정책선거 실천을 위한 협약문[8]이었다. 즉, 올바른 후보자 선택을 위한 정책선거 실현 차원에서 정책선거 유도를 위한 분위기 조성을 위한 하나의 사업이었다.

물론 표현은 다르지만 공약의 평가를 전제로 하는 '매니페스토 운동'의 의미는 개별 조항에 직 · 간접적으로 담겨 있었다. 531추진본부에서도 '매니페스토 운동'을 중심으로 협약문 작성을 하여 검토를 요청해 왔고 이를 검토한 결과 취지는 공감하지만 매니페스토 운동 중심의 개별 문안을 적극 반영하기는 어렵다는 결론을 내렸다. 하지만, 시민단체에서 매니페스토 운동 중심의 협약식을 추진한다면 선관위 주관 협약식과 겹치게 됨으로써 유사한 내용을 가지고 두 주체가 협약식을 갖는다는 것은 비효율적이라는 점과 정치적 모양새가 좋지 않다는 점, 특히 정당에 부담으로 작용할 가능성이 클 것이라는 점 등을 고려하여 531추진본부와 공동주최 형식으로 협약식을 한 번에 치르기로 합의했다. 그 과정에서 정책선거 실천과 매니페스토 운동의 내용을 포괄하는 측면에서 제목을 "정책선거 실천"에서 "매니페스토 정책선거 실천"으로 조정하고 개별 조항에서 "좋은 정책"의 의미와 "매니페스토 운동"을 포함시켰던 것이다. 즉, 정책선거를 실현하는 데 참여하는 두 집단의 의지를 모두 담기 위해 그와 같은 타협적 협약문이 나오게 된 것이다.

8 2006년도「주요업무계획」23쪽(정책선거실천을 위한 '협약' 추진)

매니페스토 정책선거 실천협약문 분석

구조 분석

매니페스토 정책선거 실천협약문은 전문과 6개 조항으로 구성되어 있고 총 글자 수는 서명자 글자 수를 제외하면 531자로 이루어져 있다. 즉 제목 14자, 전문 140자, 개별조항 318자, 말문 27자, 기타 32자를 더하면 총 531자가 된다. 이처럼 531자로 이루어진 것은 제4회 전국동시지방선거가 5월 31일에 실시한다는 점에서 매니페스토 정책선거의 의미를 531자에 담고자 하는 작성자의 깊은 뜻이 숨어 있다고 볼 수 있다.

협약문 전문에 담긴 뜻

전문에는 "우리는 선진선거문화와 정치 발전을 가로막은 학연, 지연, 혈연, 금권선거가 해체되는 시대를 맞이했다. 이 시대는 깨끗한 선거에 이어 정책으로 승부하는 선거를 요구하고 있다. 오는 5월 31일의 지방선거는 좋은 정책들이 경쟁하고 꽃피우는 축제가 될 것이다. 우리는 정책선거를 실천하기 위해 국민 앞에 다음과 같이 협약을 체결하고 이를 지킬 것을 약속한다."라고 규정되어 있다. 여기서 우리나라의 과거 선거문화의 고질적인 병폐로 지목되어 온 '지역주의'와 '연고주의'의 해체를 요구하고 있다는 이 부분에 대해 각 정당의 동의과정에서 가장 반발이 심할 것으로 예측됐다.

실제 한나라당은 합의문의 전문이 너무 강한 어조로 작성되어 있다는 점을 들어 반대를 하였다. 하지만 촌각을 다투는 시점이라 각 당의 입장 조율 등을 들어 설득하여 결국에는 원안대로 확정했다. 가장 강력한 반발을 예상했던 민주당은 의외로 수정 없이 원안대로 동의했다. 열린우리당과 국민중심당은 협약문이 잘 구성되어 있고 내용도 좋다는 반응을 보이면서 원안대로 동의했다. 그런 점에서 5 · 31지방선거에서는 지역주의와 연고주의가 해체되는 선거이기를 바랐고, 실제로 그렇게 됐다. 지난 제17대 총선을 기점으로 돈 안 드는 깨끗한 선거를 치러냈다.

그렇다면, 그다음은 무엇을 실현해야 할 것인가. 이제는 '정책선거'라는 국민의 염원을 실현할 차례였다. 이러한 뜻을 압축해서 "깨끗한 선거에 이어 정책선거 실현"이라는 말로 그 염원을 표현했다. 또 "정책경쟁 중심의 축제선거"는 선거가 갈등이 아니라 경쟁이고 경쟁도 정책경쟁 중심으로 이루어져 당선자나 낙선자 모두에게 윈윈(win-win)의 선거여야 한다는 의미도 담고 있다.

끝으로 "국민 앞에 협약체결"이다. 이는 국민에게 약속하는 의미의 서약서라고 할 수 있다. 그래서 누구도 부인할 수 없는 협약문이 된 것이다. 그리고 말문에서 "우리는 지역과 국가의 새로운 발전에 기여하기 위하여 협약의 이행과 실천에 신의 성실을 다할 것을 서약하는 바이다."라고 규정하고 있는 점으로 보아 협약의 원래 목적이 "지역과 국가의 새로운 발전"에 있음을 알려 주고 있다.

또한 서약의 목적은 "협약의 이행과 실천"에 "신의 성실"을 다할 것을 약속하고 있는 것이다. 그런 점에서 "신의 성실" 원칙이 이행을 담보하고 있다고 보면 무리는 아닐 것이다.

개별 조항에 담긴 뜻

지방자치의 중요성과 지방선거의 공정관리 노력

제1조는 "지방자치는 중앙정치에 중요하다. 좋은 지방자치는 좋은 지방선거가 만들어 낸다."와 "우리는 5 · 31 지방선거가 건강한 경쟁 속에 공정하게 치러지도록 모든 노력을 기울인다."는 두 문장으로 구성되어 있다. 전자는 지방자치는 중앙정치만큼 중요하다는 사실을 강조한다. 즉 지금까지 지방자치는 중앙정치에 예속화되다시피 하였고, 그래서 이번에 이를 탈피하고 지방자치의 나름대로의 독립적인 모습을 보여 줄 때가 되지 않았느냐 하는 의미를 담고 있다. 후자는 5 · 31지방선거가 상대방을 비방하거나 헐뜯는 '상처'만 남는 선거가 아니라 모두 승리하는 건강한 경쟁 속에 모두가 승복하는 공정한 선거를 치러 내도록 모두 노력한다는 뜻을 담고 있다.

시민정신에 의거, 지역에 맞는 좋은 정책 제시 노력

제2조에서는 "지방선거가 합리적인 생각에 기초해 공정하고 명랑하게 치러지도록 우리는 지역에 알맞은 좋은 정책이 만들어지도록 노력한다."라고 규정하고 있다. 합리적인 생각이라고 명시한

것은 정책으로 경쟁하기 위해서는 우선적으로 합리적인 생각을 갖고 정책 이슈나 현안을 보고 대안을 마련하라는 취지이다.

지금까지의 불합리한 선택이나 행동을 염두에 둔 어휘이다. 또 "공정하고 명랑하게" 치러지도록 해야 한다는 의미는 지역에 알맞은 좋은 정책을 만들어 내놓으면, 정책을 가지고 경쟁하고 이를 비교우위로 살펴보고 최종 투표로 선택하게 됨에 따라 공정해질 수밖에 없고, 이로써 명랑한 선거가 될 수밖에 없지 않느냐는 것이다.

좋은 정책(매니페스토)의 의미 명시

제3조에서는 "좋은 정책은 목적과 우선순위, 절차, 기간, 재원의 다섯 가지 요소가 짜임새 있게 갖춰지고, 사전 검증과 사후 평가가 용이한 것이라야 한다."라고 규정되어 있는 바, 매니페스토의 정의와 매니페스토 운동에 의한 정책선거에 적극 참여하는 의지를 나타내고 있다. 좋은 정책의 의미를 목적과 우선순위, 절차, 기간, 재원의 다섯 가지 요소가 짜임새 있게 갖춰지고 사전 검증과 사후평가가 용이한 것이라고 정의하고 있는데, 좋은 정책의 의미를 이와 같이 문헌에 규정한 것은 "3 · 16 정책선거실천 헌장"이 최초이다. 협약문에 매니페스토의 가장 핵심인 좋은 정책의 정의를 제3조에 명시한 것이다.

매니페스토 운동에 정당과 유권자의 적극 참여 유도

제4조에서는 매니페스토 정책선거운동을 위하여 후보자들과 유권자들의 의무를 명확히 규정하고 있다. 즉 "후보자들이 좋은 정책을 만들어 제시하고, 유권자들이 좋은 정책을 따져 볼 수 있게 하는 매니페스토 정책선거 운동에 적극 참여한다."라고 규정하고 있다. 다시 말하면 후보자들은 지역 발전을 위해 좋은 정책을 만들어 제시하고, 유권자들은 좋은 정책을 따져 볼 수 있게 하는 매니페스토 정책선거 운동에 적극 참여해야 한다는 의미다. 여기서 문제는 본 조항은 3 · 16협약의 당사자들이 직접 연관되지 않는다는 점이다. 서명 당사자는 정당이었고, 그 정당의 대표자였다. 그런데 이 조항은 후보자들에게 의무를 지우고 있다. 또한 유권자의 문제는 시민단체가 유권자의 몫까지 짊어지는 것은 아니다. 따라서 다른 조항과 달리 본 조항은 후보자와 유권자에게 매니페스토 정책선거실천 운동에 참여함을 권장하고 있는 의미로 본 조항이 들어갔다고 보면 된다.

매니페스토 정책선거를 위한 정당과 선관위의 노력

제5조에서는 정당과 선관위의 매니페스토 정책선거 실현을 위한 노력을 명시한 규정이다. 먼저 "각 정당은 출마 후보자 선정 단계에서부터 지원자들이 매니페스토 정책을 제시할 수 있게 노력하고, 각급 선관위는 이런 환경을 만드는 데 적극 나선다."라고 규정하고 있는 바, 정당은 출마 후보자 선정 단계에서부터 지원자들이

매니페스토 정책을 제시할 수 있게 노력하여야 한다는 점을 강조하고 있다.

여기서 매니페스토는 선거 기간 중에만 적용되는 것이 아니라 경선 과정부터 적용됨을 명확히 하고 있다. 선거를 총괄하는 관리기관으로서 선관위는 정당이나 후보자가 매니페스토 정책선거를 실시할 수 있는 토양이나 환경을 앞장서서 적극적으로 만들어 나가야 한다는 점을 의무화하고 있다.

시민사회의 정책평가 근거 제시 및 공정성 확보 노력

제6조에서는 시민사회의 정책평가 근거 제시와 홍보 노력, 그리고 공정성 확보를 위해 노력해야 한다는 의무를 규정하고 있다. 즉, 본 조에서는 "시민사회는 구체적이고 실현 가능한 정책을 평가하는 근거를 제시해 널리 알리고, 스스로 공정성을 확보하기 위해 노력한다."라고 규정하고 있다. 시민단체가 구체적이고 실현 가능한 공약을 평가함에 있어 공정성과 중립성, 객관성이 담보되는 평가지표를 개발한다. 개발에 그치지 말고 이를 국민들에게 공표 등의 방법으로 널리 알려야 한다는 의미다. 그리고 후보자의 공약을 평가함에 있어 스스로 공정성 확보를 위해 노력해야 한다는 점도 강조하고 있다. 시민단체에서 후보자의 공약을 평가함에 있어 누구나 공감할 수 있는 평가지표를 개발하는 것도 중요하지만, 평가단 구성 및 평가를 함에 있어 공정성을 여하히 담보해 나가는 것이 무엇보다 중요하다고 볼 수 있다.

협약문 서명자의 의미

협약식에 참여하여 서명한 사람은 열린우리당 당의장 정동영, 한나라당 대표최고위원 박근혜, 민주당 대표 한화갑, 민주노동당 대표 문성현, 국민중심당 공동대표 신국환, 그리고 중앙선관위 위원장 손지열, 531추진본부 공동대표 김영래 이상 7명이었다. 서명 순서는 국회의석 순으로 하였다. 문제는 국민중심당의 경우로, 복수의 공동대표로 누구를 참석시킬 것인지가 관건이었다. 심대평 지사는 현직 지사이므로 배제하고 신국환 의원을 국민중심당 대표로 참석시키기로 했다. 시민단체의 경우도 13명이 공동대표였기 때문에 이 부분도 해결해야 할 난제였으나, 초기부터 김영래 공동대표가 대외적인 활동을 해 왔기에 김영래 공동대표를 시민단체의 대표로 참석시켜도 무리가 없을 것으로 판단됐다.

각 당은 당대표가 나와서 서명했기 때문에 대표성에는 문제가 없었다. 다만, “531추진본부 공동대표가 협약문에 서명한 것이 시민단체를 대표해서 서명한 것이냐?”라고 묻는다면 이론이 있다. 매니페스토 추진본부가 모든 시민단체를 대표하는 것은 아니다. 시민사회를 모두 모으기는 더욱더 어렵다. 다만, 매니페스토를 통한 정책선거를 지향한다는 점에서 531추진본부의 참석, 서명은 그 나름대로의 상징성이 있는 것이다.

협약의 서명 및 발효

통상 협약문은 서명과 발효 시점이 명시되어 있다. "3 · 16 정책선거실천 헌장"은 서명한 날짜가 3월 16일로 되어 있기 때문에 특별히 다른 날짜가 명시되어 있지 않는 한 3월 16일부터 효력이 발생된다고 보면 된다. "3 · 16 헌장"의 효력은 제4회 지방선거에 있어서만 적용되는 것으로 보아야 하는지에 대하여 의문이 있었다. 5 · 31지방선거를 앞두고 선관위, 정당, 시민단체가 3자 합의하에 매니페스토에 의한 정책선거를 치러 내겠다는 의지의 표현이라고 할 때, "3 · 16 헌장"은 지방선거에 한하여 효력이 있는 것이다. 결국 4년 후에 실시하게 되는 제5회 지방선거전까지는 효력을 가진다고 봐야 할 것이다.

문제는 2007년도 말에 제17대 대통령선거가 예정되어 있고 그다음 연도에는 제18대 국회의원선거가 예정되어 있어 그때마다 협약문을 작성하고 서명하게 되는 상황을 고려하면, 사실상 효력의 기간은 내년도 연말까지로 볼 수밖에 없지 않겠는가 하는 지적도 있다는 점에 유념할 필요가 있다.

매니페스토 공약 또는 협약 내용 이행 담보

이행담보의 의의

매니페스토를 담보하는 방법에는 여러 가지가 있다. 크게 보면 법률적 책임, 정치적 책임 두 가지다. 법률에 의하여 매니페스토 이행을 담보하는 것이라면 이를 근거로 하여 이행에 대한 책임을 물을 수 있을 것이다. 이것이 전자의 법률적 책임이다. 매니페스토가 법률에 명시되지 않아 투표의 결과, 즉 지지 여부로 책임을 묻는 것을 정치적 책임이라고 말할 수 있다. 대부분의 국가에서 제도적 장치가 없어 법률적 책임보다는 정치적 책임을 묻고 있다. 협약도 하나의 매니페스토의 근간을 이루고 있으므로, 매니페스토의 책임과 같은 방법으로 물을 수 있다. 그런 의미에서 각국의 매니페스토 실행 방법을 알아보자.

각국의 이행담보 방법

미국 | 통상 선거 플랫폼 및 선거공약 이행을 담보할 제도적 장치는 사실상 전무하다. 다만, 정치적 책임을 지고 있으며, 책임정치를 표방하는 미국에서는 정치적 책임이 법률적 책임보다 훨씬 구속력이 강하다. 연차보고서 발행으로 중간 점검을 받을 수 있다.

영국 | 영국 정당의 선거 매니페스토는 법적 구속력은 없는 것으로 파악된다. 다만 오랜 의회민주제 구조하에서 정당 정치문화가

정착되었고 정당은 선거에서 매니페스토를 통해 경쟁하고 집권할 때에는 책임을 갖고 공약 사항을 이행하려 하며, 통상 70%의 공약들이 시행된 것으로 나타난다. 하지만, 매니페스토 공약과 그 실행 여부 및 평가에 대한 구체적인 자료를 찾을 수 없었다. 다만 일부에서 진행된 기존 연구에 나타난 주요 정당의 공약과 실행 여부의 관계는 다음과 같은 특성을 가진다. 먼저 Hofferbert & Budge가 1945년에서 1987년까지의 매니페스토를 분석한 결과, 적어도 정부(당)의 과제들은 당의 매니페스토나 이념과 긍정적인 연관성이 있지만, 구체적인 정부의 정책은 매니페스토나 당 이념적 포지션과 관계없는 사회정책 분야에 중심을 두었고, 이러한 정책프로그램에서 보수당은 향후 정책을 중요시한 반면 노동당은 정치적 이념을 강조한다고 지적하였다. Rose는 1970년에서 1979년까지의 보수당과 노동당 정부의 실적을 분석한 결과, 대부분 매니페스토에서 언급된 내용들이 실행에 옮겨진 것으로 보았다. 이때 실행의 의미는 구체적인 정책안 입안을 의미하는 것은 아니며 일부 공약들에 대해서는 정부(당)의 입장이 정반대로 바뀐 경우도 많다. 일반적으로 집권 정부는 각 분야별로 해당 공약 사항에 기반하여 정책을 기획 · 집행하며 이와 관련된 세부 내용들은 부서별 정책 집행 계획이나 연차보고서를 통해 나타나는 것으로 파악된다.

독일 | 선거를 통하여 단일 정당이 집권하는 경우에는 선거프로그램을 구체화하여 집권계획을 발표하며, 연정이 구성될 경우 집권

하는 정당 간에는 정책협상을 통하여 향후 집권기의 정책에 관한 계약(Koalitionsvertrag)을 체결하게 된다. 즉, 다수당의 선거프로그램은 최종 선거에서 국민(혹은 지역 주민) 다수의 지지를 얻은 것이므로 정치적 정당성을 확보하게 되어, 다수당은 그에 의거하여 정부를 구성하고, 향후의 집권프로그램을 발표하게 된다. 집권당은 이 프로그램에 의거하여 정책을 실행하며, 그의 정당성을 확보하고, 야당과 이익집단에 대하여 방어할 수 있다.[9]

일본 | 매니페스토를 만들어야 한다는 것에 대해서는 특별한 법적 · 제도적 장치는 없다. 그러나 실제적으로 매니페스토 작성자들의 당선율이 높기 때문에 이를 채택하는 후보들이 많아지고 있다. 실행을 담보하는 것보다는 각 시민단체들이 주체적으로 이를 평가하고, 평가 결과를 공개함으로써 다음 선거에 자료를 제시하고 있다. 이와 같은 시민단체들의 활동이 당선자들로 하여금 매니페스토를 실행하게 만들 수밖에 없는 압력으로 작용하고 있다.

협약문의 이행담보 방안

316협약문은 선거법이나 다른 법률에 근거하여 협약을 한 것이 아니므로 법률적 책임을 물을 수는 없다. 따라서 법률적 측면에서 접근할 수는 없을 것이며, 정치적 책임 문제로 접근해야 할 사

9 연방헌법재판소 결정 1977.3.2 2 BvE 1/76

안이다. 지방선거 시에는 언론과 국민들의 앞에 서명하고 공개하였기 때문에 정책선거를 위해 각 당이 스스로 자제하고 노력하는 모습을 보였다. 이제 중요한 것은 지방선거가 끝난 이후에도 정책선거를 위해 노력하는 모습을 보여야 할 것이다. 국민들은 이러한 부분들을 눈여겨볼 것이고 심지어는 모니터링까지 하여 주기적으로 공개하는 방법도 고려할 수 있다. 협약문은 선거 기간 중에만 적용되는 것은 아니라고 본다. 매니페스토가 하나의 사이클로 작동하고 이처럼 인식되어야 한다는 점을 감안하면 이것은 너무나 당연한 것이다.

대통령선거 시 매니페스토 정책선거 실천협약 방향

매니페스토 협약문은 그 당시 정치적 상황이나 선거문화, 선거의 특성 등을 감안하여 그 내용을 담아야 한다. 그런 의미에서 지방선거와 국가선거는 선거의 성격이 판이하게 다르다. 지방선거는 지역의 일꾼을 뽑는 것이지만, 국가선거는 국정을 이끌어 갈 대표를 뽑는다는 점에서 차이가 있다. 특히 국가선거는 국정철학과 이념이 없이는 한 나라의 국정을 이끌어 갈 수 없기 때문에 철학과 이념은 매우 중요하다. 또한 같은 국가선거인 대통령 선거와 국회의원선거를 동일선상에서 취급할 수 없는 이유도 여기에 있다. 지방선거 시 협약한 '316매니페스토정책선거 선언문'을 근간으로 다가

오는 대통령선거 시 어떠한 내용들을 담을 것인지 고민해 보기로 한다.

협약 시기

대통령선거의 경우, 지방선거와 다르게 각 정당의 후보자 공천 확정이 조기에 이루어지므로 협약 시기는 주요 정당의 후보자 확정 시점을 감안하여 정해야 할 것이다. 다만, 협약식을 너무 일찍이 개최한다면 선거 분위기가 무르익지도 아니한 상태에서 협약식의 의미는 다소 퇴색될 가능성이 크다. 또 선거에 임박하여 개최한다면 초반부터의 정책선거 분위기를 주도할 수 없다는 단점이 있으므로 선거 시기, 선거 분위기, 정치적 상황 등을 고려하여 시기를 정해야 할 것이다.

협약 당사자

협약 당사자는 "316 매니페스토 정책선거 실천선언문"과 같이 정당의 대표를 참석시켜 하는 방법이 있고, 각 당의 대선후보자를 참석시키는 방법이 있다. 또 전자와 후자를 병용하는 방법이 있을 수 있다. 지방선거 시 중앙에서는 각 당의 대표를 참석시켜 협약식을 개최하고 지역별로는 후보자를 참석시켜 협약식을 개최하였는데, 중앙에서 총체적인 정책선거 분위기를 조성한 이후에 지방에서는 실제 선거에 참여하는 후보자를 중심으로 협약식을 개최하였기 때문에 오히려 정책선거 분위기를 수월하게 이끌어 갈 수 있었다.

대통령선거에서는 중앙에 모든 초점이 모아지므로 중앙단위에서 각 정당의 대표와 후보자를 함께 참석시키는 협약식을 개최하는 것이 바람직할 것이다. 그리고 지방선거 시에는 시민단체를 531추진본부만을 참석시켰지만, 대통령선거인 점을 감안하여 시민단체, 종교단체 등 각계각층의 대표를 참여시켜 범국민적 정책선거실천 협약식이 될 수 있도록 하는 것이 중요하다.

협약 내용

협약 내용은 대통령선거에 초점을 모아야 하겠다. 대통령선거는 내적으로는 국정을 책임지고 이끌어 가는 지위이다. 또한, 대외적으로 국가를 대표하여 외교 업무를 수행한다. 따라서 후보자 측면에서 보면 고도의 철학과 이념을 가지지 아니하면 그 역할을 원만히 수행할 수 없을 것이고, 유권자 측면에서 보면 정당이나 후보자의 정책뿐만 아니라 인물도 선택의 기준이 될 것이다. 또한 어느 정당에 소속된 후보인지도 관심의 대상이다. 이는 당선 후 수권정당으로서 역량을 가지고 있는 정당인지도 선택의 변수이기 때문이다.

대통령선거의 중요성과 국민 통합 | 먼저, 전문에는 "대통령선거의 중요성과 국민 통합의 의미"를 담아야 할 것이다. 대통령선거는 어느 선거보다 가장 중요하다. 선거 시마다 상황은 다르겠지만 그 다른 상황 속에서 대통령선거의 중요성을 담아내야 다음 협약 내용을 이끌어 낼 수 있을 것이다. 이점에서 대통령선거의 중요성도 하나의

주제이다. 지금까지 축제와 국민 통합이 되어야 할 선거가 오히려 지역 갈등이나 국민 통합을 저해하는 모습으로 치러져 왔다는 점에서 국민 통합은 강조되어야 하고, 특히 대통령선거에서의 지역주의 부활을 예상할 수밖에 없는 상황에서 협약문에 국민 통합 주제 명시는 적절하다고 본다.

매니페스토 운동의 참여 강조 | 지방선거에 이어 대통령선거에서도 매니페스토 운동을 확산시켜 나가기 위해서는 정당과 후보자, 그리고 유권자에게 참여를 강조해야 한다. 즉 정당과 후보자들은 좋은 정책을 만들어 제시하고, 유권자들은 좋은 정책을 따져 볼 수 있게 하는 매니페스토 정책선거 운동에 적극 참여한다는 종전의 규정을 조정하면 된다.

국정 철학과 이념에 근거한 정책 제시 | 대통령선거는 지역일꾼을 뽑는 지방선거와 다르다는 점에서 국정철학과 이념이 포함되어 있는 좋은 정책을 제시하는 노력을 해야 한다는 내용이 언급되어야 할 것이다. 스마트지표에 의한 매니페스토 후보자 공약은 형식에 치중하는 가치중립적으로 흐르면서 매니페스토 운동의 본래 취지를 탈색시킬 가능성이 높다. 따라서 매니페스토 운동에서도 정책이 강조되어야 하지만, 인물매니페스토[10]에 근거한 좋은 정책으로 경쟁

10 후보자의 능력과 역량 등 인물적인 요소도 정책공약과 마찬가지로 비중은 다르지

이 중요하다.

한국적 정책선거의 세계화 의지 표명 | 지방선거에서 매니페스토 정책선거의 유용성과 가능성을 확인한 만큼 대통령선거에서 확산 · 정착된다면 세계에서 주목을 받을 것이다. 그렇게 될 경우 제3국에서 한국형 매니페스토 정책선거 추진 방안에 대한 관심 표명과 함께 자료 요청을 많이 해 올 것이다. 그런 점에서 한국적 정책선거의 세계화를 지향하는 의지를 강력히 표명해야 할 것이다.

각 당과 선관위, 언론, 시민단체의 역할 명시 | 지방선거 시 활용한 316 협약문에 "각 정당은 출마 후보자 선정단계에서부터 지원자들이 매니페스토 정책을 제시할 수 있게 노력하고, 각급 선관위는 이런 환경을 만드는 데 적극 나선다."와 같이 명시되어 있다. 이 규정을 그대로 준용해도 무리는 없을 것이다. 다만, 선관위의 역할을 좀 더 구체적으로 명시할 필요성은 열려 있다.

만 유권자의 선택 기준의 하나로 작용되므로 개인의 요건인 후보의 특성으로 공개성과 포용성 그리고 말과 행동의 일관성, 청렴성, 정직성, 고결성 등을 주요 변수로 검증하자는 취지에서 인물매니페스토를 사용한 것이다. 정책공약이 구체적이고 실현 가능성이 높아도 그 정책공약을 실행할 역량이나 능력이 그에 미치지 못한다면 당선 후 정책공약이 제대로 이행될 수 없을 것이다. 이런 이유로 매니페스토적 요소로 정책공약을 분석하거나 평가를 하지만, 인물적 요소도 일정한 기준에 의해 평가를 해서 국민에게 알림으로써 유권자의 올바른 선택에 도움을 줄 수 있다는 점에서 향후 인물매니페스토를 적극 활용해야 할 것이다.

효력 발생 시점의 명확화 | "316 선언문"은 협약 날짜만 명기해 놓았기에 효력 시점에 대한 논란이 있을 수 있다. 더욱이 대통령선거에서의 협약의 효력 발생 시점에 대한 논란은 누구나 예측 가능한 것이다. 그러므로 대통령선거 시에는 협약문에 서명한 날짜와 효력 시점을 명확히 밝힘으로써 국민과의 약속 이행을 담보해 나가도록 해야 할 것이다.

매니페스토,
협약사회로 가는 길이다[1]

사회가 급속도로 변하고 있다. 이 변화를 제도라는 틀 속에 모두 다 담을 수 없을 것이다. 여기에 제도와 현실과의 괴리가 생긴다. 그 괴리를 해결하는 방법은 다양하겠지만 대부분 제도를 고쳐서 적응해 나가기도 하고 다른 한편으로는 사회에 맡기기도 한다. 다시 말하면, 시장경제원리에 의하여 아니면 정치논리에 의하여 정책을 결정한다. 과거에는 대부분의 문제 해결책을 법과 제도에서 찾아 왔지만 최근에는 법과 제도보다는 '합의'에 더 비중을 두는 추세다.

즉, 문제 해결에 있어 법과 제도를 우선시하는 '법치'보다는 이해관계자의 합의와 타협을 존중하는 유연한 합의를 더 선호하게 된

1 논문, 「매니페스토 실천협약문 분석 및 과제(5·31지방선거)」의 "라. 결론-협약사회로 가는 길"을 독자의 편의를 위해 편제를 조정하였다.

다는 의미다. 지금은 정치 · 경제 · 사회 · 문화 모든 면에서 빠르게 진행되고 있다. 이러한 변화에 적절하게 대처하기 위해서는 법과 제도보다는 새로운 시스템이 필요하다. 이러한 시점에 관심을 둬야 할 대목은 지역 또는 국가 현안 문제 등에 대한 정책 결정을 이해관계자들 간의 합의를 통해 도출하고 집행하는 새로운 정치, 사회 문화를 조성해 나가기 위한 시스템으로서의 "협치(協治)" 가 등장했다는 사실이다. 우리 사회는 이미 국가가 일방적으로 끌고 갈 수 없는 시대에 접어들었다. 즉 각 분야를 대표하는 여러 기관이 함께 협력해 국정을 이끌어 가는 거버넌스(governace), 즉 협치(協治)의 시대가 도래한 것이다.[2]

전 세계적으로 참여가 중요한 정치와 정책기제로 작동하고 있는 현 시점에서 시사하는 바가 크다. 원래 '협치'는 영어의 거버넌스(governace)을 번역한 것이다. '협치'는 협동통치(協同統治)를 말하는 것으로, 일반적으로 통치(government)에서 민간이 주체적으로 참여하는 협치(governace)로 바뀌어야 한다는 주장에서 나온 말이다[3]. 이러한 협치는 이해관계자와 협의하여 정책을 결정하는 시스템으로 대화와 타협, 설득과 홍보가 주요시되며, 승복과 양보가 전제되어

2 중앙일보 2006. 8. 15자 8면(『24개 '파워조직' 영향력 · 신뢰도 평가』 보도에서 강원택 숭실대 교수 주장)

3 http://blog.empas.com/hjboo9/

야 한다[4]는 점에서 법과 제도가 우선시되는 법치와 명확히 구별된다는 점에 유의할 필요가 있다.

또한, 관과 민이 파트너십을 가지고 민주적인 절차에 의한 '합의'를 통하여 현안이나 과제들을 풀어 나가는 새로운 형태의 조직이자 도구이다. 투명하고 공개적인 의사결정, 승복과 양보가 전제되는 '협치'의 특성상 갈등보다는 통합을 지향한다는 점에서 그 가치가 높게 평가된다. 유연한 조직인 거버넌스는 빠르게 그 유용성을 입증받고 있고 새로운 시민사회 또는 또 다른 정부 조직 형태로 자리매김하고 하고 있다.

이제는 '협치'를 우선시하는 협약사회로 가야 한다. 협약은 합리적 의사소통을 전제로 하며 이상적인 언어로 진행되므로 바람직함을 실현하는 좋은 도구라 볼 때, 협약사회는 이러한 협약이라는 도구가 중심이 되는 사회다. 이제 현대사회를 이끌어 가는 새로운 수단과 도구는 협치로서의 거버넌스가 그 대안이 될 것이다. 매니페스토 운동에 있어 정당과 국민, 후보자와 유권자 간의 협약은 바람직한 소통을 전제로 한 것으로 새로운 국정관리의 한 표현이기도 한 점에서 향후 대선에서의 정책선거 실천을 위한 협약의 중요성이 여기에 있는 것이다.

특히 우리나라의 현대사를 보면 대부분의 지도자들이 성실, 준

4 네이버 지식 검색, '협치' 외에도 지도자의 의중이 우선시되는 '인치', 권위주의 운영 방식인 일방적인 지시와 명령이 우선시되는 '통치'가 있다.

법, 정직, 공평, 약속 지킴, 일관됨 등과 같은 주요한 행동양식 가치들을 실천하는 노력이 부족해 불완전한 리더십으로 현대사의 질곡을 초래했다[5]는 점에서 매니페스토 운동이 지도자의 리더십의 확충 면에서 시사하는 바는 크다 하겠다.

참고 자료: 선거별 · 주체별 매니페스토 실천협약문 자료

〈자료 1〉 2006. 3. 16 지방선거 시 사용한 매니페스토 정책선거 실천 협약문

매니페스토 정책선거실천 협약문안

우리는 선진선거문화와 정치 발전을 가로막은 지역주의, 연고주의가 해체되는 시대를 맞이했다. 이 시대는 깨끗한 선거에 이어 정책으로 승부하는 선거를 요구하고 있다. 오는 5월 31일의 지방선거는 정책들이 경쟁하고 꽃피우는 축제가 될 것이다. 우리는 정책선거를 실천하기 위해 국민 앞에 다음과 같이 협약을 체결하고 이를 지킬 것을 약속한다.

1. 지방자치는 중앙정치만큼 중요하다. 좋은 지방자치는 좋은 지방선거

5 조선일보 2006. 7. 12자 30면(동아광장/정윤재 객원논설위원 · 한국학중앙연구원 교수, "정치의 질은 정치인의 질에서 나온다")

가 만들어 낸다. 우리는 5·31 지방선거가 건강한 경쟁 속에 공정하게 치러지도록 모든 노력을 기울인다.

2. 지방선거가 합리적인 생각에 기초해 공정하고 명랑하게 치러지도록 우리는 지역에 알맞은 좋은 정책이 만들어지도록 노력한다.
3. 좋은 정책은 목적과 우선순위, 절차, 기간, 재원의 다섯 가지 요소가 짜임새 있게 갖춰지고, 사전 검증과 사후 평가가 용이한 것이라야 한다.
4. 후보자들이 좋은 정책을 만들어 제시하고, 유권자들이 좋은 정책을 따져 볼 수 있게 하는 매니페스토 정책선거 운동에 적극 참여한다.
5. 각 정당은 출마 후보자 선정단계에서부터 지원자들이 매니페스토 정책을 제시할 수 있게 노력하고, 각급 선관위는 이런 환경을 만드는 데 적극 나선다.
6. 시민사회는 구체적이고 실현 가능한 정책을 평가하는 근거를 제시해 널리 알리고, 스스로 공정성을 확보하기 위해 노력한다.

우리는 지역과 국가의 새로운 발전에 기여하기 위하여 협약의 이행과 실천에 신의 성실을 다할 것을 서약하는 바이다.

년 월 일

□□□□당 당의장 ○○○ (인) | △△△ 대표최고위원 ○○○ (인) | ◐◐당 대표 ○○○ (인) | ◆◆◆◆당 대표 ○○○ (인) | ⊙⊙⊙⊙ 공동대표 ○○○ (인) | ■■선거관리위원회 위원장 ○○○ (인) | ◎◎◎추진본부 공동대표 ○○○ (인)

〈**자료 2**〉 2007. 10. 19 대통령선거 시 사용한 매니페스토 정책선거 실천 협약문

매니페스토 정책선거실천 협약서

우리는 2007. 12. 19 실시되는 제17대 대통령선거가 한국 민주주의의 선진화를 위한 분수령이 되어야 한다는 데 인식을 같이한다. 진정한 민주주의의 완성은 정책경쟁을 통한 깨끗한 선거에서 시작된다는 점을 깊이 명심하고, 선거운동 과정에서 단호히 구태를 벗고 새로운 정치로 국민에게 희망을 줄 것을 다짐한다. 우리는 이번 대통령선거가 매니페스토 정책선거의 신기원을 여는 역사적인 선거로 기록될 수 있도록 국민 앞에 다음과 같이 협약을 체결하고 이를 지킬 것을 약속한다.

1. 우리는 이번 대통령선거가 후진적 선거 행태를 탈피하고 국민 간의 갈등을 넘어 국가 발전과 국민 통합에 기여하는 축제와 화합의 아름다운 선거가 되도록 모든 노력을 기울인다.
2. 우리는 이번 대통령선거가 혈연·지연·학연 등 연고주의에 의존하는 선거 풍토를 벗어나 법이 지켜지는 가운데 정책으로 경쟁하고 그 결과에 깨끗이 승복하는 정책 중심의 선거문화가 이루어질 수 있도록 최선의 노력을 기울인다.
3. 구체적이고 실현 가능한 좋은 정책은 후보자의 정책 비전과 목표, 우선순위, 절차, 기간, 정책 추진에 따른 소요 재원과 조달 방법이 구체

적으로 명시되고, 사전 검증과 사후 평가가 용이한 것이어야 한다.

4. 정당과 후보자는 좋은 정책을 만들어 제시하고 유권자들은 제시된 정책을 충분히 따져 볼 수 있게 하여 투표 선택의 기준으로까지 이어질 수 있도록 매니페스토 운동에 우리 모두 적극 협조한다.

5. 선거관리위원회는 정당과 후보자가 매니페스토 운동에 자발적으로 참여하고 시민사회가 이를 원활하게 추진할 수 있도록 적극 지원하며 유권자가 금권이나 지역·연고에 의해서 투표하기보다는 후보자의 자질과 정치 역량, 그리고 좋은 정책을 보고 투표할 수 있도록 그 기반 조성에 적극 나선다.

6. 시민사회단체는 후보자의 정책을 비교·평가함에 있어 국민들이 보다 쉽게 이해하고 실천할 수 있도록 비교·평가 근거와 기준을 언론·학계와 더불어 사전에 제시하여 이를 널리 알리고 스스로 공정성과 중립성을 확보하기 위해 모든 노력을 다한다.

우리는 2007년 제17대 대통령선거가 우리나라의 미래와 명운이 걸린 매우 중요한 선거라는 점에 인식을 같이하며, 새로운 희망을 창조하는 국가 발전과 국민 통합을 위하여 위 협약의 이행과 실천에 신의 성실을 다할 것을 서약하는 바이다.

본 협약은 참여자가 서명한 날로부터 시행한다.

년 월 일

△△△당 후보자 ○○○ (인) | □□□당 후보자 ○○○ (인) |
◌◌◌당 후보자 ○○○ (인) | ■■■당 후보자 ○○○ (인) |
선관위 위원장 ○○○ (인)

〈**자료 3**〉 경선용 매니페스토 정책선거 실천 협약문

정당 매니페스토 정책선거 실천 협약문

우리는 민주화 20년을 맞이하는 2007년 제17대 대통령선거가 한국 민주주의의 선진화를 위한 분수령이 되어야 한다는 데 인식을 같이한다. 민주주의의 완성은 정책경쟁을 통한 깨끗한 선거에서 비롯된다는 점을 깊이 명심하고, 정당·후보자 경선 단계에서부터 단호히 구태를 벗고 새로운 정치로 국민에게 희망을 줄 것을 다짐한다. 우리는 이번 대통령선거 후보자 경선이 매니페스토 정책선거의 신기원을 여는 선거로 기록될 수 있도록 다음과 같이 협약을 체결하고 이를 지킬 것을 약속한다.

1. 당내경선을 통해 조직 동원과 금권에 의존하는 구태를 차단하고, 경

선 과정에서 좋은 정책을 통한 정책경쟁이 이루어질 수 있도록 모든 노력을 기울인다.

2. 좋은 정책은 후보자의 정책 비전과 목표, 우선순위, 절차, 기간, 재원이 구체적으로 명시되고, 사전검증과 사후평가가 용이한 것이어야 한다.
3. 후보자들이 제시한 정책이 충분히 검증되어 당원 및 유권자들의 선택의 기준으로 작용할 수 있도록 평가와 검증에 적극 협조한다.
4. 지역순회 경선을 통하여 정당이 지역에 굳건히 뿌리내리고 유권자의 참신한 정책 제안을 집약하는 계기가 될 수 있도록 노력한다.
5. 당내경선에서 제시한 경선후보자의 정책은 본 선거의 정책으로 반영될 수 있도록 모든 노력을 기울인다.

우리는 2007년 대통령선거가 우리나라의 명운이 걸린 중요한 선거라는 점에 인식을 공유하며, 위 협약의 이행과 실천에 신의 성실을 다할 것을 서약하는 바이다.

년 월 일

△△△당 후보자 ○○○ (인) | △△△당 후보자 ○○○ (인) |

△△△당 후보자 ○○○ (인)

〈자료 4〉 시민단체용 매니페스토 정책선거 실천 협약문

전 문[1]

이 협약에 참여하는 모든 당사자들은 지방자치의 건전한 발전이 지역과 대한민국 발전의 근간이라는 사실에 공감하며 지방자치의 건전한 발전을 위해서는 그 출발점이 되는 지방선거가 공정하고 건전한 경쟁의 토대 위에서 이루어져야 한다는 것에 인식을 함께한다.

이 협약에 참여하는 모든 당사자들은 지역 발전과는 무관한 정책 나열과 실현 가능성 없는 정책 제시, 그리고 나아가 제시한 정책의 무책임한 방기가 지방선거의 건전한 경쟁을 해칠 뿐만 아니라, 올바른 지방정치의 발전에 도움이 되지 않는다는 데 생각을 함께한다.

이 협약에 참여하는 모든 당사자들은 2006년 5월 31일에 실시되는 전국 동시 지방선거가 지난 지방자치 10년의 성과 위에서 지방과 대한민국의 새로운 도약을 마련하는 중요한 계기임을 확신하며, 공정하고 건전한 지

1 2006년도 5·31지방선거 시 한국매니페스토 실천본부가 정당대표가 참여하는 매니페스토 정책선거실천 협약식 개최에 사용할 매니페스토 협약문을 선관위에 제시하였다. 최종 확정된 매니페스토 협약문과는 달리 조문 형식으로 촘촘하게 짜여 있다. 초창기에 정당을 매니페스토에 참여시키기 위해서는 너무 무리한 요구를 해서는 안 된다는 것이 선관위의 대원칙이었다. 따라서 시민단체에서 제시한 협약문은 역사 속으로 사라졌다. 하지만, 중요한 내용들을 담고 있고 또 다른 가치가 있기에 여기서 소개한다.

방선거를 위해서는 다양한 방식으로 선거에 참여하는 각 주체들의 올바른 선거문화 정착을 위한 노력과 더불어 건강한 지역발전을 지향하는 실효성 있는 좋은 정책이 제시되어야 한다는 것에 의견을 함께한다.

우리는 과거 지역 발전 요구와 민의를 반영하지 못한 일부 정책들이 지방자치 발전에 미친 부정적 영향을 고려하며, 이의 극복을 위해서는 정책의 입안과 제안, 실현과 검증의 제 과정이 건전한 지역 발전과 주민 참여를 촉진하여야 한다는 것에 동의하며, 상호 신뢰와 존중에 기초하여 좋은 정책의 경쟁을 통하여 지방선거를 모범적으로 치러 냄으로써 지역과 대한민국의 새로운 발전에 기여하기 위하여 이 협약을 체결한다.

제1장 좋은 정책선거 환경의 조성

제1조(나쁜 공약의 배제)

협약에 참여하는 각 정당은 혈연·지역·학연과 금권선거를 극복하고, 실현 불가능하고 무책임한 공약으로 유권자들을 현혹하지 않으며, 지역 발전을 저해하는 나쁜 공약을 배제한다.

제2조(좋은 정책선거 유도)

협약에 참여하는 각 정당은 좋은 정책을 통하여 경쟁하는 건전한 선거환경을 조성하기 위하여 앞장서며, 각 정당의 단체장 후보자들이 좋은 정책을 제시하도록 독려한다.

제3조(공정하고 건전한 선거환경 조성)

중앙선거관리위원회는 선거에 참여하는 각 정당과 후보자들이 좋은 정책을 제시하고 경쟁할 수 있도록 적극 권고하며, 유권자들이 각 당과 후보자들의 정책을 잘 판단할 수 있도록 적극적으로 홍보·지원한다.

제4조(좋은 정책선거환경 조성)

531 스마트 매니페스토 정책선거 추진본부는 좋은 정책의 방향과 기준, 평가 근거를 제시하여 좋은 정책선거 환경을 조성한다.

제2장 매니페스토와 좋은 정책 선거

제5조(좋은 정책의 방향)

각 정당은 좋은 정책의 수립에 있어서 지속가능성(Sustainability), 지방자치역량 강화(Empowerment), 지역성(Locality), 후속조치(Following)를 기본 방향으로 단체장 후보자들의 매니페스토에 적극 수용한다.

제6조(매니페스토의 구성과 채택)

각 정당은 2006년 5월 31일 지방선거에 출마하는 단체장 후보자들에게 전체 정책의 방향과 기조, 개별 정책의 내용, 정책 이행계획과 절차, 정책 재원과 실행비용추계서, 그리고 정책평가 약속과 계획으로 구성된 매니페스토를 제출토록 한다.

제7조(매니페스토의 공개)

각 정당은 별도의 인터넷 사이트를 통하여 단체장 후보자들의 매니페스토를 유권자들이 접근하기 쉽도록 공개한다.

제8조(매니페스토 작성)

각 정당은 매니페스토의 작성과정에 유권자들의 참여를 활성화하여 정책의 현실성과 수용성을 높이기 위하여 노력한다.

제9조(매니페스토 지원)

중앙선거관리위원회는 건전한 경쟁의 활성화를 위하여 각 정당의 매니페스토 채택을 적극 권장하며, 매니페스토의 확산을 적극 지원한다.

제10조(좋은 정책 제안)

531 스마트 매니페스토 정책선거 추진본부는 각 정당에 매니페스토 작성에 도움이 될 수 있는 좋은 정책을 연구·제안하며, 각 정당은 소속정당의 단체장 후보자들에게 이를 적극 권고한다.

제11조(매니페스토의 교육)

531 스마트 매니페스토 정책선거 추진본부는 각 정당과 후보자들에게 매니페스토의 개념과 내용을 적극 홍보하며, 후보자들의 매니페스토 수용력을 높이기 위하여 각종 교육 프로그램을 제공한다.

제12조(좋은 정책 수용력 개선)

중앙선거관리위원회와 531 스마트 매니페스토 정책선거 추진본부는 유권자들이 좋은 정책에 쉽게 접근할 수 있고, 유권자들의 정책판단력을 높이기 위한 수단(Tool)을 개발하여 유권자들에게 보급한다.

제3장 매니페스토 평가

제13조(평가기준과 방법 개발과 공개-A안)

(중앙선거관리위원회와)531 스마트 매니페스토 정책선거 추진본부는 후보자의 매니페스토와 그 개별정책을 (협약에 참여하는 각 주체들과 함께 논의하여)

합리적으로 평가할 수 있는 기준을 연구·개발하여 공개한다.

제13조(평가기준과 방법 개발과 공개-B안)

(중앙선거관리위원회와)531 스마트 매니페스토 정책선거 추진본부는 (협약에 참여하는 각 주체들과 함께 논의하여) 구체성, 측정 가능성, 실현 가능성, 타당성, 시간계획성의 기준에 근거하여 매니페스토와 그 개별정책을 합리적으로 평가할 수 있는 방법을 연구·개발한다.

제14조(평가교육)

531 스마트 매니페스토 정책선거 추진본부는 매니페스토와 그 개별정책 평가 기준을 각 정당의 후보자들과 유권자들에게 적극 교육·홍보한다.

제15조(평가단 구성)

531 스마트 매니페스토 정책선거 추진본부는 매니페스토와 그 개별정책을 공정하게 평가하기 위하여 평가단을 모집하여 운영하며, 평가의 참여성·투명성·공정성을 높이기 위하여 평가단을 공개적으로 모집하며 그 구성원에 각 정당과 중앙선거관리위원회가 추천하는 일정수의 외부 전문가를 참여시킨다.

제16조(평가 참여)

각 정당은 531 스마트 매니페스토 정책선거 추진본부가 구성·운영하는 매니페스토 평가단의 소속정당 단체장 후보자 매니페스토 평가에 동의하며, 매니페스토 평가단의 활동에 적극 협조한다.

제17조(평가 공개)

531 스마트 매니페스토 정책선거 추진본부가 구성·운영하는 매니페스

토 평가단은 평가의 과정을 투명하게 운영하며, 그 결과를 지방선거 실시 15일 전까지 각 정당과 그 후보자들, 그리고 유권자들에게 공개한다.

제4장 매니페스토 이행과 검증 및 정착

제18조(매니페스토 공식선포)

각 정당은 단체장으로 당선된 해당 정당의 후보자가 취임과 동시에 정책 이행 약속과 계획을 해당 지역 주민들이 알 수 있도록 널리 공개토록 한다.

제19조(매니페스토 이행평가위원회 구성)

각 정당과 단체장으로 당선된 해당 정당의 후보자는 임기 동안 매니페스토 이행평가를 위한 별도의 외부인사들로 구성된 이행평가위원회를 구성하여 운영한다.

제20조(매니페스토 이행평가 공개)

각 정당의 단체장으로 당선된 후보자는 단체장 임기 내에 최소 2회 이상 매니페스토 이행평가위원회의 평가 결과를 해당 지역 주민들에게 공개한다.

제21조(매니페스토 이행평가 지원)

531 스마트 매니페스토 정책선거 추진본부는 매니페스토 이행평가위원회의 원활한 구성과 운영을 위하여 정책적 지원을 한다.

제22조(매니페스토 정착)

중앙선거관리위원회와 각 정당은 정책선거의 활성화를 위하여 매니페스토를 법제화하기 위하여 노력한다.

부 칙

제23조(협약의 발효)

협약은 협약에 참여하는 당사자들의 서명과 동시에 발효된다.

제24조(협약의 효력범위)

협약의 서명자는 각 기관과 정당, 단체를 대표하며, 별도의 규정이 없는 한 본 협약은 협약 서명 기관과 정당, 단체의 구성원들에게 적용된다.

서 명 부

공정하고 건전한 지방선거를 진행함으로써 지역과 대한민국의 새로운 발전에 기여하기 위하여 협약의 이행과 실천에 신의 성실을 다할 것을 서약하는 바이다.

년 월 일 (서명)

○○○당 대표 | △△△당 대표 | ◇◇◇ 당 대표

MANIFESTO

PART

3

매니페스토 실천

: 100퍼센트 가능하다

잘 만든 공약이 잘 팔린다

정책공약 의의

공약(公約, a public pledge)이란 사전적 의미로 선거 때 입후보자와 정당이 유권자에게 행하는 공적인 약속으로 정의한다. 국어사전에서 "정당은 당의 강령을 그때의 상황하에서 보다 구체화한 공약을 발표하며, 입후보자는 소속정당의 정책에 기반을 두고 이에 개인적인 사정을 가미하여 공약을 내건다. 아무리 작은 지역의 선거라 하더라도 선거인이 모든 입후보자의 의견이나 능력 또는 경력에 대하여 충분히 알 수 없기 때문에 선거인은 보통의 경우 입후보자의 공약에 의하여 그 입후보의 정견(政見)이나 인물을 파악하게 된다. 따라서 공약은 투표의 중요한 선택 기준이 되며 책임정치의 중요한 구실을 하게 된다. 그러나 공약은 선거를 위한 공약으로 되어 버리거나 소속정당의 정책과는 관계없는 개인적인 선심공세로 되어 버리는 경향이 있다."라고 기록하고 있다. 반면에 정당의 정책은 자당의 당헌과 당규, 그리고 강령에 근거하여 비선거 시에나 선거 때 정당이 유권자에게 행하는 공적인 약속으로 정의할 수 있는데, 통상 선거 때 유권자에게 표를 얻기 위해 국민에게 하는 약속을 말한다. 그런데 우리는 통상 정책(政策, a policy: political measures)과 공약(公約, a public pledge)을 명확히 구분해서 사용하지 않고 선거 때 정책과 공약을 각각 표기함으로써 비롯된 혼선을 피하기 위하여「정책공약」으로 통상 표기한다. 정책공약은 일반적으로 구체적인 계획이 수반되지 않는 추상적인 공약("~를 지향하겠다"는 식)과 실천적 공약(구체적인 실천계획이 수반되는 경우)으로 구분할 수 있다. 이 가운데 실천적 공약이 바로 정책공약이다. 정책공약은 후보자가 선거기간 동안 지향하고 수행하고자 하는 주요 정책에 대하여 국민들에게 제시하고 실천을 약속하는 청사진이다. 즉, 정책공약에는 정당과 후보자의 실천의지와 구체적인 계획이 함께 수반되어야 한다.

공약 피라미드[1]

전체 공약들을 각 레벨에 따라서 나누는 것이 중요하다. 기본적

1 한국기자협회 발행「매니페스토 보도 매뉴얼집」159-163쪽

인 구분으로서는 다음 〈그림 3〉과 같이 최상층에 위치하는 '정치이념'에서부터 '최중요 정책', '우선정책', '구체적인 정책' 등의 4단계로 나눌 수 있다. 정치이념이란, 말 그대로 각 후보자가 안고 있는 추상적인 목표나 기본 시각이라고 하겠다. 2002년 대선 당시 경총은 후보자들의 경제철학 및 발전에 대한 기본 시각을 다음과 같이 정리했다. '국민 통합과 사회적 연대를 강조한 분배 중시'(노무현 후보), '성장을 통한 분배, 법과 원칙을 바탕으로 한 시장경제 발전'(이회창 후보), '복지와 분배 우선'(권영길 후보).

〈그림 3〉 매니페스토 피라미드

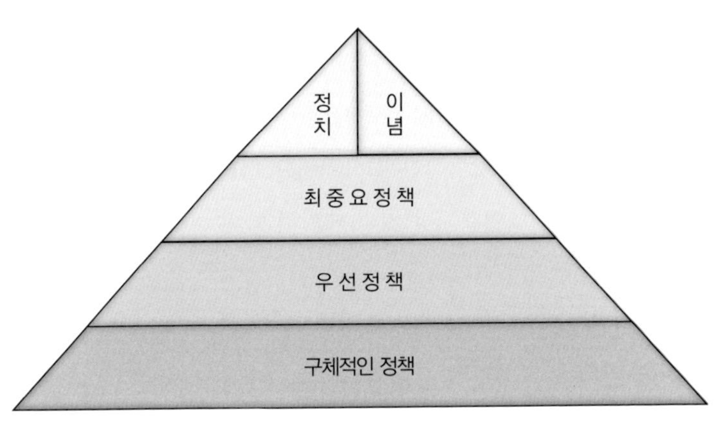

피라미드 구성요소

출처: 「매니페스토 보도 매뉴얼집」(한국기자협회 발행)

그러나 각 후보자 스스로 자신들의 비전과 이념을 밝힌 경우는 드물다. 물론 유세나 방송 토론회를 통해서 이와 관련된 발언들이 제시되기도 했지만 문자로서 제시된 경우는 드물다. 예를 들면, 노무현 후보가 제시한 기본시각(경총이 제시한 것이지만)은 '국민 통합', '사회적 연대', '분배 중시'라는 세 가지 개념을 가지고 있다. 여기에는 몇 가지 해석이 가능하다.

먼저 이들 세 가지 개념은 당시 현 상황에 대한 분석의 결과라고 볼 수 있다. 즉 노무현 후보는 국민 통합이 되지 않고, 사회적 연대가 부족하고 분배가 중시되고 있지 않다고 보았다. 그렇기 때문에 가장 시급하게 해결해야 할 과제가 이 세 가지 부분에 압축되어 있다는 점을 제시한다. 이들 개념은 필연적으로 정책의 방향성과 우선순위로 이어지게 된다. 중요 정책은 정치이념에서 제기된 문제에서 가장 시급하게 해결해야 할 내용을 다루고 있다. 이 부분에서 중요 정책은 임기 5년을 통틀어서 시급하게 실행하고 반드시 달성해야 할 과제가 된다.

우선 정책들은 각 중요정책들에 있어서 임기 첫해에 달성해야만 하는 정책들이 포함된다. 가장 아래에 위치하는 구체적인 정책들은 그 이외의 정책들로서 구성된다. 위의 내용들은 매니페스토 전반에 걸친 공약의 구조를 설명한 것이지만, 각 분야에 있어서도 이 같은 내용을 적용하는 것은 가능하다. 물론 각 분야의 내용들이 전체 매니페스토와 방향성에 있어서 합치되어야 하는 것은 더 말할 나위없다.

정책구성요소

정책구성요소는 정당이나 후보자의 정책을 구성하는 요소로서 실현 가능한 정책이 되기 위해서 갖추어야 할 핵심적 요소이다. 대표적인 구성요소로는 '정책목표', '정책우선순위' '정책실시기간', '추진예산' 등과 같은 스마트적 요소를 말하고, 이러한 틀은 공직선거법 제66조(선거공약서)에도 반영[2]되어 있다. 다음의 표는 정책의 구성요소에 대한 내용을 각 후보자별, 후보자 간 비교를 해 볼 수 있도록 만들었다.

각 후보자별 정책구성요소

후보자의 정책은 몇 가지의 정책요소로 구성되어있다. 예를 들어 후보자의 정책을 〈표 7〉과 같이 '정책 목표', '정책 순위', '정책 실시기간', '예산', '스케줄', '정책 분류' 등으로 나눌 수 있다. 정책목표는 구체적인 내용이기 때문에 '언제까지 무엇을 얼마만큼 하겠다'는 부분이 해당된다. '정책순위'는 최중요한 정책인가, 우선정책인가, 그렇지 않은 일반 정책이라면 순위는 어떻게 되는가를 기록한다. '정책 실시기간'은 정책을 계획하는 시기에서 정책이 완료되는 시기까지를 말한다.

2 공직선거법 제66조 제1항에서는 대통령선거와 지방자치단체장선거의 후보자는 선거운동을 위하여 선거공약서 1종을 작성할 수 있는데, 선거공약서에 선거공약 및 이에 대한 추진계획으로 각 사업의 목표, 우선순위, 이행 절차, 이행 기간, 재원 조달 방안을 게재하여야 한다고 규정함으로써 이들 5가지를 정책공약의 핵심구성요소로 볼 수 있다.

〈표 7〉 후보자별 정책구성요소

정책명	정책목표	정책순위	정책 실시기간	예산	스케줄	정책분류

※ 정책분류 : 교육, 경제, 복지, 스포츠 등
※ 정책실시 기간 : 장기정책(5년간), 단기정책(1~2년)
※ 정책순위 : 정책의 우선순위

'예산'은 총 소요예산과 연도별 예산을 기록한다. 3년 계획에 90억 원이 든다면 한해 평균 예산은 30억으로 기입한다. 특히 별도의 예산 운용 계획이 있다면 이를 우선시한다. 스케줄은 기본적으로는 년 단위와 분기 단위로 기술할 수 있다.

* 참고 자료

선거공약에 대한 비용추계제도 외국사례

호주

(발표 주체) 재무성 및 금융부, 의회예산처(PBO)

(주요 내용)

- 재무성 및 금융부 : 선거일 공고일로부터 10일 이내에 '선거 전 경제·

재정전망보고서' 발간

• 의회예산처 : 정책비용 산출 및 예산분석 제공, 선거 후 보고서 작성

네덜란드

(발표 주체) 경제정책분석청(CPB)

(주요 내용) 각 정당별 공약 등에 대하여 경제·재정에 미치는 영향을 분석·발표, 정당별 공약 이행에 따른 재정수지, 재원배분 변화 등 전망

뉴질랜드

(발표 주체) 재무성

(주요 내용) 선거일 20~30일 전 발표하는 선거 전 경제·재정보고서(최소 10년간 재정추계)의 '특정 재정위험' 부분에 향후 재정 부담을 야기할 수 있는 정부의 정책에 대한 소요예산을 추계함. 정당별 공약에 대한 구체적 재정 평가는 담지 않음.

▶ 후보별 정책구성요소 비교

〈표 8〉과 같이 각 후보들이 발표한 정책들을 언론이 후보별로 정책을 비교할 경우도 기본적으로는 후보별 구성요소 관련 도표에 기록하는 것과 다를 바 없다.

〈표 8〉 정당별 정책비교시트

정책비교시트			
정당명	A당	B당	C당
정책명			
예산			
스케줄			
정책 분야			
정책 기간			
후보자의 발언 내용			

* 참고 자료

선거공약의 양면성[후쿠다 내각] 사례

지난 2008년 9월에 출범한 일본의 후쿠다 내각이 벌써 흔들리는 조짐을 보이고 있다. 지난달 조사된 바로는 출범당시 60%에 육박하던 내각 지지율이 30% 초반대로 곤두박질쳤다. 이의 주원인은 연금 문제였다. 지난 7월 자민당이 참의원선거에서 참패할 때 중요한 원인이었고 아베 총리 퇴진에도 결정적인 영향을 미쳤는데, 그 내용은 일본의 국민연금 납부 기록 중 5,000만 건 정도가 후생노동성 관료들의 부실관리로 사라져 버려 납부 기록이 없어진 국민들은 억울하게 연금 수혜를 받지 못하게 되면서 자민당에 대한 국민들의 분노가 하늘을 찌르게 된 것이다.

참의원선거에도 연금 문제 해결은 핵심쟁점이었으며, 자민당은 "최후의 한 사람까지 체크해 연금을 지급하겠다."고 공언했고 총리도 총재선거 때 이 문제를 내년 3월까지 해결하겠다고 공약했다. 그런데, 최근 마에조노 후생상이 "우주로 날아가 버린 연금 기록 가운데 내년 3월까지 해결하기 어려운 부분도 있다."고 인정함으로써 내각 및 자민당 정권의 신뢰도는 심각한 타격을 입었다. 현 상황이 공약 위반은 아니라고 버티던 총리는 "공약이 잘 생각나지 않았다."고 말을 바꾸다가 결국 선거 때 지나친 표현을 사용한 데 대해 사과함으로써 신뢰성에 먹칠을 하고 말았다. 후쿠다 내각 사례는 선거공약의 양면성을 잘 보여 준 사례로서 선거에서 핵심 쟁점에 관해 장밋빛 약속을 함으로써 승리하는 데는 도움을 받을지 모르나 결국 그 공약에 발목이 잡혀 버린 셈이다.

정책공약 만들기

입후보예정자가 출마를 원할 경우 그 출마 예정 지역의 정치 · 경제 · 사회 · 문화 등에 대한 전반적인 이해를 위한 연구는 필수적이다. 사전에 충분한 준비를 하지 않으면 유권자의 수요에 맞는 좋은 정책과 공약을 만들어 낼 수 없기 때문이다. 또는 그 지역의 실정에 적합한 실현 가능한 공약의 제시 여부가 당락을 가를 수 있다는 점도 간과할 수 없다. 그러기에 좋은 공약을 만들어 내기 위해서는 단계별로 치밀하게 준비 · 개발해 나가야 한다. 여기서 제시하고 싶은 정책공약 만들기 순서는 먼저 지역과 국가 문제를 찾아보고 찾아진 문제 중 자기가 해야 할 일을 정한 다음 해야 할 일에 대한 해결 방법을 찾아 최종 공약을 선정하는 과정을 거친다. 그러면 단계별로 정책공약[3]을 만드는 과정을 살펴보자.

문제 찾기 (국가/지역) ➡ 할 일 정하기 ➡ 해결 방법 찾기 ➡ 최종 공약 선정

▸ **1단계: 지역 · 국가 문제 찾기**

후보자가 공약을 만들기 위해 가장 먼저 생각해야 할 사항(point)은 국가와 지역 발전의 미래상을 반영하여야 하고 지역주민의 요구를 고려하여야 한다는 것이다. 이는 후보자의 정치적 의지를 토대로 만든다. 이를 위한 방법론으로서 간담회, 설문조사, 전문가 자문, 언론 등 문헌조사를 이용할 수 있다. 그 구체적인 예를 들어 보면「A후보는 언론 및 지역주민들 의견 수렴과 전문가 의견을 반영하여 다목적 레포츠 센터 건립이 필요하다는 문제를 찾았다.」와 같은 것이다.

3 본 내용은 필자가 중앙선거관리위원회 정책정당지원팀장으로 근무 시 5 · 31지방선거와 제17대 대통령선거, 제18대 국회의원선거와 관련하여 매니페스토 이해와 실천 능력을 높이기 위하여 매니페스토 정책선거 실천 가이드북을 제작하여 보급하였는데, 수요자인 정당과 후보자로부터 좋은 반응을 얻었기에 이를 재정리한 것이다.

▶ 2단계: 해야 할 일 정하기

해야 할 일을 정함에 있어 고려해야 할 사항(point)은 구체적이고 측정 가능한 형태로(예: 비율, 수치 등) 만들어야 하고 찾아진 지역·국가 문제와 해야 할 일이 연계되어야 한다. 그리고 개별 공약들이 서로 충돌하지 않아야 한다. 이를 위한 방법론으로서 문헌 조사, 전문가 자문, 현지 조사 등을 이용할 수 있다. 그 구체적인 예를 들어 보면「B후보는 전문가 의견 수렴과 현장 조사를 통해 지역 또는 국가에서 시급한 문제 중 ○○지구 50만 평 부지에 ○○개 기업체를 유치하는 것을 목표로 설정하였다.」와 같은 것이다.

▶ 3단계: 해결 방법 찾아보기

해결 방법을 찾아봄에 있어 고려해야 할 사항(point)은 가급적 현행법 및 제도와 상충되지 않아야 하고 지역이나 국가가 가지고 있는 자원(사람, 돈 등)을 최대한 고려해야 한다는 점이다. 그리고 비용에 비해 효과가 더 커야 한다.

또한 해결 방법을 모색하는 데 있어 재원·기한을 고려해야 한다. 재원 측면에서는 ① 재원을 조달할 수 있는 방법이 명확히 제시되어야 하고, ② 연차별로 구체적인 재원조달계획이 제시되어야 하며, ③ 재원조달이 가능한지 고려하여야 한다. 그리고 기한 측면에서는 ① 기한을 명확히 제시하여야 하고, ② 기한 내에 할 수 있는 일이어야 하며, ③ 구체적인 추진 일정을 제시하여야 한다는 것 등을 생각할 수 있다.

해결 방법을 찾는 방법론으로서는 문헌 조사, 전문가 자문, 현지 조사 등을 이용할 수 있다. 그 구체적인 예를 들어 보면「C후보는 전문가 자문과 현장 조사를 통해 기존 주거지에 BTL방식[4]으로 소유형 실버타운을 2○◇◇년까지 건설하여 해결하고자 하였다.」와 같은 것이다.

공약 만들기 사례

〈광역형 Ⅰ〉 지역 내 산업단지조성 및 기업 유치

▶ 1단계: 지역 문제 찾기

- 지역 내 전문가의 의견을 수렴한 결과 지역 내 ○○전자의 협력업체들이 산발적으로 입주하고 있어 도시의 균형 발전 및 도시 미관을 저해할 뿐 아니라 오 · 폐수를 무단 방류하는 등 문제를 야기하고 있다.
- 주민간담회 등을 통해 지역 내 계획발전과 집적화된 산업단지 조성을 통해 업체 간 시너지 효과를 극대화하기 위한 산업단지 유치가 필요함이 지적되고 있다. 특히 지역 내 ○○지구의 경우 상대적인 낙후는 물론 시유지 등 공간 확보가 용이하며,

4 민간투자 활성화의 한 방법으로, 사회기반시설에 대해 민간공공시설을 짓고 정부가 이를 임대해서 쓰는 방식이다.

해당 지역 주민들의 적극적인 토지 매각의 움직임도 있다.

- 후보자의 견해로는 우리시의 교통 등 여건상 이러한 산업단지 조성이 지역 발전, 지방재정 확충, 도시의 균형적 발전 등에 긍정적인 것으로 판단된다.
- 지역 내 언론에서도 지역 내 산업단지 조성의 필요성의 지적은 물론 자체조사를 통해 몇몇 입주 희망업체가 구체적으로 언급되는 등 그 가능성이 높은 것으로 평가되고 있다.

▶ **2단계: 해야 할 일 정하기**

- 지역주민들의 지역 개발 욕구와 관련 분야 전문가의 조언 결과 산업단지 조성 계획은 지역 발전은 물론 균형발전과 타 도시에 대한 경쟁력 확보 차원에서 반드시 필요한 것으로 인식되고 있으며 주민의 호응도 높게 나타났다.
- 산업단지 조성계획의 경우 교통 등 입지는 물론 자족형 산업단지 조성이 필요한데, 우리 지역의 경우 공간 활용 측면에서 100만 평을 확보할 수 있어 인근 타 지역에 비해 우수한 것으로 평가된다.
- 비공식적 또는 공식적 조사에 의하면 유치 대상이 되는 일부 기업의 경우 적극적인 의사를 표명할 뿐 아니라 단지조성을 꾀하려는 건실한 재무구조를 갖춘 기업이 나서고 있다.
- 따라서 ㅇㅇ전자의 협력업체 유치를 통한 특성화된 산업단지 조성을 목표로 선정하였다.

▶ **3단계: 해결 방법 찾기**

- 산입법(산업단지입지 및 개발에 관한 법률) 등을 검토한 결과 자치단체가 20% 이상 출자한 SPC(Special Purpose Company 특별 목적 법인) 형태의 개발 vs 자치단체의 공영개발사업형 등 방법, 자치단체 일부 부담 및 민자유치 vs 자치단체 100% 투자 및 사후 정산 등 재원 조달 방법, 임기 내 vs 임기 이후 등 기한에 대한 검토를 통하여 다음과 같은 대안이 탐색되었다.
- 대안: 자치단체와 민간이 공동 참여하는 SPC 형태로 조성한다.

<table>
<tr><th colspan="2">공 약</th></tr>
<tr><td colspan="2">지역 내 ㅇㅇ전자 협력업체들을 유치하는 산업단지 조성을 통해 지역균형발전 및 지방재정을 확충하겠습니다.</td></tr>
<tr><td>이유</td><td>- 지역 내 중소기업들의 산재로 도시 미관이 해쳐지고 난개발이 초래됨
- 지역균형발전 및 계획발전 측면에서 기업체들의 시너지 효과를 도출할 수 있는 집적화단지 필요 욕구가 대두됨
- 지방재정 확충 등 산업단지 조성이 수년간의 숙원사업 중 하나임</td></tr>
<tr><td>목표</td><td>- ㅇㅇ전자의 협력업체를 통한 특성화된 산업단지 조성</td></tr>
<tr><td>방법</td><td>- 대상지역은 지역 내 ㅇㅇ지구의 ㅇㅇ만 평으로 하고, ㅇㅇ산업 중심의 자족형 집적화 단지를 조성하고자 함
- 사업 방식은 지방재정법과 지방공기업법상의 SPC 방식을 활용하고자 함
- 집적화단지 내에 친환경적 시설을 위주로 유치하고, 단지 내 구성원들이 지역 내에서 거주할 수 있는 각종 사회기반시설도 동시 개발함</td></tr>
<tr><td>재원</td><td>- 총사업비 ㅇㅇ억 원 중 기반시설조성에 소요되는 ㅇㅇ억 원은 국비지원하고 자치단체는 SPC설립에 필요한 ㅇㅇ억 원을 현물과 현금출자를 병행하며 그 나머지 금액은 민간개발업자 및 투자의사가 있는 금융기관을 통해 동원함</td></tr>
<tr><td>기한</td><td>- 20ㅇㅇ년부터 착공하여 20ㅇㅇ년까지 준공함</td></tr>
</table>

〈광역형 II〉 고급 실버타운 건설

▶ 1단계: 지역 문제 찾기

- 지역 내 전문가의 의견을 수렴한 결과 향후 노인인구의 증가와 핵가족화에 따른 노인 문제의 대두가 심각할 것으로 예상된다. 한편 노인의 경제력이 향상되면서 자식들에게 부담을 주지 않으면서 독립적으로 생활하려는 노인층이 많아질 것으로 예상된다.
- 주민과 대화 등을 통해 지역 내 주민 의견 수렴 결과 고급실버타운 개발이 지역 발전에 기여한다는 인식이 많다.
- 후보자의 견해로는 실버타운 입주자는 타운 내에서 모든 일상생활이 가능할 수 있도록 일체형으로 조성되어야 한다.
- 지역 내 언론에서 외국의 고급 실버타운 운영의 성공 사례를 보도함으로써 실버타운에 대한 지역주민의 인식이 긍정적으로 변화하였다.

▶ 2단계: 해야 할 일 정하기

- 전문가의 자문과 지역주민의 설문조사 결과 실버타운 건설은 지역발전에 기여할 수 있는 기회이며, 주민의 호응도도 높은 것으로 나타났다.
- 다만, 실버타운이 성공하기 위해서는 타운내의 자급자족이 가능하여야 하며, 접근성과 쾌적성이 확보되어야 하며, 실버타운의 특성상 타운 내의 각종 시설은 노인특성에 맞도록 설계

되어야 하는 것으로 나타났다.

- 따라서 노인이 생활에 필요한 모든 것을 해결할 수 있는 100호 이상 규모의 고급 자립형 실버타운을 조성하는 목표를 설정하였다.

▶ 3단계: 해결 방법 찾기

- 택지개발 vs 기존 주거지, 임대형 vs 소유형, 관주도 건설 vs 민간주도 건설 등의 방법과, 예산사업 vs 민간투자 vs 민관공동투자 등의 재원 조달 방법, 1년 이내 vs 임기 내 vs 임기 이후 등의 기한에 대한 검토를 통하여 다음과 같은 해결방법이 탐색되었다.
- 대안: 기존 주거지에 대한 BTL[5] 방식으로 소유형 실버타운을 20○○년까지 건설한다.

공약	
노인 복지의 향상과 지역 발전을 위해 고급실버타운을 건설하겠습니다.	
이유	- 자식과 독립한 경제력 있는 노인인구의 증가로 인해 실버 ○○타운 수요 증가 - 고급실버타운이 들어설 경우 지역 경제에 도움을 줌 - 실버타운 조성에 대한 주민 호응이 높음

5 BTL(Build-Transfer-Lease) 방식에서는 사회간접자본시설의 준공과 동시에 당해시설의 소유권이 지방자치단체에 귀속되며, 사업시행자에게 일정기간의 운영권을 인정한다. 민간이 소유권을 갖는 BOO(Build-Owen-Operate) 방식과 시민에게 시설이용료를 징수해 투자금을 회수하는 BTO(Build-Transfer-Operate) 방식과 구별된다.

목표	- 노인이 생활에 필요한 모든 것을 해결할 수 있는 100호 이상 규모의 고급 자립형 실버타운의 조성
방법	- 대상지역은 기존 주거지의 재개발을 통해 실버타운 조성 - 사업 방식은 BTL 방식을 활용하고자 함 - 실버타운은 고급형으로 조성하되 전체 규모를 100호 이상으로 함 - 타운 내 자급자족이 가능하도록 설계하되, 노인 이용 시설임을 감안해 노인 특성에 맞는 구조로 설계함.
재원	- 총사업비 ○○억 원 중 기반시설조성에 소요되는 ○○억 원은 예산으로 충당하고 나머지 건설비용 ○○억 원은 민간자본을 유치하여 충당
기한	- 20○○년부터 착공하여 20○○년까지 준공함

〈기초형 사례 Ⅲ〉 체육시설

▶ 1단계: 지역문제 찾기

- 지역 내 전문가의 의견을 수렴한 결과, 향후 주 5일 근무 등 여가시간의 증대로 인해 사회체육활동에 대한 수요가 증가할 것으로 분석된다.
- 주민과의 대화 등을 통해 지역 내 주민 의견을 수렴한 결과 각 기초자치단체 단위로 종합체육시설을 건립하여야 한다는 의견이 지배적이다.
- 전문가의 견해도 종합체육시설 건립으로 기초자치단체가 서비스를 제공하는 것이 바람직하다는 의견이다.
- 지역 내 언론 등에서 초중고교의 토요일 격주 휴무제 등으로 인한 사회체육의 필요성과 웰빙에 대한 기획 기사가 주기적으로 다루어지는 등 자치단체가 이러한 움직임에 대응하는 것이

바람직할 것이라는 분석이 많다.

- 또한 사립종합체육시설의 경우 비용 부담 등으로 인해 사회적 빈곤층 등의 활용도가 높지 않다는 점 등을 지적하고 있다.

▶ 2단계: 해야 할 일 정하기

- 전문가의 자문과 지역주민의 설문 조사 결과 종합체육시설 등 사회복지, 사회체육적 측면에서 시설 부족이 지역의 중요한 현안 중 하나라고 지적되고 있으며, 민간체육 시설의 경우 관내에 특화 위주로 성장하고 있어 다양한 프로그램을 갖춘 시설의 필요성이 요청된다.
- 따라서 각 기초단체단위가 종합체육시설을 1개 이상 설치하여 주민들의 웰빙 수요에 부응하는 목표를 설정한다.

▶ 3단계: 해결방법 찾기

- 그린벨트 조정 시 체육시설 설치 의무화, 기존에 운영 중인 유수지, 폐수처리시설 등을 활용, 최소한 4팀 이상 동시에 시합을 할 수 있는 잔디구장 설치, 실내 체육시설은 민자 유치를 통해 설치 운영(지역 공공단체 등) 택지 개발 vs 기존 주거지, 임대형 vs 소유형, 관주도 건설 vs 민간 주도 건설 등의 방법과 예산사업 vs 자치단체 간 공동투자 vs 민관공동 투자 등의 재원 조달 방법과 2년 이내 vs 임기 내 vs 임기 이후 등의 기한을 고려하여 다음과 같은 대안이 탐색되었다.

– 대안: 종합체육시설을 100% 자치단체 예산으로 설치한다.

공약	
주민의 웰빙 수요를 충족시키기 위해 주민들을 위한 종합체육 시설을 1개소 설치하겠습니다.	
이유	– 주민들을 위한 체육시설 부족과 주 5일 근무제 등 여가 시간 증대 – 민간시설의 경우 고비용으로 다수의 시민 이용 곤란 – 학생, 주민 등이 언제라도 이용할 수 있는 종합체육 시설에 대한 욕구가 높아 조성 시 주민 호응 상승
목표	– 종합체육시설 1개소 설치
방법	– 공유지 및 기존 시설 활용으로 비용 최소화 – 지역 균형 확보 및 수요가 높은 곳에 설치 – 전문기관에 위탁 운영함으로써 주민의 수요에 부응하는 프로그램 운영
재원	– 총사업비 ○○억 원 중 기반시설 조성에 소요되는 ○○억 원은 자치단체예산으로 충당
기한	– 20○○년부터 착공하여 20○○년까지 준공함

〈기초형사례 Ⅳ〉 담장 허물기를 통한 주차시설 확대(교통)

▶ 1단계: 지역 문제 찾기

– 지역 내 전문가의 의견을 수렴한 결과 현재와 같은 자동차 보유대수의 증가 추세가 지속될 경우 주차난에 의해 특단의 대책이 필요하며, 이것이 지역 내 중요한 현안으로 가중될 것이며, 이를 해결할 수 있는 대안으로 신규투자비가 적고, 지역주민이 참여 가능한 담장 허물기를 통한 주차시설 확보가 필요하다.

- 주민과 대화 등을 통해 지역 내 주민 의견 수렴 결과, 일정 비용의 정부보조가 있다면 참여할 의사가 있는 주민이 동 사업의 잠재적 수혜주민 중 적어도 30% 이상이 된다.
- 후보자의 견해로는 주차문제는 어느 도시를 막론하고 폭증 또는 점증하는 사회문제 중 하나로 한시라도 빨리 대처하는 것이 합리적인 정책대안으로 판단된다.
- 지역 내 언론에서 외국의 성공 사례 및 일부 자치단체들의 시범적 운영에 대한 성과를 시리즈로 다루는 등 중요한 지역 과제 중 하나로 보고 있으며, 현실적 대안으로 교통 분야 각계 전문가들의 의견을 들어 담장 허물기를 통한 주차시설 확대를 권고하고 있다.

▶ **2단계: 해야 할 일 정하기**

- 주요 언론을 통해 지속적으로 논란이 되고 있는 주택가 주차문제는 공간 활용의 비효율성을 야기하는 것으로 이미 사회문제로 대두된 지 오래되었다.
- 건축법과 주차장법 등에 의해 신규건축물과 공공건물의 경우 일정 수준의 주차 공간 확보를 법규화하고 있으나 지역의 사회적 수요에 부응하기에는 턱없이 부족한 것이 현실이다.
- 나아가 우리 지역의 최근 자동차 보유 대수 증가율은 꾸준한 상승세에 있어 이에 대한 정책대안을 찾는 것은 주요한 현안 중 하나이다.

- 따라서 각 주택소유자와 자치단체의 비용 부담을 최소화하며, 도시 공간의 효율적 운영을 위한 담장 허물기 운동은 합리적 정책대안으로 판단된다.
- 주택가 담장 허물기를 통해 쾌적한 주거환경 조성, 이웃 간 유대관계 강화, 주차시설 확충 등을 달성하고자 한다.

▶ **3단계: 해결 방법 찾기**

- 공공시설, 민간시설 및 개인주택에 전면적 적용 vs 공공시설을 우선으로 하여 점차 확대 등 방법, 자치단체 예산사업 vs 자치단체 보조 및 당사자 부분 분담 vs 민간 및 개인시설은 당사자 부담 등 재원 조달 방법, 2년 이내 vs 3년 내 vs 임기 내 등 기한에 대한 검토를 통하여 다음과 같은 해결 방법이 탐색되었다.
- 대안: 공공시설은 전면 실시하고 민간의 경우 자발적 참여자에 대해 비용을 보조하며 일정 기한 후 강제 시행한다.

<table>
<tr><th colspan="2">공 약</th></tr>
<tr><td colspan="2">주택가 담장 허물기 운동을 통하여 쾌적한 주거환경을 조성하고 부족한 주차시설을 확충하겠습니다.</td></tr>
<tr><td>이유</td><td>- 담장설치를 통한 공간의 비효율적 활용
- 최근 5년간 지역 내 승용차 보유 대수가 꾸준히 증가하는 등 주차문제가 점점 심각하게 대두됨. 특히 주택가 주차 문제로 인하여 지역 간 분쟁이 발생함
- 지역 내 주차시설이 부족함. 시설 및 공용주차장으로는 지역 내 주차수요 충족이 어려움</td></tr>
</table>

목표	– 주택가 담장 허물기 운동을 통한 쾌적한 주거환경 조성 및 부족한 주차시설 확충
방법	– 사업대상은 공공시설물, 민간시설, 개인주택 등 담장 허물기를 통해 주차공간 확보가 가능한 건축물 찾기 – 사업방식은 민간시설 및 개인주택에 대한 정부보조 및 민간참여 유도 – 담장 허물기를 통해 주택의 경우 1주택 1주차장 이상 확보추진
재원	– 총 소요사업비 ○○억 원 중 ○○억 원은 국비, ○○억 원은 자치단체예산으로 충당
기한	– 20○○년부터 착공하여 20○○년까지 준공함

국가 · 지역별 정책공약 사례

▶ 국가형 공약 사례와 평가지표[6] 적용 예

:: 정책공약 사례 ::

공 약	
젊은이들의 군복무 부담을 완화하고, 예외 없는 병역 이행으로 형평성 제고를 위하여 군복무기간을 18개월로 단축한다.	
이유	– 군현대화에 따라 인력 중심에서 장비 중심으로 전환되는 추세를 반영 – 군복무 부담 완화로 인한 병역회피문화를 긍정적으로 전환할 필요성 대두
목표	– 18개월로 단축
방법	– 장비 현대화, 유급지원병제 도입, 부사관 증원, 대체(전환)복무제 폐지, 현역사병의 처우 개선과 병영문화 개선 관련 대책 마련 후 추진

6 평가지표 적용 예는 제18대 국회의원선거 당시 개발되어 적용된 MANIFESTO 평가지표를 활용하였다. 이와 같은 방식으로 다른 평가지표를 활용하여 정책공약을 평가해 볼 수 있다.

재원	– 소요 예산 ○○조 원은 국가예산으로 충당
기한	– 20○○년에 추진하여 20○○년까지 완료
기타	

:: 평가지표 적용 예 ::

<table>
<tr><td colspan="2">공약</td><td colspan="4">젊은이들의 군복무 부담을 완화하고, 예외 없는 병역이행으로 형평성 제고를 위하여 군복무기간을 18개월로 단축한다.</td></tr>
<tr><td colspan="2">구분</td><td colspan="2">공약의 요건</td><td>평가결과</td><td>비고</td></tr>
<tr><td rowspan="9">MANIFESTO</td><td rowspan="8">공약구성</td><td rowspan="3">형식요건</td><td>A(소망성)</td><td>보통</td><td>다른 공약과의 연계성을 확인할 수 없음</td></tr>
<tr><td>S(구체성)</td><td>우수</td><td>정책의 산출이 명확함</td></tr>
<tr><td>M(측정 가능성)</td><td>우수</td><td>관계법령의 수립 여부 등 측정이 명확함</td></tr>
<tr><td rowspan="4">내용요건</td><td>N(포괄성)</td><td>우수</td><td>국가단위 사업으로 바람직함</td></tr>
<tr><td>I(독창성)</td><td>보통</td><td>이전에 많은 전문가들에 의해 개진되어 온 주제임</td></tr>
<tr><td>F(재원 조달 가능성)</td><td>보통</td><td>국비를 사용한다고 하지만 이에 대한 사후제안은 없음</td></tr>
<tr><td>T(시의 적절성)</td><td>우수</td><td>군복무의 불형평성에 대한 사회문제가 많음</td></tr>
<tr><td>수단요건</td><td>E(경제성)</td><td>보통</td><td>국비 절감 등 대체사업에 대한 구상은 없음</td></tr>
<tr><td>후보자자질</td><td>개인적특성</td><td>O(공개성과 포용성) +∝</td><td></td><td></td></tr>
</table>

▶ 지역형 공약 사례와 평가지표 적용 예

:: 정책공약 사례 ::

<table>
<tr><th colspan="2">공 약</th></tr>
<tr><td colspan="2">지역 인재 양성 및 우수명문고 육성을 위한 자립형사립고 설치</td></tr>
<tr><td>이유</td><td>– 우수학생의 수준별 교육을 통한 교육수혜자의 만족도 제고 요구 증대
– 고교평준화정책의 문제점 보완 필요성 대두
– 학교 운영의 자율성 보장에 대한 수요 증대</td></tr>
<tr><td>목표</td><td>– 1개교 건립</td></tr>
<tr><td>방법</td><td>– 교육부와의 협의를 통하여 유치
– 구체적인 절차를 마련하여 기존 학교를 전환하는 방향으로 추진</td></tr>
<tr><td>재원</td><td>– 민간재원으로 충당</td></tr>
<tr><td>기한</td><td>– 20○○년에 추진하여 20○○년까지 완료</td></tr>
<tr><td>기타</td><td></td></tr>
</table>

:: 평가지표 적용 예 ::

<table>
<tr><th colspan="2">공약</th><td colspan="4">지역 인재 양성 및 우수 명문고 육성을 위한 자립형사립고 설치</td></tr>
<tr><th colspan="2">구분</th><td colspan="2">공약의 요건</td><th>평가결과</th><td>비고</td></tr>
<tr><td rowspan="3">MANIFESTO</td><td rowspan="3">공약구성</td><td rowspan="3">형식요건</td><td>A(소망성)</td><td>보통</td><td>정책에 대한 사회적 공감대가 아직 부족한 수준임</td></tr>
<tr><td>S(구체성)</td><td>우수</td><td>정책의 산출이 명확함</td></tr>
<tr><td>M(측정 가능성)</td><td>우수</td><td>명확한 측정이 가능함</td></tr>
</table>

MANIFESTO	공약구성	내용요건	N(포괄성)	보통	중앙과의 연계성이 확보되어야 함
			I(독창성)	보통	이전에 많은 전문가들에 의해 개진되어 온 주제임
			F(재원조달 가능성)	우수	기존의 관련 연구들에 의해 민자 유치는 불가피함
			T(시의 적절성)	보통	정책에 대한 사회적 공감대가 아직 부족한 수준임
		수단요건	E(경제성)	우수	민간자본 유치이므로 예산절감은 우수함
	후보자자질	개인적특성	O(공개성과 포용성) +∝		

▶ 국가 · 지역 연계형 정책공약 사례와 평가지표 적용 예

:: 정책공약 사례 ::

공 약	
지역 내 산업단지 조성을 통한 지역균형발전과 지방재정 확충(도시형)	
이유	- 지역 내 중소기업들의 산재로 도시 미관이 나빠지고 난개발 초래 - 지역균형발전과 계획발전 측면에서 기업체들의 시너지효과 창출을 위해 집적화단지 조성 필요 - 산업단지 조성에 대한 주민의 요구가 높은 숙원사업임
목표	- 1,000개 이상의 기업이 입주할 수 있는 산업단지 조성
방법	- 대상지역은 지역 내 ㅇㅇ지구의 ㅇㅇ만㎢로 하고, ㅇㅇ산업 중심의 자족형 집적화단지 조성 - 사업방식은 지방재정법과 지방공기업법상의 SPC방식 활용 - 집적화단지 내에는 친환경시설 위주로 유치 - 단지 내 구성원들이 지역 내에서 거주할 수 있도록 사회기반시설도 동시 개발

재원	- 총사업비 000억 원 중 기반시설 조성에 소요되는 00억 원은 국비로 지원하고, 자치단체는 SPC 설립에 필요한 00억 원을 현물과 현금 출자를 병행하여 조달하고, 나머지 금액은 민간개발자 및 투자 의사가 있는 금융기관을 통해 조달
기한	- 20○○년에 착수하여 20○○년에 완료
기타	

:: 평가지표 적용 예 ::

<table>
<tr><th colspan="3">공약</th><td colspan="3">지역 내 산업단지 조성을 통한 지역균형발전과 지방재정 확충(도시형)</td></tr>
<tr><th colspan="3">구분</th><th>공약의 요건</th><th>평가결과</th><th>비고</th></tr>
<tr><td rowspan="9">MANIFESTO</td><td rowspan="8">공약구성</td><td rowspan="3">형식요건</td><td>A (소망성)</td><td>우수</td><td>지역사회의 발전기여도가 높은 사업임</td></tr>
<tr><td>S (구체성)</td><td>우수</td><td>정책의 산출이 명확함</td></tr>
<tr><td>M (측정가능성)</td><td>우수</td><td>명확한 측정이 가능함</td></tr>
<tr><td rowspan="4">내용요건</td><td>N (포괄성)</td><td>우수</td><td>중앙정책과 부합함</td></tr>
<tr><td>I (독창성)</td><td>보통</td><td>유사한 사례들이 많음</td></tr>
<tr><td>F (재원조달가능성)</td><td>우수</td><td>예산조달 방법은 보편적이지만 구체적임</td></tr>
<tr><td>T (시의적절성)</td><td>우수</td><td>정책에 대한 사회적 공감대가 매우 폭넓게 형성</td></tr>
<tr><td>수단요건</td><td>E (경제성)</td><td>우수</td><td>민간자본 유치이므로 예산절감은 우수함</td></tr>
<tr><td>후보자자질</td><td>개인적특성</td><td>O (공개성과 포용성) +∝</td><td></td><td></td></tr>
</table>

매니페스토 검증, 피할 수 없다

정책공약에 대한 검증과 평가 방향

2006년 5 · 31 지방선거에서 매니페스토 '참공약 선택하기 운동'이 꽃을 피우게 된 것은 시민단체의 적극적인 관심과 참여 덕분이었다. 매니페스토 운동의 한 축은 후보자들로 하여금 유권자에게 '참공약'을 제시할 것을 촉구하는 것이며, 다른 한 축은 삶과 환경의 질을 악화시키고 현실성 낮은 '막개발 · 헛공약'을 적극적으로 찾아내어 철회를 촉구하는 것이라 하겠다. 후보자의 공약평가는 유권자들의 선택에 준거기준을 제시한다는 점에서 그 의미가 큰 만큼, 공명선거 추진 활동의 일환으로서 언론 · 학계 · 시민단체에서 담당하는 것이 타당하다. 공약평가에 있어 중요한 것은 유권자가 공감하는 평가지표 개발과 평가단체의 공정성과 객관성의 담보라고 할 수 있다.

〈표 9〉에서 보듯이 선거 과정에서 동일한 공약을 두고 평가단체에 따라 다른 결론이 나온다면 유권자의 입장에서 혼란을 겪을 수밖에 없다는 점은 부인할 수 없으며, 2006년 지방선거에서도 보도를 통해 시민단체의 후보자 공약 평가 결과가 엇갈리게 발표된 사례가 일부 있었다. 앞으로 유권자가 공감하는 지표의 개발, 전문성 있는 평가로 연결될 수 있도록 5·31지방선거에서 개발된 다양한 지표에 대한 평가와 보완이 뒤따라야 할 것이며, 이행평가 과정에서 유권자의 적극적인 관심과 참여가 더욱 절실하다.

〈표 9〉 공약평가 결과가 다르게 나온 대표적인 사례

후보자 공약	531추진본부 우수 공약 선정 이유	2006시민연대 헛공약 선정 이유
강북부활 프로젝트 (한나라당 오세훈 후보)	실현 가능성, 주민 참여도, 지역적 특성 반영 등 4개 기준 중 3개 우수	막대한 보상비와 과도한 개발이 우려
신도심 세계도시 서울플랜 (열린우리당 강금실 후보)	서울의 성장 동력 강화가 예상되고 도시공간의 활용 계획이 우수	실현 가능성이 희박하고 오히려 도시문제를 악화시키는 정책
13만4천 개의 일자리 창출 (민주당 박광태 후보)	구체적인 실현계획이 잘 짜여 있고 지역산업과 연계되어 있어 새로운 지역 가치 창출이 예상	광주인구의 10%, 실업인구의 절반에 해당하는 일자리 창출계획, 구체적인 재원 계획이나 산업 육성 방안에 대한 구체성이 부족
서남해안 관광산업육성 (민주당 박준영 후보)	지역 내 관광자원을 잘 활용한 것이며, 세부적인 사업목표와 재원 확보 방안이 잘 마련됐음	골프장과 카지노 중심의 관광레저사업을 추진함으로써 대규모 환경파괴가 우려되고 경제적 타당성이 충분치 못해 재정적자 예상

출처: 2006. 5. 24 중앙일보 기사와 같은 날 한겨레 기사, 2007. 4. 20 개최 매니페스토 운동의 바람직한 방향과 영향력 확대방안 토론회 자료 36쪽(중앙선관위)

〈그림 4〉 공약검증 시스템

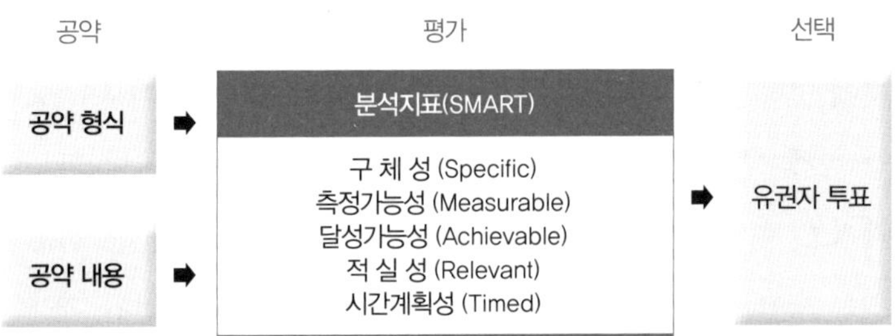

위 〈그림 4〉에서 보듯이 공약은 공약 내용과 공약형식으로 구성되어 있다고 볼 때, 제시된 공약을 어떻게 유권자에게 쉽게 전달할 수 있을까? 그 문제는 바로 공약을 분석지표에 의하여 몇 개의 카테고리로 잘 분석해서 유권자에게 제시하는 문제와 직결된다. 공약의 평가는 '공약 → 평가 → 선택'이라는 프로세스를 거친다. 지방선거 시 스마트, 파인, 셀프 등 많은 지표들이 제시되었지만, 위 프로세스 도표는 영국에서 전형을 보여 준 스마트(SMART)지표에 의해 분석되는 예이다.

공약평가 기준 개관

아래 〈표 10〉은 5 · 31 지방선거와 제18 · 19대 국회의원선거, 제18대통령선거 시 발표 · 적용된 지표들을 정리한 것이다. 평가지표는 평가를 위한 잣대이므로 누구나 공감하는 공정성과 객관성이 담보될 수 있는 지표여야 한다. 거기에다 평가를 담당하는 평가단도 구성 단계에서부터 평가 단계까지 공정성과 중립성을 담보해 나가야 한다. 2006년 지방선거에서 보았듯이 같은 공약이라 하더라도 어떤 지표를 사용하느냐, 어느 주체가 평가를 하느냐, 어느 관점에서 평가를 하느냐에 따라 평가 결과가 다르게 나올 수 있는 것을 배제할 수 없다. 여기서는 지방선거 시 공약 평가 결과가 다르게 나온 대표적인 사례를 소개하겠으니, 독자 여러분도 왜 이런 현상이 나오는지 고민해 보시기 바란다.

SMART 지표[1]는 531추진본부가 한국정책학회와 공동으로 개발하였고, 이를 조선일보가 적극 활용한 지표이다. 이 지표는 후보자 공약의 구체성 S(Specific), 측정 가능성 M(Measurable), 달성가능성 A(Achievable), 타당성 R(Relevant), 시간계획 T(Timed) 지표의 요소로 구성되며, 이러한 요소에 의해 후보자 공약을 분석하고 평가하는 것이다. 결국 후보자의 공약이 얼마 구체적이며 실현 가능한가를 따져 보는 데 유용한 지표로 보면 된다. 이 지표는 매니페스토 모국인 영국에서 최초 개발되어 사용되었고, 일본에서도 이를 원용해서 활용하고 있다.

1 SMART의 강점은 공약을 분석하는 일반적 기준, 특히 외국의 사례를 통해 충분히 검증된 지표를 제시하고 있다는 점에서 의미를 부여할 수 있다. 학술적으로 좋은 정책이 갖추어야 하는 조건인 계획의 명확성과 구체성 그리고 이상과 현실적 제약의 조화 그리고 후보자들의 임기 내 노력 정도를 제시하고, 지역 문제에 얼마나 관련이 깊은지를 측정하고자 한다는 점 등을 들 수 있다. 한편, 공약의 이행, 즉 실현 여부를 확정할 수 있는 또 다른 축은 분야별 이슈의 확인, 공약의 추진 주체와 지역의 역량 등을 포괄하지 못하는 지표로서 실제 활용상에서 독립적이고 완결성 있는 매니페스토 평가지표로 정립되지 못한 한계가 인정될 수 있다. 현실적인 활용에서 SMART 지표를 독립적으로 활용하기보다는 타 지표체계와 연계시켜 활용하는 경우가 확인되고 있다.

〈표 10〉 매니페스토 평가지표(2006~2012)

구분		개발	영문지표	평가기준	특징
2010지방선거	SMART 지표	한국정책학회, 531추진본부, 조선일보	S(Specific) M(Measurable) A(Achievable) R(Relevant) T(Timed)	① 구체성 ② 측정 가능성 ③ 달성 가능성 ④ 타당성 ⑤ 시간계획	일반적인 기준 정책목표의 타당성, 평가개별공약의 형식과 요건에 초점
	SELF 지표	한국지방자치학회, 531추진본부, 문화/중앙일보	S(Sustainability) E(Empowerment) L(Locality) F(Following)	① 지속가능성 ② 자치역량강화 ③ 지역성 ④ 이행평가	지역성 반영 종합적 정책평가, 정책내용의 가치 측면에 초점
	FINE 지표	한국의회발전연구회, 동아일보	F(Feasibility) N(INteractiveness) E(Efficiency)	① 실현성 ② 반응성 ③ 효율성	공약의 작성, 집행 및 효과에 대한 종합적 평가, 정책형성에 초점
	기타 지표	2006시민연대, 한겨레	바른정책, 바른선택 평가지표	① 지속 가능성 ② 실현 가능성	SELF와 FINE지표의 특성을 일부 반영,공약의 형식보다는 공약의 효과에 비중을 둠
국선	MANIFESTO 지표	한국정책학회		① 구체성 ② 측정 가능성 ③ 포괄성 ④ 독창성 ⑤ 재원조달가능성 ⑥ 시의적절성 ⑦ 경제성 ⑧ 공개성과 포용성	SMART 지표를 업그레이드, 국회의원 개인의 자질을 평가하는 'CITIZEN-Q'가 보완
대선	DREAM 지표	한국정당학회		① 꿈/비전 ② 연계성 ③ 수단의 적절성 ④ 반응성 ⑤ 효율성	기존 평가지표들이 지나치게 위임명령에 따른 결과 중심이라는 점에서 가치에 대한 문제를 보완

출처: 한국정당학회(2012:94) 일부 재구성, 필자 보완 정리

다음은 SELF 지표[2]는 한국지방자치학회와 531추진본부, 그리고 중앙일보, 문화일보에서 개발하여 활용한 지표인데 지속가능성 S(Sustainability), 자치역량강화 E(Empowerment), 지역성 L(Locality), 이행평가 F(Following)를 지표의 구성요소로 한다. 이는 5 · 31지방선거가 지역선거였기에 스마트 지표 이외에 지방치단체의 지속가능성과 자치역량강화 측면을 부각시키는 지표로서 지방선거에 적용될 수 있는 지표이다. 다만, 어떤 공약을 개발적인 측면을 볼 것인가 혹은 환경적인 측면을 볼 것인가에 따라 평가의 결과가 현저하게 갈리는 사례들이 있는 점을 들어 그 유용성과 효과성에 대한 의문을 제기하는 등 논란이 있다.

FINE 지표[3]는 동아일보가 한국의회발전연구회와 공동으로 개발

2 SELF는 기존 SMART 지표가 지나치게 공약자체 분석에 제한된 점을 극복·보완하고, 평가의 범위를 공약 자체는 물론, 공약설계와 구현에 직간접적으로 영향을 미치는 체계화·역량·지역이슈 등을 다루고 있다는 점이 강점일 것이다. 나아가 지방선거에 적용할 수 있는 지표개발이라는 점에서 지역성을 중요한 평가지표로 설정하여 접근한 점도 긍정적으로 받아들여진다. 반면, 평가지표를 실질적으로 활용하여 후보 및 공약에 대한 평가를 하기 위해서는 SELF의 활용자는 상당한 전문지식이 있어야 하고, 일반인 스스로 이 지표를 활용하기에는 한계가 있는 것으로 평가된다.

3 FINE 지표는 정책자체의 실현 가능성, 즉, 예산 업무 성격, 시간적 측면 등을 모두 포함하고 있고, 공약의 수혜자인 지역주민은 물론, 소외집단에 대한 고려를 포함하고 있는 강점을 가질 것이다. 나아가 효율성, 즉 목표 달성도뿐 아니라 재정 및 사회적인 선호까지를 고민하고 있는 점도 인정된다. 하지만 FINE 지표 역시 상대적이나, 공약을 분석하는 데 포괄성이 부족하고, 공약에 대한 측정의 가능성을 고려하지 못한 평가내용의 설계로 공약평가자의 임의성의 개입 여지가 넓다는 한계를 가진다고 본다. 나아가 기본적으로 이 지표의 가정인 공약의 형성-집행-효과달성 단계 모두에서 측정이 가능하다고 보나, 현실적으로 공약의 실행 이전에 해당 지표의 작

한 지표이다. 실현성 F(Feasibility), 반응성 IN(INteractiveness), 효율성 E(Efficiency)을 지표의 구성요소로 하는데, 스마트 지표가 후보자 공약을 형식적이고 틀적인 면에서 살펴본 것이라면 이 지표는 후보자 공약의 실질적인 측면을 살펴보는 것이다.

스마트 평가점수는 5 · 31지방선거에서 후보자의 당락에 유의미한 영향력을 발휘하지 못한 반면에 파인평가점수의 경우에는 통계적으로 명확한 효과성을 증명해 보이고 있다. 매니페스토의 실효성을 두고 논쟁이 야기되고, 여전히 매니페스토의 영향력을 강력하게 주장할 수 없게 만드는 이유는 평가지표에 따라 상반된 결과에서 비롯되는 것으로 이해할 수 있다. 이러한 내용은 입후보예정자나 후보자가 자신의 공약을 만들 때 고려해야 할 사항이다.

제18대 국회의원선거 평가지표

제18대 국회의원선거에 있어 정당과 후보자의 정책공약을 검증할 수 있는 평가기준은 중앙선관위가 한국정책학회를 통해 개발 · 제시한 MANIFESTO 평가지표다. MANIFESTO 평가지표는 2008년 18대 총선 전에 (사)한국정책학회가 개발한 것으로, 2006

동이 있을 수 있으며, 사후적인 측면에서는 동 지표의 창의성이 제약받을 수밖에 없을 것이다.

년에 개발한 SMART 지표의 약점 중 하나인 후보자의 자질(성향) 또는 역량 등을 측정할 수 있도록 기존 평가지표를 업그레이드한 것이다. 특히, 후보의 자질에 대해 평가하는 'CITIZEN-Q'라는 지표를 통해 공약 자체에 대한 분석을 넘어서 후보자 개인의 성향에 대한 분석도 포함하는 지표개발이라는 특징이 있다.

MANIFESTO 평가지표는 '요건-평가 기준-평가 내용'의 체계를 갖추고 있고, 요건으로 형식요건, 내용요건, 수단요건, 개인요건 그리고 CITIZEN-Q 등 5가지 요건을 요구하였다. 평가기준으로 모두 16개의 기준을 제시하고 있는데, 형식요건은 구체성(Specific), 측정 가능성(Measurable), 소망성(Aimed), 내용요건으로 포괄성(National), 독창성(Identicial), 재원 조달 가능성(Financial), 시의적절성(Timed), 수단요건으로 경제성(Efficent) 등으로 구성된다.

개인요건으로 후보의 특성으로 공개성과 포용성(Open), 그리고 CITIZEN-Q로 말과 행동의 일관성(Consistent), 청렴, 정직, 고결(Integral), 다른 후보의 정책을 인정함(Tolerable), 창의적이고 고안적임(Inventive), 허위사실을 유포하지 않음(Zero False Report), 공약메시지 전달능력(Enunciate), 과장된 공약주의(No Bragging)를 내용으로 하고 있었다. 이상의 5개 요건, 16개 기준이 제시한 평가내용을 요약하면 아래의 〈표 11〉과 같다.

〈표 11〉 MANIFESTO 평가지표

요건	평가기준	평가내용
형식 요건	구체성(S)	제시된 공약의 목표가 구체적으로 제시되는가?
	측정 가능성(M)	제시된 공약의 목표가 측정 가능한가? 제시된 공약의 달성정도를 계량적으로 모니터링하고 평가할 수 있는가?
	소망성(A)	제시된 공약은 바람직한 미래상을 담아내는가? 제시된 공약이 후보자의 비전을 담아내는가?
내용 요건	포괄성(N)	공약이 관련 국가 전체적 이익과 연계 되는가? 공약이 후보자가 속한 정당의 주요 정책과 연계되는가?
	독창성(I)	공약이 지역의 핵심 현안을 반영하고 있는가? 공약이 핵심 현안을 구체적으로 담아내고 있는가?
	재원 조달성(F)	제시된 공약 달성을 위한 재원 조달이 가능한가?
	시의 적절성(T)	제시된 공약의 시대적 요청에 부합하는가? 제시된 공약이 시기적으로 적절한가?
수단 요건	경제성(E)	비용 대비 효과에 대한 고려가 충분히 이루어졌는가? 제시된 공약이 제시하는 전략이 다른 방법보다 경제적인가?
개인 요건	공개성과 포용성(O)	후보자는 자신에 대한 정보를 유권자들에게 성실하게 공개하는가? 후보자는 공약들을 통해 사회의 다양한 구성원들의 이해관계를 포괄적으로 반영하고 있는가?
CITIZEN-Q 지표	말과 행동의 일관성(C)	평상시 말과 행동이 일관적이었는가? 동일한 이슈에 대해 특정 이해관계 집단에게 다른 말을 하는가?
	청렴, 정직, 고결(I)	인품이 정직하고 성실하며 청렴하다고 주위에서 인정하는가? 법규 위반 행위나 사기와 관련한 전과가 있는가?

CITIZEN-Q 지표	다른 후보의 정책을 인정함 (T)	자신의 공약을 강조하기보다는 다른 후보들의 공약을 비방하는 데 많은 시간을 할애하는가? 다른 후보의 좋은 공약에 대해 문제점만을 발견하려고 노력하는가?
	창의적이고 고안적임(I)	공약을 보면 그 사람의 고민과 진실성이 보이는가? 공약을 실현하려는 과정에서 발생하는 문제들을 창의적으로 해결해 나갈 수 있다는 믿음이 가는가?
	허위사실을 유포하지 않음(Z)	상대후보에 대해 근거 없는 비방을 일삼는 경향이 있는가? 상대후보에 대해 무책임하게 검증되지 않은 허위사실을 유포하는 경향이 있는가?
	공약메시지 전달능력(E)	유권자들에게 자신의 공약을 애매하지 않게 명확하게 전달하고 있는가? 유권자들이 공약의 내용을 쉽게 이해할 수 있는가?
	과장된 공약주의(N)	공약을 주장함에 있어 황당한 이야기를 많이 하는 경향이 있는가? 자신을 경력과 능력을 홍보함에 있어 과장된 이야기를 많이 하는 경향이 있는가?

출처: 중앙선거관리위원회(2008: 36-37)

MANIFESTO 모형[4]의 평가는 5가지 기준에 대해 5점 척도를 사용하고 있으며, '매우 미흡'은 1점, '미흡'은 2점, '보통'은 3점, '만

4 이 모형의 강점으로는 지난 2006년 지방선거 시 제시한 SMART 지표가 가지고 있는 한계, 즉 후보자 개인에 대한 평가지표가 없는 점과 지표의 체계성 부족을 보완할 뿐 아니라 이전에 개발된 SELF지표, FINE지표 등의 강점을 종합하고 있다는 점을 들 수 있다. 반면, 후보자 개인에 대한 평가지표가 전체적인 평가기준에 비해 많다는 점에서 당초에 의도한 후보 개인이 아닌 후보의 공약을 중심으로 평가하고 관련된 정보를 제공하고자 한 취지는 다소 퇴색될 수밖에 없을 것으로 보인다.

족'은 4점, '매우 만족'은 5점을 부여한다(중앙선관위 2010).

이와 같이 국회의원의 공약 성격을 평가의 기준틀로 바꾸어 보면 〈그림 5〉와 같이 제시할 수 있다.

〈그림 5〉 국회의원 정책공약 평가 기준틀

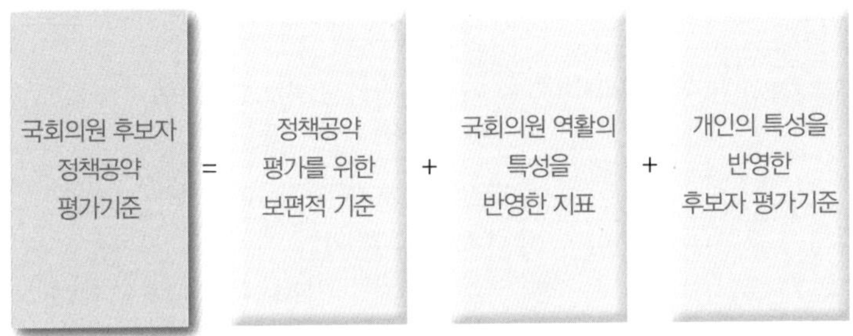

2010년 지방선거 평가지표

지방자치단체장선거 후보자들의 정책공약을 평가하는 방법으로 공약포트폴리오(Manifesto Portfolio)와 공약포지셔닝(Manifesto Positioning)을 제시, 이를 기반으로 구성된 MPP(Manifesto Portfolio & Positioning) 지표를 제시했다. 정책공약에 대한 MPP 평가 모형은 공약포트폴리오(Manifesto Portfolio)를 통한 '공약의 지평', '공약의 심도'에 관한 평가와, 공약포지셔닝(Manifesto Positioning)에 관하여 '포지션' 평가가 이루어진다. 후보자의 정책공약을 하나의 묶음으로 보면, 세 차원으로 평가 모형을 〈그림 6〉와 같이 나타낼 수 있다. 우선 '공약의 지평'은 공약이 수평적으로 얼마나 넓은 영역을 포괄하는가 하는 점을 나타낸다.

〈그림 6〉 공약의 지평

출처: 2010년 지방선거 매니페스토 평가지표 개발보고서(중앙선관위)

이는 크게 정치 · 행정, 국제, 경제, 사회복지, 교육, 생활환경 등 6가지로 분류하여 평가한다. '공약의 심도'는 공약이 갖는 수직적 측면으로 공약의 체계성, 구체성, 완결성을 평가한다. '포지션'은 후보자가 자신을 '어떤 정책적 위치'로 유권자들에게 자리 잡고자 하는가를 평가한다. 즉 〈표 12〉에서 보는 바와 같이 정책공약 평가는 5단계로 이루어지는데 1단계는 공약 포지셔닝, 2단계는 공약 스케치, 3단계는 개별 공약의 작성, 4단계는 포트폴리오 작성, 5단계는 자체평가 및 피드백 작성으로 평가가 이루어진다.

〈표 12〉 공약작성의 5단계

단계		조건
1단계	공약 포지셔닝	① 사전 리포트 작성 ② 소속 정당 입장 반영 ③ 후보자별 방향성 반영
2단계	공약 스케치	① 공약의 스케치 ② 연속성 여부에 따른 공약구분 ③ 정책 분야별 공약의 구분
3단계	개별 공약의 작성	① 공약 선별 ② 구체화, 현실 가능성 검토 ③ 공약 디자인
4단계	포트폴리오 작성	① 정책분야별 공약의 배치 ② 자치계층별 차별적 수정 · 검토
5단계	자체평가 및 피드백 과정	오류 및 누락 사항들을 수정 · 보완하여 공약으로 최종 확정

_____ 출처: 2010년 지방선거 매니페스토 평가지표 개발보고서(중앙선관위)

이외에도 김형준 국민대 정치대학원 교수(현 명지대 교수)가 제시한 후보자평가지수(〈표 13〉 참조)도 정책공약과 개인자질을 평가하는 데 고려해 볼 만한 가치가 있다. 김형준 교수가 『예비후보자 등록제와 상향식 공천제도 고찰(선관위 외부평가)』에서 제시한 후보자 평가지수(Candidate Evaluation Index: CEI/ SMART PERSON 지수)로서 후보자 공천심사 시 활용할 수 있는 지표이다. 후보자가 되고자 하는 자는 후보자 공천 준비나 선거 준비를 위해 후보자 평가지수에 나와 있는 평가항목을 잘 살펴보고 나름대로 평가점수를 많이 받을 수 있도록 자신을 체크하고 부족한 부분은 지속적인 노력을 통해 보완해 나가야 할 것이다.

〈표 13〉 후보자 평가지수

분야	평가항목	핵심내용
정책공약 (AMART) 45점	구체성(S) Specification	공약이 얼마나 구체성을 갖추고 있는가
	측정가능성(M) Measurement	공약이 측정 가능하고 검증할 수 있는가
	목표접근성(A) Achievement	공약이 정말로 달성 가능한가
	지역연계성(R) Relevance	공약이 지역 특성과 연계되어 타당성이 있는가
	시간계획성(T) Time table	공약의 추진 일정이 명시되었는가
개인자질 (PERSON) 55점	업무성취능력(P) Performance	충분한 경륜과 경험으로 업무 수행 능력을 갖추었는가
	양성평등인지성(E) Equality	성인지적 시각에서 양성평등에 대한 확고한 인식을 갖추었는가
	개혁성(R) Reform	새로운 비전을 갖고 잘못된 부분을 과감히 바꾸어 나갈 수 있는 개혁성을 갖추었는가
	전문성(S) Speciality	특정분야에 대한 지식을 바탕으로 효율적인 행정 및 의정 활동을 펼칠 수 있는 전문성을 갖추었는가
	준수성(O) Observance	자신이 추구하는 이념이나 정책을 잘 준수하여 정체성을 갖추고 있는가
	참신성(N) Novelty	과거의 잘못된 관행에 물들지 않은 깨끗하고 새로운 정치를 펼칠 수 있는가

_____ 출처: 예비후보자 등록제와 상향식 공천제도 고찰(중앙선관위 외부평가, 김형준 교수

DREAM 평가지표

DREAM 지표는 2012년 한국정당학회가 기존의 매니페스토 평가지표가 가진 약점과 시대적 환경의 욕구, 즉 지나친 측정지향 및 공약의 가치 배제, 공약에 대한 종합적인 분석 필요성 강화, 지나치게 과거의 평가체계 고집, 위임명령이론의 숭상에 따른 지나친 결과 중심주의 만연, 국정과제와 지역과제 간의 연계 등을 반영한 지표 개발을 추구함으로써 도출되었다.

DREAM 지표는 평가 분야를 국정과제와 지역밀착과제로 분류하고, 4가지 요건에 따라 모두 4개의 평가 내용을 제시하였다. 즉, "가치요건"[꿈/비전(Dream)], "형식요건"[연계성(Affiliation/Adjustment)], "내용요건"[반응성(Responsiveness), 효율성(Efficiency)], "수단요건"[수단의 적절성(Means]으로 평가 내용을 크게 분류할 수 있다.[5]

가치요건인 꿈/비전(Dream)은 공약이 시대적 정신에 부응하고 비전을 실현할 정책이나 시책에 해당하는가를 중심으로 살펴본다. 형식요건인 연계성(Affiliation/Adjustment)은 소속정당이 추구하는 방향과 일치 여부와 기존 제도체제 또는 자신의 다른 공약과의 연계성이 있는지 여부를 판단하고자 한다. 수단요건인 수단의 적절성(Means)은 재원과 추진 로드맵 등 수단이 적정한가를 점검한다. 내

5 이는 이현출(2007)이 대통령선거와 한국의 정치 발전 세미나에서 제안한 내용에 기반을 두고 있고, 한국정당학회(2012)의 보고서의 내용을 요약한 것이다.

용요건은 반응성(Responsiveness)과 효율성(Efficiency)으로 구성되는데, 반응성은 유권자 및 사회의 요구에 부응하고 좋은 반향을 일으킬 것인가에 초점을 두었다. 한편, 효율성은 경제적 측면에서 투입 대비 산출이 높은가 그리고 사회적 측면에서 사회적 갈등을 야기하지 않는가라는 효율성을 포괄한다. 이상의 내용을 요약하면 아래 〈표 14〉와 같다.

〈표 14〉 DREAM 평가지표 구조

평가 분야	평가 내용		
국정과제	가치요건	꿈/비전 (Dream)	공약이 시대적 정신에 부응하는가? 비전을 실현할 정책이나 시책이 있는가?
	형식요건	연계성 (Affiliation/ Adjustment)	소속정당이 추구하는 방향과 일치하는가? 기존 제도체제 또는 자신의 다른 공약과의 연계성은 있는가?
	수단요건	수단의 적절성 (Means)	재원과 추진 로드맵 등 수단이 적정한가?
지역밀착 과제	내용요건	반응성 (Responsiveness)	유권자의 요구에 부응하는가? 사회의 요구에 잘 부응하고 좋은 반향을 일으킬 것인가?
		효율성 (Efficiency)	경제적 효율성: 투입 대비 산출이 높은 대안인가? 사회적 효율성: 사회적 갈등을 야기하지 않는가?

출처: 한국정당학회(2012: 100)

DREAM 지표[6]의 평가는 해당 후보의 선거공약을 읽어 본 후 위의 지표의 착안 사항에 따라 그 점수를 부여하는데, 평가 지표별 10점 척도로 평가하되, 보통 수준일 경우 5점으로 평가, 매우 우수할 경우 10점으로 평가한다(한국정당학회, 2012:100).

유권자 평가지표(18대 국선)

매니페스토 정책선거 실천에 대한 실효성을 확보하고 범국민 동참 분위기 조성을 위하여 정당·입후보예정자에게는 정책·선거공약 작성을 위한 지침으로서의 공약 작성 매뉴얼이 필요하다. 또한, 유권자도 정당·후보자가 작성하여 공개한 정책·공약을 쉽게 비교해 보고 판단해 볼 수 있는 매뉴얼이 필요하다. 이에, 선관위에서는 학계와 전문가의 협력으로 매니페스토 실천 가이드북을 후보자용과 유권자용으로 구분·발간하여 정당, 후보자, 유권자들에게 배부·활용해 왔다. 특이할 만한 것은 제18대 국회의원선거 시 가

6 DREAM 지표의 강점은 후보자가 총선인지, 지방선거인지 등에 따라 차별적인 공약을 제시하지만 이 공약이 기본적으로 국정 운영 방향과 연계성을 확보해야 한다는 점, 가치요건을 부각함으로써 공약이 가져야 하는 가치 중 하나인 이상성을 측정하고자 하였다는 점 등에 있을 것이다. 반면, DREAM 지표는 기존에 도출된 지표들에서 크게 변화를 꾀하고 있지 않다는 점에서 차별성 또는 독창성을 부여하기 어려운 측면이 있고, 평가 내용의 구체적 정의와 측정을 고려한 지표 및 평가체계의 정예화를 하지 못하고 있는 점 등을 약점으로 지적할 수 있을 것이다.

이드북에 매니페스토 정책공약 사례와 구체적인 작성 방법을 제시하고 후보자가 자신의 공약을 자가 진단해 볼 수 있는 지표를 게재하여 호응이 좋았다.

후보자용 매니페스토 실천 가이드북에는 좋은 공약의 필요성, 조건, 작성 절차와 내용, 자체 진단표 등을 담아 정당과 입후보예정자, 유관기관, 언론, 시민단체, 여론주도층 등에게 제공하였다. 유권자용 매니페스토 실천 가이드북에는 좋은 공약 이행, 평가의 필요성, 활용 방법, 정책공약자가진단표(비교체크리스트)(표 15 참조) 등을 이해하기 쉽도록 요약된 형태로 작성하여 관공서 민원실, 경로당, 시민 · 사회단체, 금융기관 민원실, 역 · 터미널, 정당 · 국회의원사무소와 각종 계기를 이용하여 배부 · 활용하였다. 이는 유권자의 공약 검증에 많은 도움이 됐다는 평가를 얻었다.

〈표 15〉 정책공약자가진단표(비교체크리스트)

이 표는 후보자가 제시한 공약을 유권자가 형식 · 내용 · 수단 · 개인요건 등을 여러 측면에서 다양하게 살펴볼 수 있는 정책공약비교체크리스트(매니페스토 평가지표)임. 각 항목별로 ○(만족), △(보통), x(미흡)로 표시하여 유권자의 만족 정도를 비교해 볼 수 있음.

요건	지표	내용	(만족)	(보통)	(미흡)
형식요건	구체성	• 제시된 공약의 목표가 구체적으로 제시되어 있는가?			
	측정가능성	• 제시된 공약의 목표가 측정가능한가? • 제시된 공약의 달성 정도를 계량적으로 모니터링하고 평가할 수 있는가?			

형식요건	소망성	• 제시된 공약은 바람직한 미래상을 담아내고 있는가? • 제시된 공약이 후보자의 비전을 담아내고 있는가?			
내용요건	포괄성	• 공약이 국가 전체적 이익과 연계되어 있는가? • 공약이 후보자가 속한 정당의 주요정책과 연계되어 있는가?			
	독창성	• 공약이 지역의 핵심현안을 반영하고 있는가? • 공약이 핵심현안을 구체적으로 담아내고 있는가?			
	재원조달가능성	• 제시된 공약의 달성을 위한 재원 조달이 가능한가?			
	시의적절성	• 제시된 공약이 시대적 요청에 부합하는가? • 제시된 공약이 시기적으로 적절한가?			
수단요건	경제성	• 비용 대비 효과에 대한 고려가 충분히 이루어졌는가? • 제시된 공약이 제시하는 전략이 다른 방법보다 경제적인가?			
개인요건	후보자의공개성과포용성	• 후보자는 자신에 대한 정보를 유권자들에게 성실하게 공개하고 있는가? • 후보자는 공약들을 통해 사회의 다양한 구성원들의 이해관계를 포괄적으로 반영하고 있는가?			

출처: 제18대 국회의원선거 유권자용 매니페스토 실천 가이드북(중앙선관위 발행)

사 결과 역시 이에 대한 필요성이 검증되었다. 따라서 후보자 개인에 대한 평가를 위하여 PLUS(+) 평가지표가 개발된 것이며, 이는 P(positive: 적극성), L(leadership: 리더십), U(understanding: 소통), S(speciality: 전문성)로 구성된다.

또한 평가지표인 PLUS(+)의 내용을 보다 구체화시키고 평가자와 피평가자의 자의적이고 임의적인 해석과 적용을 배제하기 위하여 2~3개의 세부측정항목을 제시한다. 'SMART-PLUS' 평가지표는 〈표 16〉과 같다. 〈표 16〉은 평가지표체계상의 영역-평가지표-세부측정항목 이외에 배점을 포함하고 있다. 배점은 평가지표마다 동일한 가중치를 부여해야 할 만큼 중요하다고 판단되나, 전문가 조사 결과 등을 반영하여 공약의 구체성과 적절성에 상대적으로 다소 높은 가중치를 부여한다.

〈표 16〉 'SMART-PLUS'평가지표 요약

영역	평가지표	세부측정항목	배점
공약/SMART	구체성 (Specific)	• 공약의 목표를 구체적으로 제시하고 있는가? • 공약의 추진 방법을 구체적으로 제시하고 있는가? • 공약 달성을 위한 현실성 있는 재원 조달 방안을 제시하고 있는가?	15
	측정 가능성 (Measurable)	• 공약의 목표 달성 여부나 달성비율 등에 대한 측정이 가능한가? • 매년 공약 달성 여부를 측정할 수 있도록 목표치를 설정했는가?	10

공약/SMART	소망성 (Aimed)	• 공약이 지역의 바람직한 미래상을 담아내고 있는가? • 공약 추진 방법이 주민들의 갈등을 최소화할 수 있는 대안인가? • 공약이 후보자의 비전이나 독창성을 포함하고 있는가?	10
	적절성 (Relevant)	• 공약의 우선순위가 지역 현안을 적절히 고려하고 있는가? • 제시된 공약이 지역의 현안에 대한 적절한 해결 방안인가? • 공약이 지역주민들의 욕구를 충분히 담아내고 있는가?	15
	시간계획성 (Timed)	• 임기 중 공약 달성을 위한 시간계획이 적절한가? • 제시된 공약 추진이 시기적으로 적절한가?	10
개인/PLUS	적극성 (Positive)	• 상대에 대한 비방보다는 자신의 공약을 적극 알리려 하는가? • 지역의 현안을 해결하기 위해 적극적으로 노력하고 있는가? • 자신의 경력과 능력을 진정성 있게 홍보하고 있는가?	10
	리더십 (Leadership)	• 공약을 실천할 수 있는 리더십을 가지고 있는가? • 공약추진과 관계있는 기관이나 단체와의 원활한 협력이 가능한가?	10
	소통 (Understanding)	• 적절한 수단을 활용하여 지역사회와 소통하고 있는가? • 지역사회의 이해 당사자와 소통할 수 있는 능력이 있는가? • 자신의 신상정보나 공약, 정견, 경력 등을 충분히 공개하고 있는가?	10
	전문성 (Speciality)	• 공약을 실천할 수 있는 전문성을 가지고 있는가? • 공약을 추진해 나갈 수 있는 능력과 경력을 갖추고 있는가?	10

출처: 제6회 지방선거 매니페스토 평가지표 개발 자료(중앙선관위, 2014)

시민단체는 협업으로 파이를 키울 수 있다

시민단체의 선거참여 운동 변화

2004년 총선시민연대의 낙천낙선운동은 많은 논란에도 불구하고 한국 정치 과정에서 정치권에 대한 시민단체의 감시와 비판의 역할이 제도화되는 데 크게 기여하였다. 전문가와 비전문가 지식인들은 이 운동에 대해 다양한 반응을 보여 주었는데, 이 운동에 대한 시각을 크게 긍정론과 비판론으로 구분하여 간략히 정리[1]해 보면 다음과 같다.

우선 낙천낙선운동에 대한 긍정적인 평가의 요지는 이렇다. 첫

1 2008. 2. 24. 중앙선거관리위원회 주최 국민대토론회 자료집(라미경 교수, 제18대 총선 매니페스토 정책선거의 효과적인 추진방안)

째, 시민 사회 영역의 국가와 정치사회에 대한 견제 역량의 강화를 들 수 있다. 낙천낙선운동이 시작되기 이전까지는 정치 개혁의 필요성에 대한 공감대는 형성되어 있었지만 정치권을 강력하게 비판할 만한 주도적인 세력이 결집되지 못했다. 1987년 민주화 운동 이후 꾸준히 성장한 우리의 시민사회가 그 결실로 2004년 4 · 13총선에서 낙천낙선운동을 전개한 것은 시민사회라는 개념의 정의 그대로 국가와 정치사회에 대한 견제 세력으로서 견고히 자리매김하기 시작했다는 의의를 가진다.

이제 더 이상 정치권이 국민을 속이고 그들만의 사적 이익을 쉽게 추구할 수 없으며 유권자의 견제와 비판을 수용하지 않고는 살아남기 힘들다는 분명한 위기의식을 심어 주게 되었다. 16대 국회에서 이전 국회에 비해 초 · 재선의원들이 소속당의 노선과 상반되는 독자적인 목소리를 상대적으로 자주 내는 것도 시민사회 성장의 결과이다.

둘째, 낙천낙선운동이 선거과정에서 국민의 관심과 참여를 이끌어 냄으로써 국민 참여의 부족이라는 대의민주주의의 한계를 시민운동을 통해 극복할 수 있다는 가능성을 보여 주었다. 많은 학자들이 대의제의 문제점으로 시민과 대표자 간의 괴리감, 정치 과정에의 시민 참여 부족을 들고 있다. 1990년대 중반 이후 시작된 의정활동평가와 더불어 낙천낙선운동은 시민사회에 뿌리내리지 못한 시민운동이라는 비판을 극복하고 대의제의 참여적 요소를 보완하는 중요한 기능을 수행하였다.

한편, 낙천낙선운동의 부정적인 측면을 강조하는 지적도 있다. **첫째**, 낙천낙선운동은 정당들 간의 정책 중심의 경쟁을 저해하고 인물 위주의 경쟁을 유도하였다는 것이다. 후보자들에 대한 신상 공개는 유권자로 하여금 후보자의 자질이 투표 선택의 중요한 기준으로 받아들이도록 유도하여 선거 과정 전반에 정책대결 양상을 약화시켰다는 것이다. 정책대결 중심의 정당정치를 약화시켰다고 비판하지만, 소수의 학자들은 우리의 보스 중심의 정당 구조하에서 오히려 투명한 인물 중심의 대결이 특정 지역을 기반으로 한 정당 대결구도를 약화시킬 가능성이 있다고 긍정적으로 바라보기도 하였다(운종빈 2002, 3).

둘째, 총선연대의 낙천낙선운동에 대한 가장 일반적인 비판은 이 운동이 정치권에 대한 유권자의 혐오감을 더욱 강화하여 투표 참여율을 낮추었다는 것이다. 재산, 병역, 납세, 전과기록 등에서 일반 국민들과의 삶과는 동떨어진 후보자들의 부정적인 행태가 부각되었고, 이러한 양상이 후보자들에 의해 네거티브 캠페인으로 활용되어 유권자의 정치혐오감을 부추겼다는 주장이다. 낙천낙선운동이 부정적(negative campaign) 시민운동이었다면 2006년부터 시작된 매니페스토 운동은 좋은 정책, 갖춘 정책, 책임지는 정책을 제시토록 유도하는 긍정적(positive campaign)이라는 인식하에 효과적으로 공직선거에서 전개되어야 한다.

시민사회의 의식구조는 일정한 독립성을 가지면서도 사회운동의 정치적 기회구조에 민감하게 반응하고 시민운동의 조직들은 이러한 시민 의식구조에 다시 영향을 준다. 1990년대 초 공명선거감시운동을 시작으로 정책캠페인운동, 2000년 낙천낙선운동, 후보자 추천운동 등 선거마다 등장한 다양한 운동을 경험해 왔다. 물론 이들 운동이 정치권에 커다란 반향을 불러일으켰고 정치개혁의 기폭제가 되어 왔다는 사실은 부인할 수 없다. 그러나 이러한 노력을 통한 성과를 축적하여 전략적으로 상승, 발전시켜 내지 못함으로써 선거 때마다 나오는 일회성이라는 비판이 제기되기도 한다(라미경 2007b, 25-26).

1987년 6월 항쟁을 시작으로 한국 시민운동 지형은 빠르게 변화해 갔다. 1990년대에서 2007년에 이르는 시기 동안 사회 변혁 지향의 민주화 운동조직들은 빠른 속도로 축소해 간 반면 새롭게 나타난 시민운동의 조직들은 경제 · 사회적 관심으로 분화 · 발전되었다. 전체 시민사회의 일반적인 관심이 이전과는 크게 달라졌다는 사실은 그것이 사회결제구조의 변화와 맞물려 있을 수도 있고, 또한 시민운동조직 확대의 직접적인 기반이 되는 동원구조와 바로 관련되기 때문에 나름의 의미를 가질 수 있다(조대협 199,191).

또한 문서화된 매니페스토를 국민들이 받아 볼 수 있으려면 언론의 역할이 중요하다. 방송과 신문, 인터넷 언론 등 모든 언론매체는 후보자와 정당의 정책 관련 발언과 자료를 꼼꼼하면서도 철저하게 추적 · 정리하여 국민에게 전달해 주어야 한다. 이러한 매니페스토 운동이 앞으로 선거 과정에서 확산되기 위해서는 지방시민단체는 주민조직과 지원 그리고 네트워크 구축 활동을 전개함으로써 다양한 유권자 교육과 홍보 프로그램을 개발하여 실행해야 할 것이다. 첫째, 유권자 교실 개설, 둘째, 공청회와 토론회의 개최, 셋째, 후보자 초청토론회, 넷째, 선거부정감시단 구성이 그 대표적인 프로그램이 될 것이다.

시민단체는 매니페스토 정책선거 추진 주체 중의 한 축이다. 이들이 선거 과정에서 관여하는 역할이나 기능은 매우 중요하다. 그 사업들의 대부분은 좋은 정책을 제시할 수 있도록 정책이슈와 어젠다(agenda)를 모아 정당과 후보자들에게 제시하는 역할, 정당과 후보자들이 매니페스토를 이해하고 실천에 옮길 수 있도록 아카데미를 개설 · 운영하는 역할, 그리고 선거가 정책선거로 치러질 수 있도록 토론회를 개최해 정책선거 실천 방안 모색 등 이론적 정립과 실천적 노하우 전파 등 사전 분위기 조성에도 관여하는 역할, 정당과 후보자들이 제시한 정책공약이 실현 가능한 것인지 여부를 평가하고 검증하는 역할이 그 주요사업이다. 이외에도 후보자의 도덕적 자질도 따져 보며 정책으로 경쟁하도록 정당 관계자와 후보자를 초청해서 토론회 개최하는 역할 또한 주도적인 사업이다.

시민단체는 〈표 17〉에서 보여 주듯이 매니페스토 운동의 인식 확산, 지역별 네트워크 구축, 시민의 관점에서 공약 개발과 평가를 하는 점에서는 긍정적인 성격을 갖지만, 다른 한편으로는 다양한 홍보 방법이 미비하고 유기적인 연결고리가 미약하며 공약을 다각도에서 평가하지 못하고 그 단체가 지닌 시각에서 조명하여 공약평가가 상이하게 나타난다는 문제점으로 지적되고 있다.

〈표 17〉 매니페스토 운동에서의 시민단체 활동영역

구 분	긍정적 측면(Strongness)	부정적 측면(Weakness)
선거문화혁신	매니페스토 운동의 인식 확산	다양한 홍보 방법 미비
조직활용	지역별 네트워크 구성	유기적인 연결고리 미약
공약평가	시민의 관점에서 공약개발하고 평가	공약을 다각도에서 평가하지 못하고 그 단체가 가진 시각에서 조명하여 공약평가가 상이

_____ 출처: 중앙선거관리위원회 주최 국민대토론회 자료집(2008. 2. 24)

시민단체의 매니페스토 사업 지원 절차

선거에서 중요한 역할을 하고 있는 시민단체가 자체역량으로 매니페스토 사업을 추진할 수 있는지는 의문이다. 우리나라는 시민단체가 스스로 자생력을 갖고 선거 과정에서 중립성을 견지하면서 제 역할을 하기가 쉽지 않다. 그 이유는 많겠지만, 대표적인 이유는 재정적으로 열악하다는 점이다.

특히, 매니페스토만을 지향하고 사업을 발굴해서 추진하고 있는 시민단체야말로 턱없이 부족한 재정으로 인해 조직이 견고하지 못하여 자원봉사자만으로 시민단체를 이끌어 가기에는 사실상 불가능 할 것이다. 이처럼, 매니페스토 추진단체의 대부분이 조직적인 면이나 재정적인 면에서 매우 빈약한 형편이다. 이들 단체들이 내세울 수 있는 것은 정치적 중립성과 객관성 확보이고 사업에 대한 비전과 철학이다. 또한 이들 단체들이 매니페스토를 추진하는 데 국가가 관여하지 않고 시장이론에만 맡겨 둔다면, 초창기에 매니페스토를 확산하여 조기에 정책선거를 실현한다는 목표는 달성할 수 없을 것이다. 중앙선거관리위원회의 시민단체에 대한 사업지원 근거와 과정을 알아보면 관민 협력 과정을 이해할 수 있다.

먼저, 중앙선관위는 시민단체에 대한 지원사업을 주요업무계획에 반영했다. 2007년 1월에 확정된 「2007주요업무계획 수립」에 「범정책선거 추진단체 네트워크 구축(P.34)」사업을 확정하고 여기에 소요되는 예산은 공명선거시민단체 지원비 명목으로 3억 원을 확보·배정했다. 주요업무계획 수립 시에도 ① 매니페스토 정책선거 추진 타당성 인정 사업에 대해 지원, ② 정책연구·개발 등 매니페스토 추진사업은 시민단체와 공동 추진이라는 대원칙을 명기해 대강의 명분을 확보했다.

정리하면 시민단체를 통해 사업을 추진하고자 할 때에는 지원사업을 주요업무계획에 반영하고 그에 소요되는 예산과 지원명분도 담보해야 한다. 그다음 시민단체를 대상으로 간담회 등을 개최하여 사업을 설명하고 지원 요청하면 심사를 통해 지원할 수 있음을 알린다. 지난 17대 대선을 보면 중앙선관위는 1월 31일 10여 개의 시민단체와 간담회를 개최하여 정책선거 추진사업 지원계획에 대한 사업 안내를 실시했다. 그리고 관련 사업 계획서 제출 요청도 했다. 여기서 강조했던 또 다른 사실은 시민단체들이 지원요청할 경우 요청 내역 그대로 지원하는 것이 아니라 단체의 공정성과 중립성, 객관성이 담보된다는 것과 사업의 타당성이 전제되어야 지원이 가능함을 분명히 밝혔다.

간담회가 끝난 후 사업계획서를 제출한 단체는 단 2곳뿐이었다. 매니페스토를 전담해서 추진하고 있는 한국매니페스토실천본부(이하 '실천본부'라 표기)와 바른 선거 실현을 위해 10여 년 전부터 뛰고 있는 바른선거실천시민전국연합회(이하 '바선모'라 표기)가 그 단체다. 중앙선관위가 추진했던 사업의 지원 절차는 '사업계획서 접수 → 타당성 검토 및 심사 → 관련 사업계획 수립 · 지원 → 중간정산 → 최종 정산 → 사업 종결 → 다음 선거 시 반영' 순으로 진행[2]된다. 실천본부가 지원 요청한 사업 중 청소년 대상 매니페스토 사업은 사업의 타당성은 높았으나, 특정 정당에 유 · 불리하거나 정치적으로 비화될 가능성이 높아 지원사업에서 제외하고 다른 사업은 모두 지원했다.

지원사업 규모는 2억 4천400만 원이었다. 실천본부에 2억 2,400만 원, 바선모에는 2천 5백만 원을 지원하였다. 세부 지원 내용을 보면 실천본부는 1219 범국민 매니페스토 정책선거 실천대회에 5,000만 원, 매니페스토 정책선거 초등학생 지원사업에 7,400만 원, 매니페스토 기본요건 및 작성양식 전달식에 9,000만 원, 놀자, 매니페스토 콘서트 개최에 1,000만 원 등 정책공약 작성 지

2 중앙선거관리위원회는 전국적인 선거 때마다 정책선거 협력사업을 공모해 언론과 학술단체, 시민단체 등으로부터 협력사업을 신청받아 엄격한 심사를 통해 지원단체를 선정 · 지원한다. 21대 국회의원선거 정책선거 협력사업에는 언론 4곳, 학술단체 5곳, 시민단체 3곳 등 12개 단체가 선정 · 지원받게 됐다.

원과 정책선거 분위기 조성사업이 대부분이었다. 바선모는 매니페스토를 쉽게 이해할 수 있도록 하기 위한 만화집 제작 · 배부 사업에 2,500만 원을 지원했다. 실천본부는 매니페스토가 도입된 2006년부터 지속적으로 지원을 해 온 유일한 시민단체였고, 바선모는 2006년도에는 지원하지 않았으나 2007년도에 시민단체 지원의 다변화를 위해 지원하게 됐다.

바선모는 매니페스토를 바른 선거 차원에서 추진하기로 하고 2007년도에는 정관을 개정하여 정관 제4조(사업)에 「정책선거를 위한 매니페스토 추진운동」사업을 바선모 주력 사업으로 명시했다. 앞으로도, 매니페스토 정책선거 추진 사업에 적극적으로 뛰어 바른 선거를 실현하겠다는 의욕을 보이고 있다. 실천본부는 매니페스토에 대한 전문성과 고유성, 브랜드 등 좋은 장점을 가지고 있지만, 지방조직은 부실[3]하다. 여기에 비해 바선모는 전문성 · 브랜드 측면에서는 취약하나 전국적인 조직을 갖추고 있어 시간이 지나면 지날수록 바선모의 역할은 커질 것으로 전망된다.

이처럼, 중앙선관위가 매니페스토 정책선거 지원사업을 지원함으로써 얻게 되는 공익은 무엇일까. 기본적인 목표는 유권자의 매니페스토 정책선거에 대한 이해 확산 및 선택능력을 높이는 데 있

3 선거관리위원회는 2010지방선거의 매니페스토 확산을 위해 16개 시 · 도 지방조직(2010시민매니페스토만들기 서울본부외15)에 학계 · 시민단체를 중심으로 델파이 조사, 지역여론조사, 심층토론을 통한 지방선거 주요 어젠다 개발비로 각 지부별로 4천만 원씩 총 6억 4천만 원을 지원했으며, 중앙 차원의 별도 시민단체 지원은 없었다.

다. 그러나 그 반사면에 선관위 주도의 매니페스토 정책선거 추진에 대한 저항과 한계를 극복하고 범국민적 매니페스토 운동으로 승화시키려는 또 다른 목적이 담겨 있다.

선거관리위원회와 실천본부의 관계

〈표 18-1〉은 2006년 선관위가 실제 진행한 매니페스토 사업이다. 2006년 한국에서 벌어진 매니페스토 운동은 크게 이 범주를 벗어나지 않았다. 표에서 보듯, 2006년 당시 선관위와 추진본부는 사업계획 작성 등의 과정에서부터 밀접한 관계를 갖고 있었고, 그 양자가 협업해서 추진한 매니페스토 사업이 2006년 한국의 매니페스토 운동의 주류를 이뤘다. 당시 선관위와 본부 외에 특별히 매니페스토 보급이나 연구를 위해 독자적인 활동을 전개한 단체나 기관은 많지 않았다. 2006년 한국의 매니페스토는 선관위와 추진본부가 제시한 틀 속에서 움직였다고 해도 크게 지나친 말은 아니다.

처음 매니페스토 운동을 시작한 추진본부와 선관위는 토론회와 캠페인을 공동으로 개최한 일이 많았고 그 만큼, 긴밀하게 연결돼 있었다. 선관위는 추진본부에 2006년에만 1억 원 이상의 예산을 지원했다. 또한 선관위는 한국정책학회에 매니페스토 사전평가지표 개발을 위한 자금도 지원했다. 그 결과 도입 · 개발된 것이 스마트(SMART)와 셀프(SELF)지표였다. 선관위와 추진본부가 당시 벌인

사업은 다음의 표로 정리할 수 있다(자료는 '06. 3, 중앙선관위 정책정당 지원팀 작성 '매니페스토 효율적인 추진계획' 중 일부 자료 인용). 〈표 18-2〉는 추진본부가 선관위의 필자에게 보낸 사업계획시안이다. 〈표 18-3〉은 선관위가 작성한 사업계획 추진안으로, 추진본부의 시안 내용이 상당 부분 반영돼 있다.

〈표 18-1〉 선관위의 2006년 매니페스토 실제 추진 상황[4]

구분	내용
매니페스토 토론회	정책선거 정착과 매니페스토 운동 확산 방안 모색 국민대토론회(2월 23일 추진본부와 공동주최)
	매니페스토 참공약 준비 및 활용 방안 모색을 위한 특별세미나(4월 5일 한국정책학회와 공동)
매니페스토 캐스터 위촉	매니페스토 대국민 홍보를 위해 3월 8일 중앙 차원에서 백지연(전 MBC 뉴스 앵커)을 매니페스토 캐스터로 임명
매니페스토 공모전	3월 하순부터 매니페스토에 대한 우리말 찾기 공모전을 실시, '참공약 선택하기'를 최종 결정, 공개함(1,270명, 3,301편 응모)
매니페스토 집중지원선거구 선정	촉박한 시기상의 문제와 업무량 등을 고려, 16개 시도지사 선거구 외에 기초자치단체 선거구 중에서 27개를 집중지원 선거구로 선정, 해당 지역 단체장 후보에 대해 매니페스토를 제출하며, 이를 공개해도 된다는 내용의 '매니페스토 실천 선거공약 제출서'를 받음.
	후보등록 마감 다음 날까지 제출돼 중앙선관위 홈페이지에 게시된 매니페스토는 시도지사 후보자 66명을 포함해 총 161명분 1,135건이었음.
매니페스토 협약식	3월 16일 여야의 5당 대표와 중앙선관위 위원장, 추진본부 대표가 참여하는 중앙단위 매니페스토정책선거 실천협약식을 개최했고, 이후 시도 및 시군구 단위 위원회가 동참해 177개 위원회가 참여

4 위 〈표 18-1〉 선관위의 2006년 매니페스토 실제 추진 상황, 〈표 18-2〉 추진본부의 사업계획안, 〈표 18-3〉 매니페스토 정책선거 추진일정표 자료는 필자가 중앙선거관리위원회 정책팀장으로 재직 시 팀에서 관리하고 있던 자료이며, 「작은 개혁이 성공한다」(윤승모 지음) 156-157쪽에도 원용되었다.

매니페스토 안내설명회	시도 및 구시군 위원회 주관으로 중앙선관위가 발간 배부한 매니페스토 실천 후보자용 가이드북에 의거, 매니페스토의 작성요령 등 설명, 전국적으로 16회 설명회를 열었고 4,350명이 참가
유권자 참여 분위기 조성을 위한 매니페스토 홍보	신문 및 방송광고 외에 홍보 영상물 제작 광고, 전단지(1,787만 부) 및 현수막 등
정당 및 후보자의 정책공약 작성 지원	후보자용 매니페스토 실천 가이드북(2만 5,800부) 및 유권자용 가이드북(60만 100부) 제작 배포, '좋은 정책 의제' 개발, 3천 부 책자로 만들어 배포
공약은행 개설 운영	지역 유권자가 공약 아이디어를 공약은행에 제출하면 후보가 열람해 대출할 수 있도록 한 것으로, 선거일까지 총 3,020건이 접수됨.
매니페스토 평가지표 개발	한국정책학회의 스마트지표, 지방자치학회의 셀프지표를 선관위가 구입해 사용하는 방식으로 진행, 선관위는 평가지표에 대한 제반 권리를 소유하고 이를 언론 등이 활용할 때는 선관위의 동의를 얻도록 함.

〈표 18-2〉 추진본부 사업계획안

중앙선거관리 위원회와 추진본부 공동추진사업	한국형 매니페스토 정착과 확산을 위한 국민대토론회(2천만 원)
	주요 정당과 '한국매니페스토 운동 협약식'(3천만 원)
	지역순회 토론회 16개 광역시도별 사업추진비(1억 6천만 원)
	'한국형 매니페스토 운동' 홍보물 제작 영상물 및 팜플렛(1억 3천만 원)
	한국형 매니페스토 평가지표 개발사업(5천만 원)
	5 · 31지방선거 후보자 공약평가 및 우수공약 선정사업(1억 원)
선관위 지원 추진본부 독자추진사업	좋은 정책개발 및 제공사업(2천만 원)
	'한국형 매니페스토' 지역강연회 및 주민설명회(2천만 원)
	지역추진본부 지원활동(3천만 원)
	추진본부 홈페이지 구축 및 운영(5천만 원)

* 괄호 안은 추진본부가 선관위에 매니페스토 단위사업별 지원요청한 금액(총6억 천만 원)임.

〈표 18-3〉 매니페스토 정책선거 추진일정표

사업명	시기	주관	추진 형태
정책선거 추진사업 예산 요구	2월 중(기추진)	중앙	
매니페스토 확산을 위한 국민대토론회	2월 23일(기시행)	중앙	공동 추진
실현 가능한 정책의제 개발 · 활용	3월 중	중앙	공동 추진
매니페스토 확산을 위한 홍보책자 발간	3월까지	중앙	
중앙단위 매니페스토 협약식 추진	3월 중	중앙	
매니페스토 추진 시범선거구 지정 · 운영	3월부터	중앙	
예비후보자 등 대상 매니페스토 아카데미추진	3월부터 4월 중	시도	지원 추진
광역단위 매니페스토 협약추진	4월 중	시도	공동 추진
후보자별 매니페스토 발표 및 평가	선거일 후		시민단체 독자 추진
민선4기 출범과 정책이행 선포식	7월 1일	시도	공동 추진
비전과 정책이행에 대한 지역보고회 추진	12월 중	시도	지원 추진

※ '공동추진'은 추진본부와 공동으로 추진하는 사업. '지원추진'은 위원회가 지원하고 추진본부가 주관하는 사업.

매니페스토 운동, 어디까지인가

법규 운용기준 방향

공직선거법상 단체는 원칙적으로 선거운동이 금지된 단체를 제외하고는 선거운동을 할 수 있다. 즉, 선거운동이 허용되지 않는 단체는 사단 · 재단 그 명칭 여하를 불문하고 선거 기간 중에 그 명의 또는 대표의 명의로 특정 정당이나 후보자를 지지 · 반대하거나 지지 · 반대할 것을 권유하는 행위, 즉 일체의 선거운동을 할 수 없다(제87조 본문). 한편, 선거법 제10조에서는 사회단체 등은 선거부정을 감시하는 등 공명선거추진활동을 할 수 있다고 규정하면서 공명선거추진활동을 할 수 없는 단체를 제한적으로 명시하고 있다.

보도자료 | 중앙선거관리위원회

2006. 4. 27. 총 5면 www.nec.go.kr gongbo1@nec.go.kr ☎ 02)503-2791 FAX 507-2632

참공약 선택하기 운동 가이드라인

선거법안내 503-1790
선거법위반행위신고 1588-3939

중앙선거관리위원회(위원장 孫智烈)는 5 · 31지방선거의 정책선거 실현을 위해 추진하고 있는 『참공약 선택하기(매니페스토)』 운동이 자칫하면 특정 정당이나 후보자의 선거운동으로 변질되거나 공정성에 시비가 될 우려가 있다고 보고 참공약 선택하기 운동의 가이드라인을 제시하였다. (중략)

예컨대, 특별법에 의해 설립된 국민운동단체로서 국가 · 지방자치단체의 출연 또는 보조를 받는 단체, 법령에 의하여 정치 활동이 금지된 단체, 후보자와 그 가족 등이 설립하거나 운영하는 단체, 특정 정당 또는 후보자를 지원하기 위해 설립된 단체, 선거운동을 하거나 할 것을 표방한 노동조합 또는 단체이다.

일반적으로 단체는 선거와 관련하여 세 가지 유형으로 선거에 접근한다. 첫째, 특정 정당이나 후보자를 위해 선거운동을 하는 유형. 둘째, 선거부정감시 등 공명선거추진활동을 하는 유형. 셋째,

일체 선거운동이나 공명선거추진활동에 관여하지 않는 유형.

우선 선거법 제87조에서 선거운동을 할 수 없다고 제한하고 있는 단체가 아니면 특정 정당이나 후보자를 위한 선거운동을 할 수 있다는 뜻이다. 따라서 이들 단체는 특정 정당이나 후보자를 위해 법 테두리 안에서 선거운동을 할 수 있다. 두 번째로, 공명선거추진활동을 할 수 있는 단체가 특정 정당이나 후보자를 위해 선거운동을 하게 되거나, 공정성과 중립성을 훼손한 경우에는 처벌은 별론으로 하고 그때부터 공명선거추진활동을 할 수 없는 단체로 전락하고 만다.

그런데, 단체가 매니페스토 운동을 추진한다면 그 활동을 어떻게 규정하고 대처해야 할 것인가. 중앙선관위에서 매니페스토 운동 가이드라인을 만들 때 세운 두 가지 기본 원칙이 있었다. 첫 번째 원칙은 매니페스토 운동은 공명선거추진활동의 일환이다. 두 번째, 공명선거추진활동을 하는 단체도 공직선거법상 단체에 해당되므로 기존에 확정되어 운용하고 있는 단체의 선거운동기준 범위 안에서 운용하는 것이다. 이 두 원칙을 잘 조합하여 만들어 낸 운용 기준은 다음과 같다. 본 기준은 5 · 31지방선거 전에 확정되어 시행했고, 그 기조는 제17대 대통령선거와 제18대 국회의원선거 과정을 거치면서 명시적인 수정 · 보완 없이 지금까지 유지해 오고 있다.

다만, 2008년 2월 29일 공직선거법 제108조의3가 신설되면서 새로운 해석의 필요성은 제기된다. 개정된 내용을 보면, 언론기관은 정당 · 후보자(후보자가 되려는 자를 포함)의 정책이나 공약에 관하여 비교평가하고 그 결과를 공표할 수 있다고 규정하면서 후보자등의 정책이나 공약에 관한 비교평가를 하거나 그 결과를 공표하는 때에는 특정 후보자 등에게 유리 또는 불리하게 평가단을 구성 · 운영하는 행위, 후보자별로 점수 부여 또는 순위나 등급을 정하는 등의 방법으로 서열화하는 행위 등은 할 수 없다고 규정하고 있다.

또한 언론기관 등이 후보자등의 정책이나 공약에 관한 비교평가의 결과를 공표하는 때에는 평가주체, 평가단 구성 · 운영, 평가지표 · 기준 · 방법 등 평가의 신뢰성 · 객관성을 입증할 수 있는 내용을 공표하여야 하며, 비교평가와 관련 있는 자료 일체를 해당 선거의 선거일 후 6개월까지 보관하여야 한다고 규정하면서 이 경우 선거운동을 할 것을 표방한 단체는 지지하는 후보자 등을 함께 공표하여야 한다고 제한하고 있다.

이처럼, 정당이나 후보자의 정책공약을 비교평가하고 그 결과를 공표하는 행위와 관련하여 새로이 공직선거법에 신설됐지만, 종전에 운영해 오던 〈참공약 선택하기 운용기준〉 중 일부 중요한 사항을 법에 포함하였기 때문에 명시적으로 법에서 규정하고 있는 〈자료 보관의무〉와 〈지지후보 공표의무〉를 제외하면 지금까지의 운용기조 내에서 운용하면 될 것이다.

매니페스토 '참공약 선택하기' 운동 홍보

매니페스토(참공약 선택하기) 운동을 홍보함에 있어 '참공약 선택하기' 운동의 정착과 확산을 위한 국민적 공감대를 형성하기 위하여 토론회 · 서명운동 · 캠페인 등을 실시하는 행위와 정당 · 후보자(입후보예정자를 포함함, 이하 같음)와 '참공약 선택하기' 운동 참여협약을 맺고 협약 결과를 소속회원 · 구성원에게 기관지 · 내부문서 등 통상적인 고지 · 안내 방법에 따라 알리거나 당해 단체의 인터넷 홈페이지에 게시하거나 보도자료 제공 · 기자회견의 방법으로 언론에 공표하는 행위, 정당 · 후보자 · 선거사무관계자를 대상으로 '참공약 선택하기' 운동에 대한 이해와 활용 방안 등을 교육하는 행위, 그리고 지역별 '참공약 선택하기' 운동 추진기구를 구성 · 운영하는 행위는 가능하다.

그러나, '참공약 선택하기' 운동과 관련된 토론회 · 서명운동 · 캠페인 · 교육 등을 실시하면서 특정 정당이나 후보자를 지지 · 추천하거나 반대하는 행위와 정당 · 후보자와 '참공약 선택하기' 운동 참여협약을 맺고 협약 결과를 별도의 인쇄물 · 시설물 등을 통하여 선거구민에게 알리는 행위, 「공직선거법」 제10조제1항 각호의 공명선거추진활동을 할 수 없는 단체가 '참공약 선택하기' 운동 추진기구를 구성 · 운영하거나 추진기구에 참여하는 행위는 금지하고 있다.

매니페스토 공약의 개발 · 수집 · 제안

공약의 개발 · 수집 · 제안 과정에 있어서 정당 · 후보자에게 '참공약 선택하기' 운동의 소개와 공약의 개발 방법 · 평가 방법 등을 담은 실천가이드북 등을 제공하는 행위, 공약공모전 · 공약은행운영 · 주민제안운동 등을 통해 공약을 공모하고 공모된 결과를 선거구민에게 단순히 사실 그대로 알리는 행위, 공모된 공약을 정당이나 후보자에게 공약으로 채택하여 주도록 제안하고 그 채택 여부를 소속회원 · 구성원에게 기관지 · 내부문서 등 통상적인 고지 · 안내 방법에 따라 알리거나 당해 단체의 인터넷 홈페이지에 게시하거나 보도자료 제공 · 기자회견의 방법으로 언론에 공표하는 행위는 할 수 있다.

그러나, '참공약 선택하기' 운동의 소개와 공약의 개발 방법 등을 담은 실천가이드북 등을 특정 정당이나 후보자에게만 제공 · 활용하도록 하는 행위, 공모된 공약을 선거구민에게 알리면서 제안자등에 정당 · 후보자의 명의를 표시하거나 특정 정당 · 후보자에게 유 · 불리한 내용으로 편집하여 알리는 행위, 공모된 공약을 정당 · 후보자에게 선거공약으로 채택하여 줄 것을 제안하고 그 채택 여부를 별도의 인쇄물 · 시설물 등을 통하여 선거구민에게 알리는 행위는 금지하고 있다.

매니페스토 공약의 평가 및 공표

정당과 후보지의 공약을 평가하고 공표함에 있어서 중요한 것은 공정성과 중립성 담보에 있다. 따라서 정당 · 후보자의 공약평가를 위하여 특정 정당이나 후보자에게 유 · 불리하지 않도록 공정하게 평가단을 구성 · 운영하는 행위, 정당 · 후보자의 공약을 객관적이고 공정한 평가지표에 따라 평가하여 소속회원 · 구성원에게 기관지 · 내부문서 등 통상적인 고지 · 안내 방법에 따라 알리거나 당해 단체의 인터넷 홈페이지에 게시하거나 보도자료 제공 · 기자회견의 방법으로 언론에 공표하는 행위, 공약 평가 방법 · 평가지표를 담은 객관적인 자료를 작성하여 선거구민에게 제공하는 행위는 허용되고 있다.

반면에 공약평가단을 특정 정당이나 후보자에게 유 · 불리하게 구성 · 운영하는 행위, 정당 · 후보자의 공약평가 결과를 별도의 인쇄물 · 시설물 등을 통하여 선거구민에게 알리는 행위, 공약평가 결과를 정당 · 후보자별 점수화 또는 순위 부여의 형식 등으로 공표하는 행위, 공약평가 자료에 정당이나 후보자의 명의를 표시하여 선거구민에게 제공하는 행위는 금지하고 있다.

후보자 공약평가 결과 기준[1]

- 가이드라인

공약평가 결과를 정당 · 후보자별 점수화 또는 순위 부여의 형식 등으로 공표하는 행위

- 추가해석

후보자의 개별 공약평가 결과를 종합점수를 내지 아니하고 평가요소별 점수 및 등급화는 가능한 것으로 해석

▸ 예시1 ⇒ 가능

(그러나, 스마트 요소를 종합하여 점수/등급화 불가)

평가지표		평가 결과	비 고
공약1		○○단지 조성	
평가요소	S	구체성 결여	C 또는 미흡
	M	측정 가능성 낮음	C 또는 미흡
	A	달성 가능성은 있음	B 또는 보통
	R	타당성을 갖춤	B 또는 보통
	T	시간계획 명확히 제시	A 또는 우수
체크리스트 요소별		언론 및 단체별 체크리스트에 의한 평가 가능	

1 위 예시는 지방선거에서 스마트지표에 의한 후보자 공약평가 결과 보도와 관련하여 선거법 위반 여부를 판별하는 데 도움을 주고자 필자가 작성 · 활용하였던 『후보자 공약 평가결과 공표 기준(예시)』에서 발췌한 것이다.

▸ 예시2 ⇒ 가능

평가 지표		평가 결과	비 고
공약1		ㅇㅇ타운 건설	
평가요소	S	구체성 결여	구체성 보완
	M	측정 가능성 낮음	측정가능토록 보완
	A	달성 가능성은 있음	
	R	타당성을 갖춤	
	T	시간계획 명확히 제시	
전문가 의견 (ㅇㅇ적인 부분)		1. 좋은 공약이 되기 위해서는 재원 조달 및 추진 과정이 더 보완되어야 함. 2. 용적률에 대한 적용 착오	

나경원 C+, 박원순 B… 경향신문·경실련, 3대 핵심공약평가

경향신문과 경제정의실천시민연합이 10·26 서울시장 보궐선거에 출마한 나경원 한나라당 후보와 박원순 범야권 단일 후보의 3대 핵심 공약을 제출받아 경실련이 평가한 결과를 공개했고, 이를 경향신문에서 다음과 같이 보도했다. 공약평가를 통해 국민들이 후보 정책을 용이하게 비교할 수 있고, 정책에 대한 관심을 높이는 데 다소나마 도움이 될 것으로 기대된다. 하지만, 시민단체가 공약을 평가함에 있어 서열이나 등급을 매길 수 없도록 되어 있는데, 후보자 간의 공약평가 결과를 A, B, C 등으로 등급으로 나타냄으로써 평가단체의 진의와는 달리 본 보도 내용만을 보고 판단하면 공직선거법 제108조의3[1]에 위반될 개연성이 높다. 이하 내용은 보도 내용이다.

경향신문과 경제정의실천시민연합(경실련)이 10·26 서울시장 보궐선거 나경원 한나라당 후보(48)와 박원순 범야권 단일후보(55)의 3대 핵심공약을 제출받아 경실련이 평가한 결과, 나 후보는 C+등급(2.66점), 박 후보는 B등급(3.41점)을 받았다.

경실련은 두 후보가 제출한 3대 핵심 공약을 분석·평가한 결과를 19일 공개했다. 경실련은 구체성·가치성·적실성 지표를 마련해 두 후보의 3대

1 공직선거법 제108조의3(정책·공약에 관한 비교평가결과의 공표제한 등) ① 언론기관(제82조의 언론기관을 말한다) 및 제87조제1항 각 호의 어느 하나에 해당하지 아니하는 단체(이하 이 조에서 “언론기관등”이라 한다)는 정당·후보자(후보자가 되려는 자를 포함한다. 이하 이 조에서 “후보자등”이라 한다)의 정책이나 공약에 관하여 비교평가하고 그 결과를 공표할 수 있다. ② 언론기관등이 후보자등의 정책이나 공약에 관한 비교평가를 하거나 그 결과를 공표하는 때에는 다음 각 호의 어느 하나에 해당하는 행위를 하여서는 아니 된다. 1. 특정 후보자등에게 유리 또는 불리하게 평가단을 구성·운영하는 행위, 2. 후보자등별로 점수부여 또는 순위나 등급을 정하는 등의 방법으로 서열화하는 행위 ③ 언론기관등이 후보자등의 정책이나 공약에 관한 비교평가의 결과를 공표하는 때에는 평가주체, 평가단 구성·운영, 평가지표·기준·방법 등 평가의 신뢰성·객관성을 입증할 수 있는 내용을 공표하여야 하며, 비교평가와 관련 있는 자료 일체를 해당 선거의 선거일 후 6개월까지 보관하여야 한다. 이 경우 선거운동을 하거나 할 것을 표방한 단체는 지지하는 후보자등을 함께 공표하여야 한다.

공약을 놓고 지표별로 5점 척도의 점수를 부여했다. 구체성은 연도별 추진 계획이 구체적인지, 범위가 적절한지를 판단했다. 가치성은 주민 삶의 질 제고 정도를 평가했고, 적실성은 예산 배분 계획 및 재원 확보 방법을 살펴봤다.

서울시장 후보 3대 핵심 공약 평가

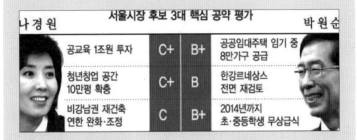

나경원			박원순
공교육 1조원 투자	C+	B+	공공임대주택 임기 중 8만가구 공급
청년창업 공간 10만평 확충	C+	B	한강르네상스 전면 재검토
비강남권 재건축 연한 완화·조정	C	B+	2014년까지 초·중등학생 무상급식

출처: 2011. 10.22 경향신문

나 후보의 공약은 '공교육 1조 원 투자, 청년 창업 공간 10만 평 확충, 비강남권 재건축 완화 조정'이었다. 경실련은 "계획이 토건적이고 운용상 콘텐츠가 부족해 목표를 달성에 한계가 있다."고 평가했다. 공교육 공약의 종합점수는 2.89(C+), 청년 창업 2.75(C+), 비강남권 재건축은 2.33(C)이었다.

박 후보는 '공공임대주택 임기 중 8만 가구 공급, 한강르네상스사업 전면 재검토, 2014년까지 초·중등학생 무상급식 전면 실시'를 내세웠다. 경실련은 "재원 마련 계획 등이 구체적이지 못하다"는 평가를 내놓았다. 공공임대주택 공약의 평균점수는 3.62(B+), 무상급식은 3.60(B+), 한강르네상스는 3.0(B)이었다.

매니페스토 관련 기타 사항

이외에도 당해 단체의 인터넷 홈페이지에 정당 · 후보자의 공약에 대한 의견 수렴란을 개설하여 선거구민의 의견을 수렴하는 행위와 선거일 후 공약 이행 평가단을 공정하게 구성 · 운영하는 행위, 선거일 후 공약 이행 결과를 공정하고 객관적인 기준에 따라 평가하여 소속회원 · 구성원에게 기관지 · 내부문서 등 통상적인 고지 · 안내 방법에 따라 알리거나 당해 단체의 인터넷 홈페이지에 게시하거나 보도자료 제공 · 기자회견의 방법으로 언론에 공표하는 행위는 허용되고 있으나 정당이나 후보자의 공약을 상징하는 배지를 착용하고 다니는 행위, 선거일 후 공약 이행 평가단을 특정 피평가자에게 유 · 불리하게 구성 · 운영하는 행위, 선거일 후 공약 이행 결과를 평가하여 별도의 인쇄물 · 시설물 등을 통하여 선거구민에게 알리는 행위 등은 금지된다.

PART

4

매니페스토 성공

: 모범 사례를 벤치마킹하라

영국 토니블레어, 재집권에 성공하다

일본 마쯔자와 시게후미, 재선에 성공하다

한국 매니페스토 사례를 찾아서

일상생활에서 실천되는 매니페스토

영국 토니블레어,
재집권에 성공하다

매니페스토는 영국에서 시작됐다. 영국을 매니페스토 모국이라 부른다. 영국의 선거에서 본격적인 선거운동은 여·야당이 매니페스토를 공표하면서부터 시작된다. 2001년 6월 7일 실시된 총선거에서는 총선거 발표(5월 8일) 2일 후에 보수당의 매니페스토, "Time for Common Sense"가 발표되었고, 8일 후에는 노동당의 매니페스토 "Ambitions for Britain"이 각각 발표되었다. 2005년 선거에서도 노동당의 "Britain Forward Not Back"이라는 매니페스토가 공표되면서 본격적인 선거운동에 돌입하기 시작하였다.[1]

영국 선거의 특징은 정당으로서의 매니페스토 이외에 개별 후보의 공약이 없다는 것이다. 이러한 특징을 이해하기 위해서는 영국

1 이현출, 「매니페스토와 한국정치개혁(2006)」, 재정리

의 선거 실태를 이해할 필요가 있다. 영국 선거에서 정치가를 지망하는 사람은 보수당이나 노동당을 불문하고 먼저 정당의 중앙당이 결정하는 후보자 명부(보수당의 경우 3,200~3,300명 정도)에 등재되어 있어야 한다. 그다음으로 자신이 입후보하고자 하는 선거구의 총무위원회에 경력이나 정치적 신념을 기록한 서면 지원서를 보내 입후보 의사를 밝히게 된다. 이때 수상 또는 당수가 유능하다고 인정한 후보자를 유리한 선거구에 추천하는 이른바 낙하산 공천도 이루어진다.

각 선거구의 총무위원회는 서류심사에서 5~6명으로 압축한 후보들을 대상으로 정견발표나 질의응답 등을 시킨 후에 총무위원회 전원투표에서 최종적으로 후보자를 결정한다. 이러한 일종의 예비선거에서 후보자로 선정되면 이번에는 선거구의 당원들이 전력을 다해 후보자를 당선시키는 정당 중심의 선거가 행해진다. 이때 정당의 공약, 즉 매니페스토 이외에 후보자 개인의 공약은 없으며 정당이 선거의 중심에 서게 된다. 영국은 내각제이기 때문이다.

'만약 내가 수상으로서 어울리지 않는다면 다른 사람을 수상으로 시키면 된다. 내가 수상인 이상 스스로 옳다고 생각하는 길을 간다.' 이 말은 영국 수상의 리더십을 나타내는 말로 인용되고 있다. 영국 매니페스토의 배경에는 이 같은 영국 수상의 강력한 리더십이 존재하고 있다(言論 NPO 2003). 현재 영국의 정치에서 수상은 '수상통치제'라고 불릴 정도로 민간기업의 오너같이 강한 리더십을 갖고 있다.

먼저 지위의 안정성에 관해서 살펴보자. 영국의 수상은 보수당과 노동당 공히 2~3년마다 당수 선거를 치르는 경우는 거의 없고, 실질적으로 선거에서 패배하지 않는 한 본인의 의사에 반하여 교체되는 경우는 없다. 이처럼 당수 지위의 안정성은 당수가 스스로 매니페스토를 꼼꼼히 챙길 수 있도록 해 줄 수 있다.

다음으로 인사권에 대해 살펴보자. 영국의 수상은 스스로의 판단에 의해 각 성의 대신과 부대신 등을 임명 또는 파면할 수 있다. 그러나 수상의 대신 임명권이 존재하는 한편에는 강한 야당의 그림자 내각(Shadow cabinet)[2] 사이에 격렬한 토론이 전개될 수 있고, 결국 수상은 유능한 인물을 임명하지 않으면 안 된다는 것이다.

정책 형성 면에서도 영국의 당수는 연 1회의 당대회에서 결정되는 정당의 정책에 관해 의제 설정 등을 통해서 큰 권한을 행사하고 있다. 처음부터 여당에는 정부로부터 독자적인 정책심의회나 총무회 같은 정책사전심사기구가 존재하지 않기 때문에 일상적인 정책 형성 면에서도 수상이 강력한 리더십을 발휘하고 있는 것이다.

영국의 선거에서는 여 · 야당 당수가 제시한 매니페스토를 중심으로 한 정책의 격돌 속에 실질적으로 수상을 국민이 뽑는 직접선거와 같은 형태로 전개되기 때문에 수상의 카리스마가 높다는 평가이다.

한편, 국민의 입장에서 매니페스토는 어떠한 의미를 가지는가?

2 그림자 내각으로 알려진 섀도 캐비넷은 영국의회, 특히 야당이 정권 획득에 대비해 수상이하 각 각료로 예정된 멤버를 정해 두는 것으로 정권을 획득하면 그 멤버가 내각을 구성한다. 정부여당도 이와 같은 섀도 케비넷에 대한 필요한 자료나 정보를 제공한다. 섀도 케비넷이란 말은 1907년 영국보수당의 A. 체임벌린이 최초로 사용하였다.

국민은 매니페스토를 읽으면 정당별 정책의 차이나 시책의 우선, 그리고 중요한 시책이 언제 어떻게 실현될 것인가, 그리고 이에 따라 무엇이 변할 것인가에 대한 이해를 할 수 있게 된다. 그리고 이러한 이해 위에 투표에 임하게 된다. 따라서 이러한 측면에서 매니페스토는 유권자의 정보비용을 낮추어 주고 결과적으로 정치 참여를 활성화시킨다.

1980년대까지는 매니페스토의 페이지가 얇았으나, 1990년대 이후에는 국민이 정책을 이미지화하기 쉽도록 만들어 페이지도 늘고 장정도 화려하게 변했다. 요즘에는 약 2파운드의 가격으로 서점에 진열되어 있다. 더욱이 매니페스토가 발표되면 신문이나 잡지, 텔레비전 등에서는 특집 프로그램을 편성하여 국민이 이해할 수 있도록 뉴스 캐스터나 싱크탱크 연구원 등이 상세히 설명을 하고 있다. 이러한 측면에서 매니페스토는 정보를 가진 시민(informed citizen)을 양성하여 정치 참여의 질을 높이는 데에도 기여한다고 할 수 있다.

이러한 영국의 매니페스토는 1997년 토니블레어가 수상선거에서 매니페스토를 발표해 재집권에 성공하면서 세계의 조명을 받게 됐다. 따라서 토니블레어 수상이 재집권할 때의 매니페스토가 대표적인 매니페스토 사례가 될 것이다. 원래 매니페스토의 사전적 의미는 "정당이 총선거 후 정권을 담당한 경우에는 반드시 입법화하겠다고 약속한 정책 개요를 공식적으로 문서화하여 선거 기간 중에 공표하는 국민에 대한 서약서"(Oxford Companion to 20th British Politics, Ramsden, Oxford)로 정의된다. 국민에 대한 서약서를 의미하는 매니페스토가 일반 공약과 다른 점은 선거공약의 목표치를 구체적이고 명확하게 명시하고, 이러한 목표를 실현하기 위한 재정적 근거와 로드맵을 구체적으로 제시한다는 점이다. 이처럼 영국의 매니페스토는 정책 실현을 위한 수치목표와 목표 달성을 위한 재원, 목표 기한이 명기되어 있고 정책 간에 우선순위를 분명히 하고 있다.

1997년에 발표된 노동당 매니페스토를 살펴보면, "노동당과 국민과의 계약(contract)"이란 제하의 10대 비전이 제시되어 있다. 1997년 노동당 매니페스토 10대 비전을 보면 다음과 같다.

1. 노동당은 "교육"을 최우선 과제로 삼는다. 국민소득 대비 정부의 교육지출 비율을 증가시킴과 함께 경제적 실책에 대한 정부지출 비율을 삭감
2. 소득세의 기초세율과 최고세율을 인상하지 않음
3. 물가 상승률을 억제하여 경제의 안정 성장을 도모. 산업의 국내 · 국제 경쟁력 제고
4. 청년실업자 25만 명에게 일자리 부여
5. 국영의료기관 사무비를 삭감하여 환자에 대한 의료서비스 충실 도모
6. 범죄에 단호히 대처하고 범죄 유발 요인에 대해서도 엄격히 대처. 재범의 청소년범죄자에 대한 재판기간의 단축
7. 견실한 가정과 지역 만들기 지원에 힘써 복지국가의 기반을 확립
8. 환경을 지키며 교통 정체, 환경오염에 대한 종합적인 교통대책 마련
9. 정치 정화에 힘쓰고 정치권력의 분권화 추진. 정당지출의 적정화 도모
10. 유럽에서의 리더십을 영국이 발휘

매니페스토는 "선거공약에 기간, 목표, 공정, 재원, 나아가 우선순위라는 구체적 계약을 담는 것"을 의미한다. 예를 들어 '청년 실업을 해소하겠다'라는 공약이 아니라 '언제까지, 어느 정도 수준에서, 어느 정도의 재원을 들여, 어떻게 해소하겠다'라는 구체적인 서약서를 제시하는 것이다. 이처럼 '기간, 목표, 공정, 재원, 나아가 우선순위라는 구체적 계약을 포함하고 있는 선거공약'으로서의 매니페스토는 영국 선거에서 그 기원을 찾아볼 수 있다.

영국 보수당 문헌에 의하면 1834년 탐워스(Tamworth)에서의 선거에서 당시 보수당 필(Robert Peel)당수가 매니페스토를 제시했다고 되어 있으며, 이것이 매니페스토에 대한 최초의 기록이다. 이 기록을 근거로 하면 영국 매니페스토의 역사는 약 170년에 달한다. 이후 영국 선거에서 1906년 노동당이 매니페스토를 문서화하였고, 보수당과 자유당 양당도 이에 따르게 되면서 영국 매니페스토 발전의 맥을 이어 왔다.

한편, 현재와 같은 매니페스토 스타일은 1935년 보수당의 매니페스토에서 시초를 찾을 수 있다. 매니페스토는 정책의 실질적인 수행을 전제로 한 구체적인 정책제언이다. 이는 구체성을 결여한 선언적 요망사항 리스트(wish list)를 나열한 한국 정당의 선거공약과는 분명한 차이를 보인다. 아래에 제시된 사례는 영국 노동당 1997년 매니페스토와 한국의 제17대 총선에서 제시된 어느 정당의 정책안을 비교한 것이다. 이 두 사례를 통해서 매니페스토에 대하여 보다 구체적인 의미를 확인할 수 있다(이현출, 2006).

• 1997년 영국 노동당 매니페스토의 예 • 25세 미만 25만 명의 청년 고용 • 5~7세 아동 학급 규모 30명 이하로 축소 • 향후 2년간은 현재의 지출 제한 틀을 넘지 않음 • 100만 명을 진료 대기 상태로부터 해방	• 2004년 총선에서 우리나라 어느 정당이 청년실업 해소를 위해 제시한 방안 • 창업 촉진, 투자 활성화, 서비스 산업 육성, 중소·벤처기업의 일자리 창출 등 중장기적 대책 추진 • 대국민 서비스 분야의 공무원 신규 채용 확대 • 통합적 청년실업대책인 YES(Youth Employment System) KOREA를 시행하여 구직자에게 맞는 개인별 직업 알선 서비스 제공 • 고용안정센터를 인력수급 중추 기관으로 전문화

_____ 출처: 매니페스토와 한국정치 개혁(이현출, 2006)

영국 노동당 매니페스토의 경우 '25세 미만 25만 명 고용'과 같이 구체적인 숫자가 포함되어 있는 반면, 한국 정당의 정책공약에서는 '중장기 대책'과 '공무원 신규채용 확대' 등과 같이 모호한 문장으로 구성되어 그 구체성에서 확연한 대조를 이루고 있다. 영국 노동당은 '5~7세 아동 30명 학급 실현'을 위해 1억 8,000만 파운드에 달하는 엘리트 교육제도를 단계적으로 폐지할 것을 공약으로 제시하였다. 또한 25만 명의 청년 실업자 감소를 위해서는 잉여이익을 낸 기업을 대상으로 1회에 한해 과세하고, 그것을 재원으로 충당한다고 제시하여 재원의 규모와 조달 방법을 명확히 하고 있다.

그러나, 한국 정당의 정책공약에서는 구체화된 재원 규모와 확충 방법을 확인할 수 없다. 아울러 정책 추진의 기한도 공약 제시에 있어 중요한 의미를 가진다. 예를 들어 대통령과 단체장, 국회의원은 각각 임기가 제한되어 있으므로, 명확하게 기한이 제시되지 않은 정책이나 중 · 장기적인 대책은 유권자에게 판단근거를 제공함에 있어 한계를 가진다. 이러한 측면에서 보면 '2년'이라는 구체적 기간이 명시된 매니페스토와 기간이 전혀 언급되지 않은 한국의 선거공약 사이에서 차이를 확인할 수 있다.

또한 1997년 영국 노동당 매니페스토에서 보이는 것처럼 정책의 우선순위를 제시하는 것도 주목할 필요성이 있다. 노동당은 매니페스토를 통해 우선순위별로 10대 공약을 제시하고 있으며, 블레어 당수는 선거 기간 중 연설에서도 "나에게는 꼭 하고 싶은 것이 셋 있다. 그것은 교육, 교육 그리고 교육이다."라고 정책의 우선순위를 분명히 하였다. 이렇게 정당 또는 후보자가 반드시 행하고자 하는 정책에 대한 의지를 구체적으로 천명함으로써, 유권자들에게 후보자 선택의 실질적 판단 기준을 제공하고 선거 이후에는 실행 및 검증의 주요한 근거로 작용할 수 있다. 이러한 점에서 포괄적이고 추상적인 정책을 나열하는 한국 정당의 선거공약과 매니페스토는 명확히 구별된다.

이상에서 나타난 것처럼 매니페스토는 정권 획득 시의 구체적 정책을 표시한 것이다. 노동당 토니블레어는 이러한 매니페스토를 발표하고 국민들에게 지지를 호소함으로써 재집권에 성공한 것이다.

일본 마쯔자와 시게후미, 재선에 성공하다

중앙일보 2007년 06월 11일 008면

선택 2007 좋은 유권자 좋은 대통령

매니페스토 국제 학술대회 일본 가나가와현 마쓰자와 지사

"매니페스토 운동의 핵심은 포퓰리즘 후보 막자는 것"

마쓰자와 시게후미(松澤成文·49·사진) 일본 가나가와현 지사는 2003년 4월 지방선거에서 매니페스토 바람을 일으켰다. '원조 매니페스토'라고 할 수 있는 정치인이다.

당시 무소속으로 출마했던 그는 중앙당의 전폭적 지원을 받았던 자민당·사민당 후보와 맞서 유권자들에게 37개 항에 이르는 '매니페스토 공약집'을 제시해 최연소 지사로 당선됐다.

2006년 4월에는 재선에 성공했다. 이때도 11개 항의 '가나가와현 선진 조례 제정'을 매니페스토 공약으로 내세워 200만 표를 얻었다. 2위에게 140만 표 차로 압승했다.

마쓰자와 지사는 중앙선거관리위원회(위원장 고현철), 한국매니페스토실천본부(공동대표 강지원), 내나라연구소(소장 김영래)가 주최하고 중앙일보·SBS가 후원해 8일 한국프레스센터에서 열린 '매니페스토와 정책선거 발전 방안' 국제 학술대회에 참석하기 위해 방한했다.

그는 중앙일보와의 인터뷰에서 "매니페스토는 깨어 있는 유권자가 시류에 영합하는 포퓰리즘 후보를 막는 견제 장치"라고 평가했다.

-매니페스토 공약이 본인의 당선에 크게 작용했나.

"그렇다. 예컨대 2002년 가나가와현의 범죄 검거율은 19.2%에 불과했다.

경찰관 1500명 증원 공약
4년간 범죄 검거율 2배로

선거 공약에 증세도 포함
당선 뒤 정책 저항 작아져

되면 순간적인 대중적 인기에 영합하는 방식으론 선거를 치를 수 없다. 예컨대 일본에선 게그맨이 도지사에 당

하기는 바람직하지 않다. 하지만 각 정당이 후보를 내기 위해 경쟁이나 정계 개편을 겪는 것은 불가피해 보인다. 또 후보를 선출하는 당내 예비 선거에선 본선에서보다 정책적 차이가 크지 않을 것이다. 실질적인 정책 대결은 본선이다. 정책을 매니페스토 형식으로 정리해 자신이 대통령이 됐을 때 미래를 어떻게 이끌 것인지 유권자들에게 보여주고 비교와 판단의 기회를 주는 본선이 바람직하다고 본다."

◆"부탁의 정치→약속의 정치"=8일 학술대회엔 박원순 변호사, 오봉진 중앙선관위 정당국장, 유분종 한국매니페스토실천본부 사무총장, 김진 중앙일보 논설위원과 기타가와 마사야스(北川正恭) 와세다대 교수, 소네 야스노리(曽根泰教) 게이오대 교수 등 한·일 매니페스토 전문가들이 참석해 열띤 토론을 벌였다.

기타가와 교수는 "유권자에게 표를 부탁하는 정치가 유권자와 약속하는 정치로 바뀌는 것"이라고 매니페스토 운동을 정의했다. 그는 또 "일본의 경우 최근 각종 선거 여론조사에서 '매니페스토로 (후보를) 선택했다'는 답변이 1위로 나올 정도로 매니페스토 운동이 정착되고 있다"고 덧붙였다.

김진 논설위원은 "매니페스토 운동이 있었다면 '반값 아파트 공약' '행정수도 이전 공약' 등 과거 대선 공약

출처:
중앙선관위, 언론이 바라본 제17대 대통령선거

일본은 오랜 지방자치의 전통을 가지고 있어 한국과 비교하면 지방자치가 잘되고 있다. 각 지역이 특색을 가지고 지역에 알맞은 지방정치를 실시하고 있으며, 특히 지사들을 비롯한 자치단체장들은 일촌일품운동(一村一品運動)[1]을 통하여 지역경제 활성화를 통하여 지역 발전을 추구하고 있다. 또한 각 지역에서 지역주민들이 함께하는 마쯔리(축제)를 통해 지역공동체의 정체성을 확립하고 이를 통하여 지역 홍보는 물론 관광객 유치에도 일조하고 있다.

1997년 토니블레어 노동당 후보가 노동당 매니페스토를 발표하여 재집권함으로써 각국의 정치인들이 관심을 갖게 되었다면, 일본의 경우에는 2003년 중의원선거 때 민주당의 칸 대표가 민주당 매니페스토를 발표하고 이어 자민당의 고이즈미 수상도 이를 받아들여 일본 선거의 주요 화두가 되었다. 2003년 지사선거에서 최연소 지사로 당선된 마쯔자와 지사는 게이오대학 법학부 정치학과 출신이며 또한 마쓰시타 정경의숙을 졸업한 개혁적인 정치인으로 가나가와현 의회의원을 거쳐 1993년 일본 중의원에 당선, 3회에 걸쳐 의원을 역임하였다. 중의원 시절 민주당 당수선거에도 도전한 변화를 추구하는 패기 있는 정치인이다.

그러나 마쯔자와 지사는 중의원 생활을 통하여 구태의연한 중앙정치무대를 경험하면서 일본 정치가 근본적으로 변하기 위하여 우선 지방부터 변해야 된다는 정치 신념하에 로컬 매니페스토를 가지

1 윤승모, 「작은 개혁이 성공한다」, 나남, 2008

고 현지사선거에 출마하여 당선됨으로써 일본 정치에 새로운 바람을 불러일으키고 있다. 7월 참의원의 전초전 성격을 띤 4월 지방선거에서 마쯔자와 지사는 2007년 2월 19일 「VIEW TRY 10」을 발표해 매니페스토로 다시 한 번 당선을 이끌어 냈으며, 처음 도전했을 때 득표했던 것(33%)보다 2배가량의 득표(62%)를 했다. 그가 처음 지사선거에 출마해서 내놓은 대표적인 매니페스토를 보면 다음과 같다.

- 치안강화, 임기 내 행정공무원 1,500명 감축, 경찰공무원 1,500명 증원
- 2년 내 현 과장이상 직책에 5명 이상의 민간전문가 채용
- 현의 출자기관 20% 민영화
- 임기 동안 공무원 인건비 총액 연간 2,400억 엔 이하로 억제

한국에 매니페스토를 소개한 김영래 교수는 가나가와현(神奈川懸)의 마쯔자와 시게후미(松擇成文) 지사가 쓴 〈실천 로컬 매니페스트〉에 주목하였다. 2005년 4월 東信堂에서 출간된 이 책에는 2003년 가나가와현 지사선거 시 마쯔자와 지사 후보자가 자신의 매니페스토를 작성하는 과정에서부터 이를 선거운동에 어떻게 적용하였으며, 또한 지사 당선 후 이를 가나가와 현정(懸政)에 어떻게 적용하였는지에 대하여 자세하게 기술되어 있다[2]고 말했다.

2 마쯔자와 지사는 〈최연소 의원의 분투기: 지방으로부터의 정치개혁〉, 〈도전자: 민

김영래 교수는 이 책을 읽은 후에 지연, 학연, 혈연 그리고 금권에 의해 좌우되는 한국선거 문화가 변화되려면 매니페스토를 한국에 소개하는 것이 필요하다는 생각하에 2005년 8월 마쯔자와 지사를 현청 지사실에서 면담, 매니페스토에 대한 여러 가지 의견을 교환하였다. 면담에서 김 교수는 한국에서 매니페스토에 대한 학술회의를 개최, 지사를 동회의에 초청하겠다는 의사를 전달, 마쯔자와 지사가 흔쾌히 승낙하여 그 후 회의를 준비하였다. 그리고 2006년 2월 3일 서울 프레스센터에서는 '지방선거와 정치발전에 관한 한·일 비교' 국제학술회의에 경기도와 자매결연을 맺고 있는 마쯔자와 지사를 기조연설자로 초청, 한국 언론의 지대한 관심하에 개최하였다고 술회했다. 마쯔자와 지사는 국내 주요일간지에서 인터뷰를 하는 등 한국에서 유명인사가 되었다.

2009년 1월 31일에 필자가 일본에서 개최한 한·일 비교 매니페스토국제학술회의 참석차 일본에 갔을 때의 일이다. 학술회의를 성공리에 마치고 뒤풀이 자리인 저녁 만찬장에서 한국에서 참석한

주당 당수선거 도전 10일〉 외 다수의 저서도 그동안 출간하였는데, 특히 이번에 발간된 〈實踐ザ・ロ・カル・マニフェスト〉는 제1장의 '새로운 정치개혁의 확대를 추구하며'에서 '매니페스토란 무엇인가'라는 기초적인 개념을 설명하고 있다. 제2장에는 '실천 로컬 매니페스토'의 구체적인 작성 과정까지 기술되어 있어 매니페스토에 대한 이해를 넓혀 주고 있다. 마쯔자와 지사는 제3장에서 '정책 실천 실례'를 통하여 '수도권 연합의 실천 사례', '지역경제의 재생·하네다공항 국제화와 산업의 활성화', '치안회복·안전·안심하게 지내는 지역사회를 목표로'를 구체적으로 기술하고 있어 가나가와현의 미래를 제시하고 있다. 또한 제4장에서는 '다 함께 민주정치의 게임을 바꾸자'라는 이름하에 일본 정치를 지방의 개혁으로 변화시킬 것을 주장하고 있다.

패널들에게 기념품을 전달하고 코멘트를 하는 자리가 있었다. 마쓰자와 지사가 마련한 기념품을 김영래 교수에게 전달하고, 기념품을 전달받은 김영래 교수가 화답으로 다음과 같이 코멘트를 했는데 그는 정치인답지 않게 무척이나 기뻐했다.

"마쓰자와 지사는 매니페스토로 일본에서보다 한국에서 더 유명해져 있다. 다음 해에는 제5회 지방선거가 있는데, 마쓰자와 지사는 경기도지사에 출마해도 된다."라고 코멘트를 하였더니, 마쓰자와 지사는 "김영래 교수님이 지난 제18대 국회의원선거처럼 당에서 공천심사를 하는 위치에 있어 공천을 준다면 출마해 볼 수도 있다."라고 위트적인 코멘트로 화답을 했다. 김영래 교수가 왜 이런 코멘트를 했는지에 대한 생각을 해 보면 대략은 짐작할 수 있을 것 같았다. 마쓰자와 지사가 우리나라 매니페스토 도입과 확산에 미친 영향을 생각하고 이를 우회적으로 표현한 것이다.

마쓰자와 지사는 매니페스토를 그 자체로 보지 않고 균형감 있게 매니페스토에 접근하고 있었다. 국제학술회의 시 필자와 함께 토론자로 나온 마쓰자와 지사는 매니페스토에 대해 "선거 때 어떤 매니페스토가 비교우위적으로 좋고 나쁜지보다는 매니페스토가 유권자에게 잘 알려질 수 있도록 기반 조성 및 선거 풍토를 만들어 가는 것이 중요하다."고 강조한 바 있다. 그는 현재 무소속이지만 민주당으로 복귀하게 된다면 자민당의 현 지지율 하락 등을 고려할 때 앞으로 수상까지 갈 수 있는 인물이라고 일본 관계자들이 전하였다.

마쯔자와 시게후미! 그는 그야말로 일본과 한국 매니페스토의 전도사가 아닐까? 그에게 깊은 찬사를 보내 본다.

한국 매니페스토 사례를 찾아서

第18대 국선 뉴타운 공약 논란

한국일보 2008년 04월 12일 A04면

뉴타운이 서울 판세 갈랐다

한나라 후보 추가지정 공약 내걸자 세 뒤집혀
김근태·유인태 등 강북벨트 민주 후보 줄낙마
"이미 개발계획 확정 공약 실현성 적다" 비판도

'뉴타운이 서울지역 총선 판도를 좌우했다.'

11일 통합민주당에는 '뉴타운'이라는 화두가 망령처럼 맴돌았다. 4·9총선 결과 민주당은 서울 48개 지역구에서 7 대 40으로 한나라당에 참패했다. 4년 전 17대 총선에서 32석을 얻었던 것과 천양지차다. 이번 총선 결과를 복기해 보면 기저에는 뉴타운 논란이 자리하고 있었다.

이번 총선에서 뉴타운이 공약으로 내걸렸던 지역구는 모두 29곳. 특히 한강 이북의 26개 지역구 중 16곳에서 뉴타운 추가 지정, 확대 등의 공약이 난무했다. 한나라당 후보들이 같은 당 소속인 오세훈 서울시장의 '개발 약속'을 앞세워 뉴타운 공약을 내걸자 민주당 후보들도 이에 따라가는 모양새였다.

뉴타운이 결정적 영향을 미친 대표적인 곳이 강북 도봉 노원구 등 강북벨트 7개 지역구. 역대 총선에서 이 지역은 민주당세가 압도해 왔지만 이번에는 사뭇 달랐다.

사실 선거운동 초반만 해도 민주당의 강북벨트는 견고했다. 김근태(도봉갑) 유인태(도봉을) 의원 등 중진을 필두로 대부분 현역 의원인 민주당 후보들은 한나라당 신인급 후보자를 여론조사에서 상당한 격차로 앞섰을 정도다.

시작했다. 이들은 선거운동 기간 "오세훈 시장을 만나 지역구에 뉴타운 추가 지정을 약속 받았다"고 선전했고 강남에 비해 처졌던 집값 때문에 피해의식을 갖고 있던 지역 유권자들은 개발 기대심리로 환호했다.

결과는 최규식(강북을) 의원을 제외한 민주당 후보 전원의 낙마. 1,000표 안팎의 계가싸움에 뉴타운 문제가 결정타로 작용했다. 김근태 의원의 경우 다른 지역에서는 한나라당 후보를 앞섰지만 뉴타운 개발 예정지역에서 뒤져 패배하기도 했다. 한 낙선 후보 측 관계자는 "막판에 이명박 대통령이 은평 뉴타운을 방문한 뒤 논란이 되면서 개발 기대심리가 지역에 확산됐고 이후 한나라당 후보 쪽으로 표가 쏠렸다"고 분석했다.

문제는 뉴타운 개발 공약이 지자체 선거에서나 이슈가 될 '우리 동네 집값 올리기'에 의 공약을 참모들이 하라고 해서 했는데 부끄럽다. 뉴타운이 어떻게 국회의원 공약이냐"고 토로했다.

게다가 뉴타운 지정 권한은 서울시에 있지만 이미 26개 뉴타운 개발계획이 확정돼 추가 지정이 쉽지 않다는 게 부동산 업계 관측이다. 결국 실현 가능성이 낮은 공약에 유권자들이 놀아난 것 아니냐는 지적도 나온다.

반면 뉴타운 논란에도 불구하고 살아남은 서울지역 민주당 후보 7명은 상대적으로 언론 노출 빈도가 낮았기 때문이라는 분석도 있다. 일부 민주당 후보 측은 선거 기간 언론의 스포트라이트를 일부러 피했고, 연두색의 민주당 선거운동 점퍼를 입지 않기도 했다. 언론에 자꾸 오르내릴 경우 한나라당 지지층이 결집, 민주당과의 '당 대 당' 구도가 되는데 이를 피하면서 인물론으로 승부해 어떻게 승

● 강북벨트 7개 지역구 총선 결과

	17대 당선자	18대 당선자
강북갑	오영식(우)	정양석(한)
강북을	최규식(우)	최규식(민)
도봉갑	김근태(우)	신지호(한)
도봉을	유인태(우)	김선동(한)
노원갑	정봉주(우)	현경병(한)
노원을	우원식(우)	권영진(한)
노원병	임채정(우)	홍정욱(한)

● 뉴타운 공약 내걸었던 지역구 당선자 소속 정당

	17대 총선	18대 총선		17대 총선	18대 총선
용산	한	한	서대문을	한	한
광진갑	우	한	마포갑	우	한
광진을	우	민	양천을	우	한
동대문갑	우	한	강서갑	우	한
동대문을	한	한	강서을	우	한
중랑을	우	한	구로을	우	민
성북갑	우	한	금천	우	한
성북을	우	한	영등포을	한	한
강북을	우	민	동작갑	우	민
도봉갑	우	한	동작을	우	한
노원병	우	한	관악을	우	민
은평갑	우	민	서초갑	한	한

_____ 출처: 중앙선관위, 언론이 바라본 제18대 국회의원선거

2008년 4월 9일 실시한 제18대 국회의원선거 시 서울 지역에서 출마한 후보자들의 제시한 뉴타운 공약의 위력은 대단했다. 제18대 국회의원선거에서 뉴타운 건설공약을 내세운 후보가 당선되는 데 상당한 영향을 미쳤으나, 선거 후 선거법 위반 여부에 대한 논란이 있었다. 이에 대해 민주당이 뉴타운 건설공약을 내세운 한나라당 당선자들에 대해 고발을 했다. 결국 서울중앙지검은 9월 26일 총선 당시 동작구에 뉴타운 건설을 하겠다고 공약했다가 허위사실 유포 혐의로 고발당한 ○ 의원을 무혐의 처분했고 함께 고발한 ○○○ 서울시장에 대해서는 각하 처분했다. 이에 민주당은 불복하고 10월 8일 선거법 위반으로 고발당한 한나라당 ○ 의원 등 모두 18명을 상대로 각 관할 법원에 재정신청을 냈다. 최종적으로 일부의원에 대해서는 당선무효형은 아니지만 벌금형이 선고되었다.

매니페스토 정책선거 측면에서 보면 "지역별 뉴타운 건설"과 같은 지역 개발에 관련된 이슈에 대해서는 유권자가 정당과 인물보다는 재산상 이익을 가져올 것이라는 기대심리가 작동한 정책적 판단 측면이 없지 않았다는 점에서 매니페스토의 또 다른 효과다. 이와 같이 선거 후에 후보자가 제시한 공약을 가지고 이렇게 논란이 있었던가 하고 반문해 보면 매니페스토의 위력을 실감할 것이다.

선거가 끝나고 뉴타운 공약과 관련된 논란이 있었다. 2008년 4월 15일 (사)민주언론시민연합에서 「MBC · 경향신문 '뉴타운 보도' 돋보였다-언론들은 '거짓말'된 뉴타운 공약, 제대로 따져라-」 제하로 '○○○ 서울시장의 뉴타운 발언과 헛공약 논란 관련 언론

보도'에 대한 논평을 내놓았다. 다음 논평 내용은 ○○○ 서울시장 뉴타운 공약에 대한 입장과 주요 언론사의 뉴타운 공약을 보도를 자세히 언급하고 있어 시사점이 높다.

4월 14일 ○○○ 서울시장이 평화방송과의 인터뷰에서 "절대 뉴타운 추가 지정을 고려하지 않겠다."고 말했다. 18대 총선에서 여야의 많은 후보들이 '뉴타운 추진'을 공약으로 내걸어 당선이 되었는데, 정작 뉴타운 건설의 책임자인 서울시장은 '더 이상 뉴타운을 안 하겠다'고 못 박은 것이다. 결국 책임지지도 못할 공약을 번지르르하게 내놓은 서울 지역 국회의원 당선자의 상당수가 유권자를 상대로 거짓말을 한 것이 되었다.

그뿐만 아니라 선거 시기 한나라당의 적지 않은 후보들이 '○ 시장에게서 약속을 받았다'며 '여당 프리미엄'을 안고 헛공약을 남발했음에도 별말 없던 ○ 시장이 선거가 끝나자 '그런 약속 한 적 없다'고 뒤늦게 '발뺌'하는 것도 비상식적이다. 뉴타운 공약을 남발한 국회의원 당선자들이나, 지킬 수 없는 공약을 내놓는 후보자들을 방조함으로써 사실상 '관권선거'를 한 ○○○ 서울시장이나 모두 책임을 물어야 한다. 그러나 사안의 엄중함에도 이를 제대로 다루는 언론은 많지 않았다. 그나마 ○ 시장의 발언이 전해진 뒤 MBC와 경향신문의 보도가 돋보였다.

특히 MBC는 14일 '뉴스데스크' 시작과 함께 연속 3건으로 뉴타운 공약 논란을 보도했다. 이 가운데는 3분 40여 초 동안 뉴타운 추가 지정과 관련한 ○○○ 시장의 명확한 입장을 따지는 인터뷰도 있었다. MBC는 첫 보도 〈뉴타운 추가 지정 없다〉에서 "서울 지역에서 총선 여당 압승을 이끌었던 뉴타운 공약은 선거 닷새 만에 거짓으로 확인됐다."며 '뉴타운 추가 지정을 고려하지 않는다'는 ○○○ 서울시장의 발언을 전했다. 이 보도에서 MBC는 ○ 시장이 "지난달 '총선 이후 경제 상황이 허락하면 뉴타운을 10개 이하로 최소화해 추가 지정하겠다'고 밝힌 바 있다."고 지적했다.

또 '부동산 시장 안정'과 '1~3차 뉴타운 가시화 이후'를 조건으로 뉴타운 추가 지정을 검토할 수 있다는 ○ 시장 입장에 대해 "2차 뉴타운 지구 12곳 중 절반, 3차 뉴타운 지구 11곳 중에는 단 한 군데도 사업시행 인가를 받지 못했다.", "통상 재개발 계획 수립부터 사업시행 인가까지 2년 정도 걸리는 점을 고려하면 ○○○ 시장 임기 내에 뉴타운 지구 추가 지정은 사실상 어려운 상태"라고 여당의 뉴타운 공약이 실현될 수 없음을 꼼꼼히 지적했다.

이어진 ○ 시장 인터뷰 보도 〈나는 얘기한 적 없다〉에서도 "이 문제가 워낙 중요한 만큼 ○○○ 시장의 명확한 입장을 들어 보겠다."며 "두 가지 조건을 충족하기에는 사실상 어려운 거 아니냐?"고 지적했다. 또 '○ 시장과 얘기가 끝났다'고 말한 ○○○ 의원과 "어떻게 접촉"을 했는지, 선거 기간 여당 후보들의 뉴타운 공약에 대해 "내 진위와 다르다는 얘기를 하시는 게 맞지 않았냐?" 등 ○ 시장의 책임을 따졌다.

세 번째 보도 〈결국 없던 일로…〉에서도 MBC는 ○ 시장의 말과 달리 선거 기간 후보들이 뉴타운을 공약을 들고 나온 것을 '거짓말'

이라며 "이럴 때는 어디 가서 하소연해야 할지 모르겠다."고 꼬집었다. 이 보도에서 MBC는 "서울 지역 후보들은, 흑석 장위 상계 행신 수색 신길 시흥 등 무려 29개의 뉴타운 공약을 쏟아 냈다."며 "뉴타운 공약에 목을 맨 건, 야당 후보들도 예외가 아니었다."고 지적했다. 특히 "여야가 경쟁적으로 공약했지만, 역시 ○○○ 서울시장의 지원을 은근히 자랑하는 한나라당 후보들이 힘을 받는 건 당연했다."며 정치권의 '관권선거 논란'을 다루고 "결국 남은 건, 뉴타운 기대감에 표를 던진 서울시민들의 상실감"이라고 지적했다.

경향신문의 보도도 눈에 띄었다. 경향신문 15일 1면 〈뉴타운 선거 끝나자 공약(空約)〉에서 ○ 시장의 발언을 전하며 "이로써 4·9 총선 때 뉴타운 추가 지정 및 확대를 내세운 서울시내 26개 선거구 후보들은 헛공약을 한 결과가 됐다."고 지적했다. 또 "○ 시장이 지난 총선 기간 중 뉴타운 추가 지정 여지를 남기는 발언을 한 사실이 확인되면서 '부적절 처신'에 대한 논란이 일고 있다."며 ○ 시장이 3월 28일 한국경제신문과의 인터뷰에서 "총선 이후 경제 상황이 허락하는 시점에 뉴타운을 10개 이하로 최소화해 추가 지정하겠다."고 말한 내용을 소개했다.

경향신문은 사설 〈공약(空約)이 된 뉴타운과 ○ 시장의 책임〉에서도 "이번 총선에서 뉴타운 공약은 한나라당이 수도권에서 승리한 결정적 배경의 하나로 꼽힌다."며 "그런데 뉴타운 추가 지정을 안 하는 게 서울시 방침이라면, 여당 후보의 말을 믿고 찍어 준 유권자들은 두 번 속는 셈이 된다."고 지적했다. 또 ○ 시장에 대해 "선거 때는 모호한 입장을 취하다가 이제 와서 부인하는 것은 결과적으로 유권자들을 우롱한 것"이라며 "위조 공약을 내건 정치인과 위조된 공약임을 알면서도 바로잡지 않은 서울시장이 함께 책임져야 한다."고 요구했다.

이어 경향신문은 칼럼 〈'총선타운'으로 끝난 뉴타운〉에서도 이명박 정부와 한나라당에 대해 "뉴타운이 한나라당 총선 승리의 '미다스 손'으로 작용한 셈"이라며 "뉴타운 공약으로 이겼으니 그에 따른 부담도 져야 한다."고 지적했다. MBC와 경향신문을 제외한 대다수 언론들은 ○ 시장 발언과 관련된 '뉴타운 논란'을 제대로 다루지 않았다.

중앙일보와 조선일보는 "뉴타운 추가 지정 당분간 없다"는 ○ 시장의 발언을 단신으로 다루는 데 그쳤다. 동아일보는 〈○ 시장 "뉴타운 추가 지정 안 해"/총선 후보들 공약 '空約' 될 수도〉에서 ○ 시장의 발언 내용과 함께 "총선을 앞두고 봇물처럼 쏟아졌던 여야 후보의 뉴타운 유치 공약(公約)은 실현 가능성이 없는 공약(空約)이 될 공산이 커졌다."는 간단한 지적에 머물렀다. 특히 이들은 선거 때 모호한 입장을 취했던 ○ 시장과 여기에 큰 도움을 받은 한나라당에 대해 전혀 비판하지 않았다.

한겨레는 〈○ 시장 "뉴타운 안 한다" 못 박아〉에서 "○ 시장은 지난 선거 운동 기간에는 이 문제에 대해 애매한 태도를 보여, 한나라당이 ○ 시장의 묵인 아래 '뉴타운 사업'을 선거에 이용한 것이 아니냐는 비판이 일고 있다."며 ○ 시장이 한나라당 후보들의 뉴타운 공약에 대해 별다른 입장을 밝히지 않은 점을 문제로 지적했다. 한겨레의 경우 ○ 시장 발언 이후 보도는 한 건에 불과했지만, 선거 기간 중 〈유력후보들이 너도나도 '뉴타운 헛공약'〉(4월 7일)에서 서울 지역 출마 후보에 대한 자체 분석 결과 "지지율 1~2위 후보 가운데 23%가 새 뉴타운 지정이나 기존 뉴타운 확대 등의 공약을 제시했다."며 "이들의 뉴타운 공약은 뉴타운 지정 권한이 있는 서울시 입장과는 다른 것이어서 '헛공약'이라는 비판을 받고 있다."고 보도한 바 있다.

방송의 경우 14일 SBS는 〈'뉴타운 공약' 결국 말잔치?〉에서 "여당 후보들이 너도나도내놓았던 뉴타운 공약이 결국 말잔치로 끝날 공산이 커졌다."며 "확실한 대책도 없이 분홍빛 개발 공약만 남발한 정치권의 모습은 국민의 불신과 외면을 키우게 될 것이란 지적"이라고 보도했다. 하지만 이 보도는 ○ 시장이 보인 애매모호한 입장에 대해서는 민주당의 비판을 인용하는 데 그쳤다.

같은 날 KBS는 "뉴타운 추가 지정을 고려하지 않고 있다"는 ○ 시장의 발언 내용을 단신으로만 다뤘다. 사안의 중요성에 비춰 대단히 소홀한 보도 태도였다. "선거에서 이기면 그만"이라는 정치인들의 행태는 유권자들을 또 한 번 좌절시킨다. 헛된 공약으로 유권자의 마음을 움직여 당선된 사람들과 ○ 시장은 유권자들에게 어떤 책임을 질 것인가? 한편 선거 시기에 공약 검증을 제대로 하지 않은 언론들에게도 책임이 있다. 언론들은 뉴타운 공약을 유권자에게 약속한 당선자들과 이들의 공약이 공약(空約)이 될 줄 알면서도 방조한 ○ 시장에게 엄중한 책임을 물었어야 했다.

여러 후보가 제시한 다양한 뉴타운 공약 중 대표적으로 △△구을에 출마한 ○ 의원의 뉴타운 공약을 보자. 먼저 중앙선거관리위원회에 제출한 5대 공약을 보면 교육 동작, 복지 시설 확충, 함께 잘 사는 뉴타운 건설, 사당로, 9호선 등 교통 환경 개선 공약이다. 그중에서 뉴타운 공약은 "함께 잘 사는 뉴 타운 건설" 공약으로 5대 공약 중 세 번째에 해당된다. ○ 후보가 제시한 함께 잘 사는 뉴타운 건설 공약을 보면 다음과 같다.

> 낡은 건물들, 꾸불거리고 좁은 골목들. 이제는 확 바뀝니다. 뉴타운, 재개발, 재건축 사업에 대한 동작지역 주민들의 관심을 잘 알고 있습니다. 중앙정부, 서울시와 협의해서 꼭 이루겠습니다.
>
> 또한 서민들을 위한 임대주택 건설을 통해 소외받는 주민 없이 모두에게 이익이 되도록 노력하겠습니다.
>
> - ○ ○동 : 뉴타운지구 지정 추진
> - ○도, ○ ○동 : 균형발전 촉진지구 및 재개발, 재건축 사업 추진
> - ○ ○동 : 현재 진행 중인 뉴타운의 원활한 추진
> - 임대주택 건설 등 서민 대책 마련

총선 때 특정 후보자의 당선에 영향을 미친 뉴타운 공약과 관련하여 법원에서는 뉴타운 공약 자체를 허위사실로 본 것이 아니라 ○ 시장의 동의가 없었음에도 동의한 것처럼 공표한 것을 허위사실

로 인정했다. 의원 입장에서 보면 판결이 당선무효형은 아니어서 의원직을 유지하게 됐다는 것은 다행이지만, 유권자 입장에서 보면 사실상 헛공약에 현혹된 것이다. 앞으로는 공약 발표 과정에서 허위사실이 유포되지 않도록 유의할 필요가 있겠다.

뉴타운 공약과 관련된 ○ 의원 재판 결과(벌금 80만 원)에 대한 언론의 반응을 기사를 통해 보면 다음과 같다. 2009년 3월 17일(화요일) 연합뉴스에서는 "'뉴타운 공약' ○○○ 벌금 80만 원" 제하로 다음과 같이 기사를 썼다. 「무권(勸)유죄 유권(勸)무죄냐?」, 「뉴타운공약 ○○○ 벌금 80만 원」 제하와, 「법원 "○○○, 뉴타운 허위사실 유포」를 부제로 기사가 나왔다. 연합 기사를 실어 보면 다음과 같다.

> 서울중앙지법 형사합의21부(○○○부장판사)는 17일 공직선거법 위반 혐의로 기소된 □□당 ○○○ 의원에게 벌금 80만 원을 선고했다. 공직선거법은 이 법 위반으로 100만 원 이상 벌금형이나 징역형을 선고받으면 당선을 무효로 한다고 규정하고 있어 이번 형이 확정되면 의원직에는 영향이 없다.
>
> ○ 의원은 18대 총선을 앞둔 작년 3월 27일 서울 사당역 앞에서 유세하면서 앞선 면담에서 ○○○ 서울시장이 △△ · ◇◇ 뉴타운 추가 지정을 묵시적 · 명시적으로 동의하지 않았음에도 그가 흔쾌히 동의한 것처럼 허위사실을 공표한 혐의로 불구속 기소됐다. 검찰은 "일부 과장된 부분이 있지만 ○ 시장이 전반적으로 동작 뉴타운 건설에 동의한다고 ○ 의원이 생각할 수도 있었을 것"이라며 그를 무혐의 처분했고, 이후 법원이 선거법 위반 소지가 있다며 민주당의 재정신청을 인용해 ○ 의원이 재판에 회부됐다.

또한 모 인터넷 언론도 「법원 "○○○, 뉴타운 허위사실 유포했다"」 제하와 「80만 원 벌금형 선고해 ○○○ 의원직은 유지」 부제로 기사를 다음과 같이 다뤘다.

> 법원은 17일 지난 총선 때 ○○○ 서울시장이 ○○구 뉴타운 추가 지정에 흔쾌히 동의했다는 한나라당 ○○○ 의원의 총선 유세 때 발언은 허위사실 공표에 해당한다는 판결을 내렸다. 그러나 ○ 의원에 대해 벌금 80만 원만 선고, ○ 의원은 의원직을 유지할 수 있게 됐다. 서울중앙지법 형사합의 21부(○○○ 부장판사)는 이날 뉴타운 추가 지정 발언과 관련해 허위 사실을 공표한 공직선거법 위반 혐의로 기소된 ○ 의원에게 벌금 80만 원을 선고했다.
>
> 재판부는 "당시 선거구민들은 뉴타운 지정에 관심을 갖고 있을 때였고 ○○○ 서울시장이 뉴타운 추가 지정에 유보적인 입장을 취하던 상황 등을 종합해 보면 '○ 시장이 흔쾌히 동의했다'는 ○ 의원의 주장은 후보자에 대한 판단을 그르치게 할 허위사실에 해당한다."고 밝혔다. 재판부는 또한 "○ 시장과의 대화 내용과 분위기, 피고인의 정치 경력 등에 비춰 보면 ○ 의원은 ○ 시장이 뉴타운 추가 지정에 대한 의례적인 말을 했을 뿐 뉴타운 추가 지정에 동의하지 않았다는 점을 인식했을 것으로 판단된다."며 공소사실을 모두 유죄로 인정했다.
>
> 재판부는 그러나 "뉴타운 발언은 원고 없이 연설하던 중 나온 말로 계획적으로 속이려는 뜻은 없었다고 보이는 점, 경쟁자와 상당한 득표차로 당선된 점 등을 고려할 때 당선 무효형 선고는 지나치다."라며 80만 원 벌금형을 때린 이유를 해명했다.

군소정당의 후보(기초의원) 당선 이변

필자는 중앙선관위에서 정책정당지원팀장으로 있다가 지방과 인사 교류 방침으로 인해 2008년 8월 1일자로 여수시선관위 사무국장으로 배치됐다. 여수는 필자에게는 남다른 곳이었다. 1999년도 사무관 승진 후 첫 발령지였고 지원해서 온 곳이기에 더욱 그러했다. 내려 가서 보니 축협조합장 선거가 9월 6일에 있었고, 기초의원보궐선거(바선거구)가 10월 29일에 예정되어 있어 오자마자 조합장 선거와 공직선거를 치러야 할 판이었다. 이러한 상황에서 필자가 중앙에서 매니페스토 정책선거 운동을 주관했던 것처럼 지방에서도 어떻게 하면 로컬매니페스토를 확산시켜 나갈까에 대한 고민이 많았다.

우선 여기에 적합한 매니페스토를 어떻게 개발하고 접목해야 할 것인가가 필자의 과제였다. 그 주 시험 무대가 2008년 10월 29일 실시한 여수시의회의원보궐선거였다. 필자는 축협조합장 선거부터 매니페스토 실천 협약식 개최, 매니페스토 공약 제출 등 매니페스토 운동을 차근차근 접목해 갔다. 의외로 반응이 좋아서 자신을 갖고 기초의원선거에도 매니페스토를 확실하게 접목해 보고 싶었다. 하지만, 매니페스토를 첫 접목하기 위해 노력을 기울이고 있던 중에도 민주당 텃밭에서 매니페스토를 강조하면 할수록 정책이 강한 당이 유리할 수 있겠다는 염려도 있었다. 그러나, 특정 정당에 유 · 불리한 반사적 효과를 떠나 매니페스토 추진은 우리나라의 선거개혁을 위한 시대적 과제였다.

그래서 매니페스토 기획단계에서부터 매니페스토의 전(全) 과정을 추진해 보기로 했다. 실험 결과는 성공적이었다. 여수시의회의원보궐선거에 있어 매니페스토에 의한 정책선거 운동을 선거 기간 전부터 체계적 · 지속적으로 추진하여 상대후보보다 매니페스토 운동에 적극적인 참여와 실천을 보여 준 민주노동당 후보가 지지기반이 열악함에도 당당히 당선됨으로써 기초의원선거에서도 매니페스토가 도입 · 적용될 수 있다는 가능성을 열었다는 평가를 받고 있다. 이처럼 필자가 매니페스토 운동을 주관하고 이에 적극 동참해 준 후보자가 당선된 사례를 소개하고자 한다. 구체적인 내용을 들여다보면 다음과 같다.

여수시선관위는 2008년 10월 29일 실시한 여수시의회의원보궐선거가 비방이나 흑색선전 등의 네거티브적인 선거문화를 지양하고 정책에 의한 생산적인 선거로 거듭날 수 있도록 선거 기간 전부터 매니페스토 운동을 체계적 · 지속적으로 추진하여 후보자들이 연고에 의존하기보다는 매니페스토 정책경쟁을 통해 당선이 될 수 있도록 여건을 조성하였다. 이와 동시에 임기 내 이행을 약속하도록 하고 시민들이 정책을 보고 투표하도록 매니페스토 사업의 전 과정을 체계적으로 꾸준히 추진하고 언론사를 통하여 그 내용이 적기에 게재 · 방영하도록 하는 등 기초의원선거에 매니페스토 정책선거를 도입하기 위한 전방위 노력을 기울였다.

구체적으로 10월 10일에는 후보자들과 시민단체 회원, 언론사가 참석한 가운데 한국매니페스토운동실천본부 상임공동대표를 역임한 바 있는 아주대 김영래 교수를 초청, 매니페스토 설명회를 열어 후보자와 유권자의 매니페스토 이해를 도왔으며 설명회 직후 매니페스토 실천 협약식을 개최하여 매니페스토 정책선거실천을 시민들 앞에 약속하는 자리를 마련하였다. 이때 협약문은 10월 10일에 서명하였다는 점에서 「Ten－Ten헌장(10 · 10헌장)」으로 지칭하였다.

또한 매니페스토 내용이 시민들에게 생소할 것이라 생각되어 언론사를 통하여 필자등이 작성한 특별기고문 「매니페스토 실천으로 투표 참여를 높이자」 외 3편을 게재하는 한편, 후보자 핵심공약 3건을 매니페스토 기준에 맞도록 작성하도록 유도하고 제출받은 선거공약은 언론사에 공개, 보궐선거에 대한 관심을 더 한층 꾀하였다.

선거일을 일주일여 앞두고는 대면홍보를 통해 매니페스토를 직접 홍보하려는 취지에서 매니페스토 투표참여 홍보단(10명[1])을 결성, 체계적인 교육을 통해 매니페스토를 적극 홍보하도록 하고 개표 종료 후에는 당선자의 정책이행을 다짐하고 선언하는 당선자의 정책이행 선포식을 개최하여 매니페스토 정책선거 운동의 대미를 장식하였다.

1 여수시선거관리위원회는 본 사례로 2009년 거버넌스센터 주관 민관협력포럼 우수사례 공모대회에서 장려상을 수상하였다.

매니페스토 실천으로 투표 참여를 높이자

(큰 여수신문 10월)

(중략) 유권자가 투표를 하고 안 하고는 유권자의 몫이다. 대부분의 유권자는 투표를 한다. 문제는 투표를 의도적으로 하지 않는 유권자인데, 그 이유를 물어보면 「찍고 싶은 후보가 없어서」, 「투표해도 바뀌는 것이 없어서」, 「상호비방 등 선거운동에 실망해서」 순으로 나타나고 있다. 불가피한 이유에서 투표를 할 수 없다면 어쩔 수 없지만, 투표를 할 수 있음에도 의도적으로 투표장에 가지 않는 것이 문제인 것이다. 이 같은 유권자에 대해서는 인센티브 가지고는 곤란하고 적어도 선거에 대한 인식과 환경을 우호적으로 만들어야 한다. (중략)

이러한 점에서 지난 지방선거 때 선거사상 처음 도입돼 정책 중심의 새로운 선거문화의 지평을 열었고 제17대 대선과 제18대 총선 과정을 거치면서 우리의 선거문화에 착실히 정착하고 있는 매니페스토(Manifesto: 참공약 실천) 운동에 주목할 필요가 있다. 매니페스토는 이미 공직선거에서 시험적 적용이 성공적으로 이루어졌고, 심지어는 농·수·축협조합장선거와 생활주변선거, 그리고 일상생활에서도 매니페스토를 적용하여 실천하고 있다. 이러한 사실은 국가선거나 소규모의 지방의회의원선거에도 모두 적용 가능하다는 것을 반증한 것이다. 매니페스토는 선거마다 그 형태와 방법은 조금씩 다르게 적용되지만, 〈약속과 실천〉이라는 공통분모는 모두 같다. 지방의원은 자치단체의 조례 제정을 비롯, 단체장의 업무집행 감시, 현안사업의 예산 승인, 지역민 의견 수렴 등 단체장에 못지않은 중요한 역할을 수행한다는 점에서 매니페스토 적용을 배제할 수 없다.

현대는 지방행동이 세계를 움직이는 지세화(地世化) 시대이다. 지방의 발전이 국가 발전의 동력을 제공한다. 따라서 지방선거부터 개혁을 해야 국가선거 개혁으로 이어질 수 있다. 이런 점에서 지방의원선거 후보자도 매니페스토적 선거공약을 개발하고 이를 유권자에게 제시하면서 정책으로 경쟁해야 한다. 그래야 유권자도 신선하고 건전한 선거 분위기를 보고 정책에 기울이고 그 정책을 낸 후보에 관심을 갖기 시작한다. 이러한 분위기가 한 번 살아나서 건전한 선거바람을 일으키면 그것이 정책선거로 귀결되고 결국은 선거 후 지역갈등 등 후유증이 없게 된다. (중략)

이렇듯이, 여수시선관위가 매니페스토에 의한 정책선거를 꾸준히 추진한 결과 호남에서 지지 기반이 열악한 민주노동당 후보가 총선거인수 25,452명 중에 5,990명의 투표로 24%의 투표율을 기록한 가운데, 득표수에 있어서 민주노동당 후보가 3,021표를 얻어 2,928표를 얻은 민주당 후보에 93표 차이로 예상을 깨고 당선되었다.

이는 ○○○ 후보자가 출신 지역인 삼일동에서 다수표를 획득한 원인도 있겠으나 민주노동당 후보가 매니페스토의 취지를 잘 이해하고 「의정활동비 50% 삭감」,「방과 후 학교 지원」, 「민간병원 예방접종의 위탁조례 제정」, 「공동주택 지원조례 개정 및 관리비지원조례 제정」 등과 같이 의원 역할에 맞도록 공약을 구체적으로 작성하고 이를 유권자들에게 집중 부각시키면서 시민의 편에서 이행을 다짐한 것이 유권자들에게 어느 정도 공감을 사면서 이러한 분위기가 자연스럽게 투표 결과에 반영되었다.

선관위의 매니페스토 정책선거의 체계적인 추진과 함께 지지 기반이 열악한 민주노동당 후보가 당선된 결과와 언론의 평가 등을 종합해 볼 때 일부 정치권의 시각과 달리 기초의원선거에서도 매니페스토를 도입 · 적용할 수 있다는 가능성을 확인하고 열었다고 본다. 따라서, 예산집행권이 있는 대통령선거와 자치단체장 선거 이외에도 지방의원과 국회의원도 매니페스토를 추진해야 한다는 주장이 더 탄력을 받고 있다.

일상생활에서 실천되는 매니페스토

공직선거에서 도입된 매니페스토 운동이 일상생활 속에서는 어떤 모습으로 실천되고 있을까? 2006년 5 · 31지방선거를 통해 도입된 매니페스토는 우리나라 선거의 질을 한 단계 업그레이드시키고 선거의 패러다임을 근본적으로 바꿀 수 있는 선거운동 방향이라는 평가를 받았다. 이러한 토대 위에 선거관리위원회는 매니페스토를 우리의 실정에 맞게 도입 · 확산시키기 위해 시민단체 · 언론과 연계하여 꾸준한 노력을 기울였다. 그 결과 지금 매니페스토는 우리의 삶을 약속과 실천의 신뢰사회로 변화시키는 생활 매니페스토로까지 확대되면서 정치 영역을 넘어 범사회적인 변화의 물결로 전파되고 있다.

공직선거와 농수축협조합장선거에서 매니페스토 운동이 확산되는 과정에서 매니페스토 추진에 반대하거나 비판적 시각을 가진 층도 있었다는 것을 부정하지는 않겠다. 그러나, 정책선거의 실현을 위해 매니페스토가 유용하다는 것으로 정치권과 국민들이 인식하게 되면서 일상생활에서도 약속과 실천운동으로 전파되기 시작했다. 결혼식이나 학교, 직장 등에서 형태는 다르지만 약속과 실천을 위한 다양한 매니페스토 실천 운동이 전개됐다. 매니패스토 운동이 공직선거 영역에서 정착되기 위해서는 일상생활에서부터 약속과 실천운동이 확산되어야 시너지 효과가 있을 것으로 보고, 선거관리위원회에서는 매니페스토 운동을 공직선거 외에 일상생활에서도 추진해 왔다.

학교에서는 학생회장 선거에 매니페스토가 도입되어 실현 가능한 생활밀착형 공약들이 주목받고 있고, 결혼식장에서는 '평생 물 한 방울 묻히지 않도록 해 주겠다'는 막연하고 듣기 좋은 말이 아닌 '매달 수입의 70%를 저축하여 10년 안에 우리 집을 마련하겠다'는 등의 실현 가능한 구체적인 서약의 매니페스토 결혼식이 젊은 층에 새로운 결혼문화로 자리 잡아 가는 등 우리의 생활 저변에 매니페스토가 파급되고 있어 향후 선거에서 정책선거 실현 가능성에 대한 기대가 한층 커지고 있다. 이러한 매니페스토 붐에 힘입어 중앙선관위가 생활 속에서 실천되고 있는 매니페스토 우수 사례를 수집하여 생활 매니페스토 자료집(매니페스토 물결)을 발간·보급하였다. 여기서 생활매니페스토 실천 사례를 몇 가지 소개하면 다음과 같다.

사례 하나: 이젠 결혼식도 「매니페스토」시대 도래

서울 중구 △△센터에서 한국매니페스토실천본부 공동대표인 ○○○변호사의 주례로 신랑과 신부가 가정에서 지켜 나갈 실천가능한 "공약"을 주고받는 이색적인 결혼식을 거행하였다. 4일 정오 서울 중구 중구 △△센터에서 열린 한 결혼식에서 △△△ · △△△씨 부부가 서로에게 결혼 생활에서 지킬 '공약'을 발표하자 하객들 사이에서는 환호성과 박수가 쏟아졌다. 한국매니페스토실천본부 공동대표를 맡고 있는 △△△변호사가 이날 결혼식을 올리는 ○씨 부부를 위해 준비한 독특한 주례 이벤트를 준비, ○씨 부부는 서로에게 구체적이고 실천 가능한 약속을 제시, 꼭 지킬 것을 다짐했다. 일종의 '매니페스토(참공약 실천) 결혼식'이었다. 신랑 △△△씨와 신부 ○○○씨는 서로 약속을 실천한다는 의미에서 매니페스토 양해각서를 서로 교환했다.

東亞日報 2007년 05월 07일 A14면

서울대생들 '한 평생 매니페스토' 운동 확산

서울대 관악캠퍼스에서 학생들의 이동이 가장 많은 곳인 중앙도서관 통로벽에 나붙은 학생들의 소박한 평생 공약을 지나가던 학생들이 읽고 있다.

"나부터 바꾸겠습니다"
'생활속 작은 실천'맹세

"리포트를 베끼지 않겠다" "계면활성제가 들어간 세제는 사용하지 않겠다" "배달음식을 먹을 때 쇠 젓가락을 갖고 다니며 사용하겠다"….

서울대 학생들이 평생 스스로 지키고자 하는 약속을 전교생 앞에 공개 선언하고 나섰다. 6일 서울 관악구 신림동 서울대 중앙도서관 통로 벽에는 학생들의 소박하지만 담찬 선언이 적힌 나뭇잎 모양의 카드가 붙어 있었다.

'세상을 바꾸는 약속, 심플 라이프(Simple Life)'라고 불리는 이 캠페인은 대학생 인권단체 '대학생 사람연대' 서울대지부 주도로 일주일 전부터 시작돼 그동안 100여 명이 동참했다.

이 캠페인은 '나는 무엇을 하겠다 또는 하지 않겠다'는 한마디 선언과 함께 이름, 소속 학과·학부, 학번 등을 나뭇잎 모양 카드에 적어 내는 것. 주최 측은 이 카드를 을 모아 매주 한 번씩 '약속의 나무' 게시판에 붙이고 매달 투표로 '베스트 약속'을 선정한다.

선언은 공익적인 내용이어야 하며 약속의 이유를 알 수 있을 만큼 구체적이어야 한다. 또 이름이나 필명을 밝혀 약속한 사람이 자신의 선언에 책임감을 느끼도록 했다. 서울대생의 '생활 속 매니페스토 운동'인 셈이다.

캠페인에 동참한 장규연(20·수의예과 1년) 씨는 "리포트를 베끼지 않겠다"고 선언했다. 장 씨는 "원칙에 맞게 리포트를 작성하지 않은 경우가 있었는데 스스로 변해야겠다는 생각에서 이번 캠페인을 계기로 공개 약속을 했다"고 밝혔다.

"양말, 스타킹, 속옷은 손빨래하겠다"고 선언한 윤주영(19·여·노어노문학과 2년) 씨는 "전기, 물, 세제 절약을 위해 평소 생각해 왔던 바를 이제야 실천한다"며 "공개 선언 내용을 본 친구들과 서로의 관심사나 생활철학에 대한 이야기를 나눌 수 있어 좋았다"고 뿌듯해했다.

매니페스토 이색 내용들

- 리포트를 베끼지 않겠다
- 일회용 젓가락 안쓰겠다
- 양말-속옷 손빨래하겠다

⋮

캠페인을 기획한 김희선(23·여·국어국문학과 4년) 씨는 "요즘 대학생들은 일찍이 취업경쟁에 내몰려 자존감이 없고 사회에 관심이 적은 경우가 대부분"이라며 "작은 실천이지만 한 번이라도 이 사회를 위해 어떤 점을 포기할 수 있는지 고민하면서 사회구성원으로서 책임감을 느낄 수 있을 것"이라고 말했다.

첫 '공약 선언식'은 이달 21일 '성년의 날'에 서울대 아크로폴리스 광장에서 열 예정이다. 주최 측은 단순히 장미꽃과 향수를 주고받는 것보다 평생의 약속을 선언하는 게 성년의 날의 의미를 더 빛낼 것이라고 설명했다.

조은아 기자 achim@donga.com

______ 출처: – 중앙선관위,
언론이 바라본 제17대 대통령선거

신랑은 신부에게 매년 첫눈이 오는 날 꽃다발을 주겠다, 청

소 · 설거지 등 집안 잡일을 책임지겠다, 운동을 열심히 해 뱃살을 꼭 빼겠다, 절대 비자금을 만들지 않겠다 등을, 신부는 신랑에게 남편 건강을 위해 건강 지식을 열심히 쌓겠다, 외모 관리에 신경을 써 남편이 한눈팔지 못하도록 하겠다, 쓰레기 분리수거를 철저히 하겠다 등 각각 5가지 공약을 내걸었다.

주간지 기자인 ㅇㅇㅇ씨는 "주례 부탁을 하러 간 자리에서 ㅇ 대표가 약속의 중요성을 상기시키며 결혼 공약을 발표해 볼 것을 제안했다."면서 "매년 연말에 약속 이행평점을 매겨 서로에 대해 긴장하는 계기로 삼겠다."고 공약 검증 의지를 밝힌 이러한 사례는 선도적 의미가 있다. △△△변호사는 "결혼은 약속이고 그 약속을 지키는 데서부터 부부의 신뢰가 싹튼다."면서 "정치도 국민과의 약속으로, 후보들이 유권자에게 제시한 공약을 반드시 이행해야 국민과의 신뢰를 구축할 수 있다는 생각에서 매니페스토 결혼식을 준비했다."고 설명했다. 이어 "앞으로 주례를 맡는 결혼식은 모두 '매니페스토 결혼식'으로 진행하겠다."고 말했다.

또한, 필자가 직접 주례를 관장했던 사례를 소개하면, 2019년 4월 13일 광주 모예식장에서 개최한 결혼식에서 신랑의 부친이자 직장 선배님의 부탁으로 필자가 주례를 서게 됐는데, 사전에 신랑과 신부로부터 실현 가능한 매니페스토 결혼 공약을 3가지씩 제출받아 서약서를 만들고 여기에 실천의 의미로 신랑신부가 각각 서명을 하고 결혼식 당일에 주례 주관하에 발표하였다. 그 공약을 보면 다음과 같다.

신랑 공약 | ① 여행을 좋아하는 아내를 위해 매년 1회 이상 해외 여행을 가도록 하겠습니다. ② 생일이나 결혼기념일과 같은 특별한 날들을 잊지 않고 꼭 챙기겠습니다. ③ 요리를 처음 시작하는 아내를 위해 어떤 음식을 해 주더라도 맛있다는 칭찬을 아끼지 않겠습니다.

신부 공약 | ① 세월이 지나더라도 건강과 미모를 유지하는 예쁘고 사랑스러운 아내가 되겠습니다. ② 남편의 관심사를 함께 즐기고 공유하겠습니다. ③ 요리 프로그램을 즐겨 보며 남편이 좋아하는 맛있고 건강한 음식을 준비하겠습니다.

사례 둘: 청소년들의 평생금연 서약하기

경기도 △△지역에서 금연시범학교로 지정된 △△학교 학생 206명과 교직원 등 225명은 2○◇◇년 1월 학교에서 '평생 금연서약 기념비'를 건립하고 평생 담배를 피우지 않기로 서약하고 다양한 방법을 통해 금연을 실시하고 있다. 구체적인 사례 내용은 이렇다.

"오늘부터 평생 담배를 피우지 않겠습니다."

경기도 △△군 △면 △리 최전방지역의 △△△학교가 14일 평생 금연 선언을 하였다. △△△학교는 이를 실천하려고 전교생 206명과 교직원 등 225명이 서약한 '평생 금연 서약 기념비'(가로 120㎝, 높이 80㎝)를 교정에 세우고 평생 담배를 피우지 않겠다고 다짐했다. 이 가운데 올해 졸업생 76명은 금연과 함께 앞으로 자신만의 가능성과 잠재력을 키울 수 있는 의미 있는 일에 힘을 쏟겠다는 '우리의 다짐'도 함께해 눈길을 끌었다. 학생들이 금연을 선언하자 현재 담배를 피우고 있는 교사들도 이번 기회에 금연운동에 동참하기로 하였다. 학교는 금연운동을 학부모 등 주변으로 확대하고 일주일에 1~2번씩 비만 예방과 바람직한 운동법 등을 토론하거나 배우는 '건강생활' 시간을 마련할 계획이다.

김△△(16세, 중3) 군은 "전에는 하루 반 갑 정도의 담배를 피웠지만 이번에 평생 끊기로 맹세했다."며 "성인(어른)이 돼도 담배를 멀리하고 적성을 살릴 수 있는 일에 힘을 쏟겠다."고 선언했다. 학교 관계자는 "각종 질병의 원인이 되는 담배를 끊겠다는 의지를 담아 제막식을 갖게 됐다."면서 "금연서약을 계기로 학생들이 건강을 유지하고 자신의 가치와 가능성을 찾을 수 있는 교육을 하겠다."고 말했다. 이 학교에서 세운 기념비인 평생금연 서약 기념비문 내용은 이렇다.

평생금연서약

우리 △△학교 전교생은 담배가 여러 가지 질병을 유발하는 피해를 주는 것은 물론 다른 사람에게도 간접흡연으로 인하여 피해를 준다는 것을 잘 알고 있습니다. 우리는 현재 담배를 피우지 않지만 성인이 되어서도 담배를 피우지 않을 것이며 사는 날까지 건강한 생활을 실천하는 사람이 되도록 서약하고 이를 기념하여 비를 세웁니다.

년 월 일

학교장 ○○○외 224명

평생금연 서약서(학생용)

저는 지금 △△학교-------학년-------입니다. 담배는 내 몸에 암과 같은 질병을 일으킵니다. 나는 지금도 담배를 피우지 않지만 성인이 되어서도 담배를 피우지 않겠습니다. 담배를 피우는 사람에게도 담배를 끊고 건강하게 살도록 이야기하겠습니다. 식사는 골고루 먹고 운동을 하여 건강한 생활을 실천하는 사람이 되도록 서약하겠습니다.

년 월 일

서약자__________인

서약증인

1. __________인(가 족)

2. __________인(친 구)

3. __________인(선생님)

금연 서약서(교사용)

본인은 현재 △△학교 교사로서 0000년 '학생 생활지도를 통한 흡연 예방 방안 실천' 시범학교 운영에 참여하면서 학생들에게 평생 금연서약을 받으면서 함께 금연하기로 하고 이에 서약합니다.

년 월 일

서약자 : 교사 ________인

서 약 증 인 ________인

사례 셋: 매니페스토('참사랑 서약 10계명')를 이용한 연인 만들기

짝사랑하는 여자에게 매니페스토를 응용한 프러포즈를 실행하여 결국에는 연인으로 발전하여 현재까지 만남을 지속하고 있는 사례가 있다. 구체적인 사례 내용을 보면 이렇다. 2○◇◇년 1월 △△대학교 정치외교학과 3학년에 재학 중이던 강○○는 같은 학과에 다니는 안○○를 짝사랑하였는데, 안○○의 외모와 성품이 출중하여 감히 앞에 나서지를 못하였다. 학년 내내 특별한 프러포즈를 생각하던 강○○는 2006년 지방선거에서 도입된 매니페스토 운동(참공약 선택하기)을 우연히 언론보도에서 접하고 이에 아이디어를 착안, 안○○에 대한 자신의 마음을 고백하기 위한 수단으로 매니페스토형 '참사랑서약 10계명'을 개발하여 그녀가 좋아하는 것, 그녀가 싫어하는 것, 그리고 자신의 향후 비전 등을 제시하였다.

더불어 '참사랑 서약 10계명'의 신빙성을 높이기 위해 분기마다 서약 이행 여부를 평가하여 만남의 지속 여부도 결정할 수 있는 체크리스트를 부여하는 등 특별한 프러포즈로 안○○의 마음을 사로잡는 데 성공하였다. 이들의 만남은 지금도 지속되고 있으며 올해는 결혼도 할 계획이라고 하니 매니페스토가 생활 속 풍속으로 자리 잡는 것도 머지않은 것으로 보인다. 참사랑서약 10계명을 보면 다음과 같다.

1. 당신 외의 다른 여성에게 결코 눈길을 주지 않겠습니다.
2. 당신과의 기념일과 당신의 생일을 결코 잊지 않겠습니다.
3. 당신의 마음에 상처를 주는 농담이나 행동을 삼가겠습니다.
4. 사랑한다는 말을 입버릇처럼 하겠습니다.
5. 매주 당신에게 고마움과 사랑의 편지를 쓰겠습니다.
6. 매일 당신에게 웃음을 선사하기 위해 부단히 노력하겠습니다.
7. 철 따라 당신과의 짧은 여행을 약속합니다.
8. 당신의 개성과 취미를 최대한 존중하겠습니다.
9. 항상 당신이 원하는 방향을 바라보겠습니다.
10. 매월 당신에게 나의 약속을 점검받겠습니다.

사례 넷: 교회에서 아버지학교 운영을 통한 매니페스토 실천하기

2○◇◇년 10월부터 시작된 △△감리교회 「△△△아버지학교」에서 가족 구성원에 대한 약속을 대외적으로 공개하고 그 결과를 가족 및 아버지학교 수강생과 공유하여 매니페스토가 유권자의 가정에서 실천하는 의미를 지닌 사례도 있다. 구체적인 사례내용을 보면 이렇다.

최근 이혼율이 급증하면서 가정의 소중함이 부각되고 있는 가운데 △△지역에서도 가정과 자녀의 중요성을 돌아보는 교육 프로그램들이 활발히 진행되고 있다. 특히 최근 들어 아버지들을 대상으로 하는 교육과 상담들이 늘어나고 있으며, 이에 대한 관심도 높아지고 있다.

현재 제4기 과정이 진행 중인 △△△감리교회의 「△△△아버지학교」는 시간이 지날수록 참가자들이 늘고 있으며, 아버지 학교를 통해 가정이 갈등과 위기에서 벗어난 사례들이 알려지면서 좋은 반응을 얻고 있다. 「△△△아버지 학교」는 '아버지와 가정' 등의 특정 주제로 아버지의 역할을 교육한 후에 아버지와 가족 구성원 간의 약속을 편지 형식으로 고백하고 그 실천결과를 공개적으로 평가받는다. 이는 제4회 지방선거에서 도입되어 사회적으로 확산되고 있는 "매니페스토 운동(참공약 선택하기)"을 유권자 가정에서 실천한다는 점에서 또 하나의 의미를 가진다.

가정 내에서의 매니페스토 운동인 '△△△아버지 학교'는 전국적으로 뜨거운 반응을 얻고 있는 프로그램이다. 기독교 계통의 △△

△아버지 학교 운동본부가 주관하는 이 학교는 1995년 문을 연 후 전국적으로 70여 개의 지부를 통해 3만여 명의 아버지 학생을 배출했고, 아버지 교육의 바람을 타고 2004년 10월 △△중앙교회의 제1기를 시작으로 2○◇◇년 4월 현재 △△△감리교회의 제4기 과정까지 성공적으로 운영되었다.

△△감리교회의 △△△아버지 학교는 아버지의 영향력과 남성, 사명, 영성에 관한 4주의 강의로 진행하고 있고, 특히 아내에게 혹은 자녀에게 쓴 편지 과제를 통해 아버지의 약속을 공개하고, 공개된 약속은 동기수강생(또래 아버지 집단)과 공유하여 생각하지 않고 지나쳤던 일들을 되돌아보며 아버지들의 가정생활을 변화시키고 있다.

아이들과의 갈등으로 아버지 학교에 등록한 최아무개(38세) 씨는 "아이들과 대화도 거의 없고 사소한 잘못에 소리부터 지르며 화를 냈었는데 아버지 학교 등록 후 모든 것을 아이들 입장에서 생각하고 웃으며 잘못을 바로잡아 주는 내 모습에 살짝 놀라곤 한다."며 "아버지학교를 통해 가정의 소중함을 새삼 느낀 결과"라고 하였다. △△△아버지 학교를 수료한 A시의 공개서약문을 보며, 이 땅의 모든 아버지들이 참된 가장으로 거듭나길 바란다.

△△△ 아버지학교 수료생 A씨의 공개 서약문

첫째 주 교육주제 : 아버지의 영향력

- 나(아버지)는 자녀들을 수용하며, 인정하고, 하나의 인격체로 성장시켜 올바른 길을 가도록 안내하고 독립된 삶을 살도록 도와줄 것을 서약합니다.

둘째 주 교육주제 : 아버지의 남성

- 나(아버지)는 책임감과 성결함과 지도력과 사랑으로 충만한 진정한 남성으로 살아갈 것을 서약합니다.

셋째 주 교육주제 : 아버지의 사명

- 나(아버지)는 자녀들의 정신적·물질적·영적 원천으로서 자녀들에게 떳떳하고 자랑스러운 존재로서 자부심을 가지고 그들의 지표로서 미래를 안내하는 사명을 가질 것을 서약합니다.

넷째 주 교육주제 : 아버지와 가정

- 나(아버지)는 아버지로서 정체성을 회복하여, 가정의 인식과 치유에 힘쓰고 아버지로서 거룩하고 순결하게 살아갈 것을 가족과 사회 앞에 서약합니다.

사례 다섯: 학교 교실에서 학생들의 매니페스토 실천하기

초등학교 6학년 학생들이 일정 기간 동안(1개월) 자신들이 지킬 수 있는 약속을 정하고 이를 선생님과 친구들 앞에서 발표한 후 이를 잘 지킬 것을 다짐하고, 정해진 기간이 지난 후 약속 실천에 대한 평가를 하도록 하는 사례도 있다. 구체적인 사례 내용을 보면 이렇다.

2○◇◇년 5월 17일 △△시 △△초등학교 6학년 학생들은 '교실 속 매니페스토 실천하기' 협약식을 개최하고 약속 이행에 대한 결의를 다졌다. 약속을 적은 쪽지를 약속상자에 넣은 후 보관한 뒤 1개월 후에 약속을 잘 실천한 학생들을 선정하여 소정의 문화상품권을 제공한다. 이번 기회를 계기로 앞으로 학교에서, 가정에서 약속을 잘 실천하는 민주시민으로 자랄 수 있기를 바란다.

사례 여섯: 고등학교 졸업생, 부모님께 「효도서약서」 전달

제21회 △△학교사범대학부설고등학교 졸업식에서 215명의 졸업생들이 효도를 하는 「효도서약서」를 낭독하고 부모님께 전달하였다. 구체적인 사례 내용을 보면 이렇다. 2월 8일 △△대학교사범대학부설 △△학교에서는 졸업생 215명 및 학부모, 교직원이 참석한 가운데 졸업생 215명이 효도를 다짐하는 「효도서약서」를 낭독하고 졸업식에 참석한 부모님께 전달하여 부모와 자식 간의 사랑을 돈독히 하는 계기를 마련하는 행사를 가졌다.

「효도서약서」에는 효도 실천과 관련한 10가지 구체적인 실천방안을 게재하였는데, 「효도서약서」의 내용(요약)은 다음과 같다.

효도서약 전문

하나, 부모님을 공경하며 모시겠습니다.

"그대에게 권하노니 늙어 가는 어버이를 공경하여 모시라. 젊었을 때 그대를 위하여 힘줄과 뼈가 닳도록 애쓰셨느니라."고 명심보감에 쓰여 있습니다. 이 말에 따라 저는 항상 부모님을 공경하며 모시겠습니다.

둘, 자식 된 도리를 다하겠습니다.

"효자의 어버이 섬김은 살아서는 공경을 다하고, 봉양함에는 즐거움을 다하고, 병드신 때에는 근심을 다하고, 돌아가신 때는 슬픔을 다하고, 제사 지낼 때엔 엄숙함을 다해야 한다."라고 공자님께서 말씀하셨습니다.

셋, 바른 것을 지키며 마음을 속이지 않겠습니다.

자허원군의 성유심문에 말하기를 "밝은 곳에는 세 가지 법이 있어 서로 계승하고 어두운 곳에는 귀신이 따르고 있다. 오직 바른 것을 지키고 마음을 속이지 말고 이를 경계하라."고 하셨습니다.

넷, 부모님의 은혜를 잊지 않겠습니다.

"아버지 나를 낳으시고 어머니 나를 기르시니, 슬프다. 부모님이여, 나를 낳아 기르시느라 애쓰고 수고하셨도다. 그 은혜 갚고자 한다면 그 은혜가 넓은 하늘과 같이 끝이 없다."라고 하였습니다.

다섯, 모범을 보이며 살겠습니다.

옛말에 "몸이 건강해야 한다. 몸을 귀히 여기고 몸가짐을 바르게 하고 처신을 잘해야 한다. 즉 모범을 보여야 된다."라고 하였습니다.

여섯, 부모님의 의견을 존중하겠습니다.

"어린 자식들은 아무리 말이 많아도 그대가 듣기에 늘 싫지 않고, 부모가 어쩌다 한 번 입을 열면 참견이 많다 한다. 참견이 아니라 부모는 걱정이 되어 그러느니라. 흰 머리가 되도록 긴 세월에 아시는 게 많으니라. 그대에게 권하노니, 늙은이의 말씀을 공경하여 받들고, 젖내 나는 입으로 옳고 그름을 다투지 말라."고 하였습니다.

일곱, 가족의 화목을 위해 노력하겠습니다.

"자식이 효도하면 어버이는 즐겁고, 집안이 화목하면 모든 일이 이루어진다."라고 하셨습니다.

여덟, 제 이름을 더럽히지 않도록 모든 일에 최선을 다하겠습니다.

"만일 사람이 선하지 못한 일을 하여 그 이름을 세상에 나타냈다면, 다른 사람이 비록 해치지 않더라도 하늘이 반드시 죽일 것이다."라고 장자님께서 말씀하셨습니다.

아홉, 어리석은 행동을 하지 않겠습니다.

"재앙은 탐욕이 많은 데서 생기고, 과실은 경솔하고 교만한 데서 생기며, 죄는 어질지 못한 데서 생긴다."라고 하셨습니다.

열, 모든 일에 충실하여 부모님을 기쁘게 하여 드리겠습니다.

옛말에 "몸을 세워 이름을 떨치니 이로써 부모도 드러난다. 이것이 효의 마침이다."라고 하였습니다.

년 월 일

○○○

사례 일곱: Dream Come True 나의 20대 매니페스토 공약서

작성자	학교명	울산 △△여자고등학교	2학년	A반
	이름	K○○		
공약 제목	대한민국의 당당한 법조인이 되는 그날을 향해!			
공약 내용 요약	○○대학교 행정학과에 입학하여 행정에 관한 지식을 쌓은 다음 법학적성시험에 합격하여 ○○대학교 법학전문대학원에 입학할 것이다. 로스쿨 재학 3년 동안 열심히 공부하여 법학 관련 지식을 쌓음과 동시에 훌륭한 법조인이 갖추어야 할 요건에 대해 끊임없이 생각하고 탐구해 나갈 것이다. 로스쿨 졸업 후 변호사 자격시험을 훌륭한 성적으로 통과하여 우리 법이 미처 보호해 주지 못하는 곳, 낮은 곳으로 향하는 법조인이 될 것이다.			
공약하게 된 이유	고등학교 1학년이 끝나 갈 때 즈음부터 법조인이 되어 있는 내 모습을 끊임없이 동경해왔다. ○○대학교 행정학과로 진로를 정한 이후로부터는 ○○대학교 로스쿨로 꿈이 더욱 확실해졌다. 그런데 요즘 몇몇 법조인들은 힘들게 살아가는 사람들이 많은 낮은 곳으로 향하기보다는 세상을 쉽게 나아가는 사람들 편에 서서 그들의 꼭두각시에 불과한 삶을 살고 있다는 생각이 들었다. 나는 권력자들의 꼭두각시가 되기보다는 정의를 위해 부당한 권력자들에 맞서는 모두가 동경할 수 있는 법조인이 되리라 다짐했다.			
실천 방법	훌륭한 법조인이란 꿈을 이루기 위해 현재의 '내'가 할 수 있는 일은 ○○대학교 행정학과 입학을 위해 열심히 공부하는 것뿐이다. 행정학과에 입학해서는 학사과정 수료를 위해 열심히 공부해야 된다. 그리고 LEET에 합격하기 위해 시험 대비를 어떤 식으로 해야 하는지를 알아보고, 그 방법에 맞추어 차근차근 대비해 나갈 것이다. 로스쿨에 입학해서는 공부가 지겹고 힘들지라도 나보다도 더 힘들게 살고 있는 사람들의 억울함을 풀어 주는 법조인이 되어 있을 나를 생각하며 열심히 공부할 것이다.			
실천 기간	공약서를 쓰고 있는 지금 이 시간부터 내 자신을 자랑스럽게 여길 수 있는 법조인이 되는 그날까지			
실천에 드는 소요 비용과 그 조달 방법	학부 4년에 대학원 3년. 총 7년을 대학생으로 살아가려면 여러 가지의 힘든 점들이 있을 것이다. 물론 등록금등의 금전적 비용의 문제도 있을 것이지만, 가장 힘든 점은 바로 시간적 비용문제가 아닐까 싶다. 법학전문대학원생으로 3년을 보내려면 친구들이 직장에 다니며 돈을 벌 때지만 혼자 3년이란 시간을 더 학교에서 보내야 한다. 그만두고 싶은 생각도 들고 힘들 테지만 나 자신을 잘 다독이며 3년이란 시간을 낭비하지 않을 것이다. 3년동안 소요되는 비용은 부모님의 지원을 받거나 한국장학재단에서 학자금 대출을 받아 충당할 것이다.			
공약 달성이 자신에게 이로운 점	'낮은 곳으로 향하는 법조인'이라는 나의 공약을 20대에 완벽하게 달성할 수 있을지는 모르겠지만, 만약 달성하게 된다면, '난 그 누구보다 보람차고 자랑스러운 삶을 살고 있다'는 자부심을 가지며 살아갈 수 있을 것이다. 그렇게 살아가다 보면, '난 누구보다 힘들고 어렵게 살고 있다.'라고 생각하며 살고 있는 사람들의 억울함을 풀어 줄 수 있게 되어 정말로 보람차고 자랑스러운 삶을 살게 될 것이다.			

참고자료

:: My Life Manifesto 서식[1] ::

<table>
<tr><td colspan="2">작성일자</td><td colspan="2">년 월 일</td></tr>
<tr><td colspan="2">구분</td><td>구체적인 내용</td><td>점수</td></tr>
<tr><td>Who
(누가)</td><td>자기
인식</td><td></td><td></td></tr>
<tr><td>What
(무엇을)</td><td>꿈, 목표</td><td></td><td></td></tr>
<tr><td>Where
(어디서)
When
(언제)</td><td>장소
기한</td><td></td><td></td></tr>
<tr><td>Why
(왜)</td><td>배경, 이유</td><td></td><td></td></tr>
<tr><td rowspan="2">How
(어떻게)</td><td>달성 방법</td><td></td><td></td></tr>
<tr><td>소요재원
(필요한 돈)</td><td></td><td></td></tr>
<tr><td colspan="2">합계</td><td></td><td></td></tr>
</table>

※ 위 서식에 자기 인생 매니페스토를 구체적으로 적은 다음에 실천에 옮기되, 매년 또는 정기적으로 평가하여 수정보완해 나감으로써 인생 매니페스토의 실현가능성을 높여나감.

1 김성수 (전)광주대학교 초빙교수 강의 시 활용한 서식 개서 활용

인생 매니페스토 평가

<table>
<tr><td colspan="2" rowspan="4">구 분
(총점: ______점)
(매년평가)</td><td colspan="5">인생 매니페스토 평가(매년 평가/주기적 평가)</td></tr>
<tr><td>꿈, 목표</td><td>장소 · 기한</td><td>배경, 이유</td><td>달성 방법</td><td>소요 재원</td></tr>
<tr><td>○ ± △ x</td><td>○ ± △ x</td><td>○ ± △ x</td><td>○ ± △ x</td><td>○ ± △ x</td></tr>
<tr><td>5 4 3 2 1</td><td>5 4 3 2 1</td><td>5 4 3 2 1</td><td>5 4 3 2 1</td><td>5 4 3 2 1</td></tr>
<tr><td rowspan="5">평가기준</td><td>S
구체성</td><td>(점)</td><td>(점)</td><td>(점)</td><td>(점)</td><td>(점)</td></tr>
<tr><td>M
측정
가능성</td><td>(점)</td><td>(점)</td><td>해당 없음</td><td>(점)</td><td>해당 없음</td></tr>
<tr><td>A
달성
가능성</td><td>(점)</td><td>(점)</td><td>해당 없음</td><td>(점)</td><td>(점)</td></tr>
<tr><td>R
적실성</td><td>(점)</td><td>(점)</td><td>(점)</td><td>(점)</td><td>해당 없음</td></tr>
<tr><td>T
시간
계획성</td><td>(점)</td><td>(점)</td><td>해당 없음</td><td>(점)</td><td>(점)</td></tr>
</table>

※ "○" : 요건을 충족시키는 경우(5점), "x " : 요건이 미비한 경우(1점)
"+△" : 요건이 조금 충족되는 경우(4점), "△" : (3점), "−△" : (2점)

인생 매니페스토 분석(평가) 기준

:: 자기 인생 목표를 SMART 기준을 중심으로 비교 · 분석 ::

구 분	내 용
Specific (구체성)	• 구체적 · 실제적 · 재원 조달 방법

Measurable (측정 가능성)	• 구체적 · 측정 가능
Achievable (달성 가능성)	• 목표 달성 가능 · 재원 조달 가능 · 자기 역량 · 자기 자원 · 의지
Relevant (적실성)	• 타당성 · 내적 일관성(목표 상충) · 문제 인식 · 수요 적합 · 비전
Timed (시간계획성)	• 기간 내 고려: 시간계획

SMART 분석기준 세부 내용

:: S(specific) 구체성 기준 ::

구체성 평가요소	• 목표 선정 이유가 구체적인가?
	• 목표치가 구체적인가?
	• 목표 달성 방법이 구체적인가?
	• 재원 조달 방법이 구체적인가?

:: M(measurable) 측정 가능성 기준 ::

측정 가능성 평가요소	• 목표가 측정 가능하도록 제시되어 있는가?
	• 달성도를 측정할 수 있는 신뢰할 만한 자료를 얻을 수 있는가?

:: A(achievable) 달성 가능성 기준 ::

달성 가능성 평가요소	• 목표가 달성 가능한가?
	• 목표달성 방법이 실현 가능한가? (법 제도의 현실, 자기 자원, 자기 역량, 추진 의지)
	• 재원 조달이 가능한가?

:: R(relevant) 적실성 기준 ::

적실성 평가요소 (현실 부합 여부)	• 목표가 현실에 부합하는가?
	• 목표 간에 상충하지는 않는가?
	• 목표가 국가 · 지역 수요에 부합하는가?

:: T(timed) 시간계획성 기준 ::

시간계획성 평가요소	• 기간 내 착수 및 완료할 수 있는가?
	• 연차별 추진 계획이 포함되어 있는가?

참고문헌

- 이현출, 『매니페스토와 한국정치 개혁』, 건국대학교출판부, 2006
- 윤승모, 『작은 개혁이 성공한다』, 나남, 2008
- 김미경, 「국회의원선거 매니페스토 정책선거 평가와 의의」 p.7-8 『매니페스토 정책선거 평가토론회자료집』, 2008
- 라미경, 「제18대 총선 매니페스토 정책선거의 효과적인 추진방안」, 『중앙선거관리위원회, 국민대토론회 자료집』, 2008
- (사) 한국매니페스토실천본부 홈페이지
- 중앙선거관리위원회 홈페이지(공약은행, 정책공약알리미 사이트)
- 중앙선거관리위원회, 『제4회 전국동시지방선거 총람』, 2006.
- 중앙선거관리위원회 『제17대 대통령선거 총람』, 2007
- 중앙선거관리위원회, 『제18대 국회의원선거 총람』, 2008
- 중앙선거관리위원회, 「531지방선거 매니페스토 정책선거 실천 협약식 분석 및 과제」, 『선거논단 제4호』, 2006
- 중앙선거관리위원회, 『매니페스토 실천가이드』, 2006, 2007, 2008, 2010, 2014
- 중앙선거관리위원회, 『매니페스토 정책선거 로드맵 연구용역보고서』, 2007

▪ 중앙선거관리위원회, 『매니페스토 정책선거 추진 종합방안 "로드맵" 획정안』, 2007
▪ 중앙선거관리위원회, 『언론이 보는 선거기사 모음집』, 2006~2014
▪ 중앙선거관리위원회, 『역대위원장 연설문집』, 2003
▪ 중앙선거관리위원회, 「2006년도 주요업무계획」 p.23(정책선거실천을 위한 '협약' 추진)
▪ 중앙선거관리위원회, 「매니페스토정책선거 실천협약문」(2006년 지방선거, 2007년 대통령선거)
▪ 국회매니페스토연구회, 『매니페스토 선거제도 개선 토론회 자료집』, 2006
▪ 중앙선거관리위원회, 『정치관계법 개정의견』, 2006~2016
▪ 중앙선거관리위원회, 『공직선거법 및 개정법률』
▪ 중앙선거관리위원회, 『매니페스토 정책선거 실천 가이드북』, 2006~2014
▪ 중앙선거관리위원회, 『매니페스토 정책선거 평가지표 및 용역결과 보고서』, 2006~2014
▪ 중앙선거관리위원회, 『매니페스토실천 우수사례 「매니페스토 물결」』, 2007
▪ 제4~7회 지방선거 당선인 선거공약 모음집(중앙선거관리위원회)
▪ 조선일보 2006.7.12.자 30면(동아광장/장윤재 객원논설위원, 한국학중앙연구원교수 "정치의 질은 정치인의 질에서 나온다")